中国校本教研与校本课程数字出版平台
中国校本教研网 www.schooledu.com.cn
◎特别推荐◎

高效能教师的10个好习惯

（小学卷）

谢英◎编著

江蘇教育出版社

图书在版编目（CIP）数据

高效能教师的10个好习惯（小学卷）/谢英编著．—南京：江苏教育出版社，2013.1

ISBN 978-7-5499-2611-4

Ⅰ.①高…　Ⅱ.①谢…　Ⅲ.①课堂教学—教学研究—小学　Ⅳ.①G622.421

中国版本图书馆CIP数据核字（2012）第312164号

书　　名	高效能教师的10个好习惯（小学卷）
作　　者	谢　英
责任编辑	严小英　雷利军
出版发行	凤凰出版传媒股份有限公司 江苏教育出版社（南京市湖南路1号A楼　邮编210009）
苏教网址	http：//www.1088.com.cn
照　　排	润星之源文化有限公司
印　　刷	三河市华润印刷有限公司
厂　　址	三河市杨庄镇杨庄村
开　　本	787毫米×1092毫米　1/16
印　　张	18
字　　数	314千字
版　　次	2013年1月第1版　2013年1月第1次印刷
书　　号	ISBN 978-7-5499-2611-4
定　　价	30.00元
网店地址	http：//jsfhjy.taobao.com
邮购电话	025-85406265，85400774　短信02585420909
E - mail	jsep@vip.163.com
盗版举报	025-83658579

序　言

教师如果体验不到作为生活者的幸福感和职业尊严，那伴随他的必然是职业的倦怠。对职业的倦怠，会自然消损教育教学的激情。肖川先生说："教师生活的幸福指数是好学校的标准之一。"在这里，我们不从学校层面来探讨教师的幸福感。当我们把视线投射到教师的个体层面时不难发现，教师的幸福感是与他的职业尊严紧密联系的，职业尊严影响着教师的幸福心境。那教师的职业尊严又与什么相关呢？我想这与他教学技术的高低是分不开的，尽管当下忌谈教师的教学技术，但在这里我还是要用上"技术"这个词。一个老中医，之所以被众人所敬仰，不就是因为他有着过硬的医术吗？经老中医诊断、医治过的无数疑难杂症，成就了他。高超的医术，为他赢得了职业的尊严与幸福感。同样，教师只有经历了无数个性鲜明的学生、不同风貌的班级，炼就了适合学生年段成长的教学技术与方法，才会成长为一位学生喜爱的名师。无论什么学科的教学总会有其应该遵循的一般教学技术规则，而这个教学技术规则一旦内化为教师的教学习惯，成为教师生命成长中的一部分，那教师的专业化发展就不再是一句空话，教师的教学艺术、职业尊严也会相伴而来。到底哪些教学技术应该被我们所掌握，并形成自觉的教学行为习惯呢？

笔者在广泛调研、深入思考和细致分析的基础上，历经两年的筹划编写了《高效能教师的10个好习惯》（小学卷）一书。全书共十个部分，分别从"会设计、善激趣、创情境、会发现、会倾听、会提问、善调动、会调控、会赏识、会反思"的角度，系统地阐述了如何理解并运用这些教学理念与策略，以期使教师形成良好的教学习惯，从而提升教学质量。

该书每个章节都分为三个板块。第一个板块是概述新理念术语。自课改以来，我们认识了许多新理念术语，这些术语构筑了新课程的话语体系。如果细细琢磨一下便会发现，我们可能并未真正领会这些术语的内涵。有的人可能会说，不理解没关系，只要明白就行了。但我认为，只有真正搞清了这些新理念术语，我们才能真正理解新课程、科学地实践新课程。本书通过创设一个通俗的语境，让我们简单明了地感知到"设计、情境、发现、倾听、调动、调控”等术语的真正内涵。

第二个板块是看名师怎么做，为什么这样做。名师课例的呈现，使我们进一步认识名师是如何实践新理念的。在每一个专题“案例”的前面交待一个背景，然后呈现课堂实录或片段，在教学的环节中，有的还穿插了“点评”，让我们知其所以然，并在“案例”的结尾围绕“主题”进行了深化分析。这些课例作为一个个实践的样本，明白晓畅，它贴近一线教师的话语系统，能为广大教师所接纳、融化、转化。简单讲就是“学得来，易模仿”。

第三个板块谈我们应该怎样做。比如，“如何做‘会调控’的教师”，通过“创设教学情境，教学语言的表达，神、情、行、态的变化，设计教学程序，调节课堂上的重复和变化，连贯与停顿，调整进度”等7个方面详细地介绍了如何调控教学节奏。这部分内容没有标准答案，更多的是为教师提供不同的思维方向，打开多维思考的视角。

近年来，随着有效教学、学校效能等理论和实践在我国中小学的兴起和发展，高效能教师的培养也成为了教育行政部门、教育培训机构和中小学基础性的工作任务。广大中小学教师更是以成为高效能教师作为自己专业发展的方向和目标。但是，处在不同职业发展阶段或不同教龄的教师，教育经验不一，所面临的职业矛盾不同，因而所采取的措施也不尽相同。相信该书的出版，能为高效能教师的培养提供参考与借鉴。

谢　英

2012年12月

目　　录

习惯3　创情境

——身临其境，全员参与，师生互动

习惯6　会提问

——让学生学得深、学得透的法宝

习惯7　善调动

——言语激趣，活动激情，激发高效大课堂

习惯8　会调控

——敲响心灵“鼓点”，让课堂“舞动”起来

习惯9 会赏识

——赏识有讲究，妙在增动力

习惯10 会反思

——长善救失，用理性思考促进专业化发展

习惯1 会设计

——精研教材，“精读”学生，设计最优教学方案

小学课堂应该是一个学习的课堂，一个有生命力的课堂，一个需要教师激活的快乐课堂。而激活的关键则在于教师要有一个科学合理的教学设计。这就要求教师能以其学科功底、理论修养以及教学经验为基础，根据教材和小学生的特点，使课堂教学呈现精当的层次序列。

一、“会设计”概述

对任何教师而言，教学设计都是举足轻重的大事。

小学教学设计是在教学理论、媒体技术、系统观、哲学及艺术等多个理论的替换与交融中统一和发展起来的。从对国内外已出版的教学设计著作和已发表的相关文章的比较分析中可以发现，人们更多的是通过不同角度、不同侧面来界定小学教学设计概念的。

有效的小学课堂教学设计是课堂教学成功的必要条件。教师能否按照教学设计的理论和要求进行课堂教学设计，是小学教学工作科学化、规范化和高效率的重要前提条件。

本书中的“会设计”主要指的是会课堂教学设计。小学课堂应该是一个学习的课堂，一个有生命力的课堂，一个需要教师去激活的快乐课堂，而激活的关键则在于教师是否有全面、严密的预设，即是否有一个科学合理的小学课堂教学设计。

（一）教学设计的主要类型

“设计”是指为解决某个问题，在开发某事物或实施某方案前所制订的系统化过程。为达到预期目标、获得理想效果，在进行任何一项有目的的活动前，必须对其进行设计。设计注重的是规划和组织，确切地说，设计就是为实现某一目标所进行的决策活动。

而小学教学设计在经过不断地实践后，已经形成了一套较为完整的体系，它主要分为以下三种类型：

1. 以提出“最优教学方法”为目的的设计

此类设计主要强调教学设计的目标、功能以及意义，它把教学设计看作研究教学系统、教学过程和制订教学计划的系统方法。

赖格卢特认为：“教学设计是一门关注理解与改进教学过程的学科，其基本主张是帮助学习者学习，即确定帮助学习者建构知识的途径。设计活动的目的在于提示达成预期目的的最优途径。因此，教学设计这一门学科主要关注规定最优教学方法的处方，从而促进学习者的知识和技能发生预期的变化。”

2. 程序化、精确化和合理化的技术型设计

此类设计通过揭示教学设计本质来界定概念。代表人物有鲍嵘，他认为，教学设计是一种“旨在促进教学活动程序化、精确化和合理化的现代教学技术”。

梅瑞尔等人在《教学设计新宣言》中对教学设计所下的定义为：“教学是一门科学，而教学设计是建立在教学科学这一坚实基础上的技术，因而教学设计也可以被认为是科学型的技术。”

因此，技术型的课堂教学设计更着重于对教学实际问题的处理方式。

3. 将教学作为一个整体的过程或规划来设计

这一类型的设计曾被一些学者称为形态描述学说。它主要通过系统论的观点，将教学设计作为一个整体的过程或规划来进行描述。这种论点的代表人物有美国学者肯普，他将教学设计定义为：“教学设计是运用系统方法分析研究教学过程中相互联系的各部分的问题和需求，在连续模式中确立解决它们的方法步骤，然后评价教学成果的系统计划过程。”

而乌美娜教授给教学设计下的定义是：“教学设计是运用系统方法分析教学问题和确定教学目标，建立解决教学问题的策略方案、试行解决方案、评价试行结果和对方案进行修改的过程。”

此类教学设计理念可以说是运用系统方法，将学习理论与教学理论的原理转换成对教学资料和教学活动的具体计划的系统化过程。

从以上分类可以看出教学设计所揭示的内容是：

第一，教学设计的工作对象是由教学目标、教师、学生、教学内容、教学媒体构成的教学系统，工作内容是对这些要素之间的关系和相互作用给出符合教学目标的安排。

第二，教学设计的科学性表现在设计活动需要建立在教师对教学的理性研究的基础上，所以教学设计的科学化程度，取决于所依据的基础理论对学习和教学规律的揭示程度。作为教学技术，教学设计和其他科学技术一样，其实践意义在于应用科学原理提高工作效率。

第三，教学设计的研究方法是将学习心理学的基础理论，系统地应用于解决实际教学问题的教学技术。作为一种应用技术，教学设计是连接基础理论与实践的可操作的桥梁。这表现为教学设计对教学问题的表征和分析，都建立在反映学生是如何学习的科学规律之上，而且对教学系统的设计安排都

将以相应的教学理论为依据。在这些基础理论的支持下，最终实现以发展学生的能力和素质为总目标的优化的系统功能。

（二）教学设计应注意的四个视角

教学设计是对课程的二次开发，是一个指导性的动态方案。评价教学是否有效的标准只有一个，那就是学生是否取得了预期的、应有的进步和发展。优质的课堂教学必须是“教得有效，学得愉快，考得满意，师生发展”，考量教学高效的最终标准应当是“学生的成长”。

高效的小学课堂教学设计要关注以下四个视角：

1. 关注学生“学什么”

教学设计必须突出课程的性质、强化语言和思维的训练、开发相关的课程资源，促使学生养成独立思考、质疑探究的习惯，同时学会正确地理解和得体地表达，发展其思维的严密性、深刻性和批判性。

在教学设计中，教师要灵活使用教材，积极开发学习资源（包括多媒体资源），这是高效教学的基本要求。这就要求教师首先要把教材信息、资源信息、“课标”信息转化为自己的信息，明确教材编写意图；其次要回顾先前的实践经验和反思，进行选择性的借鉴；再次要根据课程标准提出学生的学习任务；最后要吃透文本中的“着眼点”，即内容的重难点、知识的生成点、培养的技能点、情趣的激发点、思维的发散点、合作的讨论点、渗透的育人点、知识的引申点等。

在教学设计中，教师要树立正确的课程意识，创造性地使用新教材引导学生灵活运用各种课程资源。

2. 关注学生“怎样学”

第斯多惠曾经说过：“教学艺术的本质不在于传授，而在于激励、唤醒、鼓舞。”课堂教学要做到合理、有效，教学设计就必须能激励、唤醒每个学生的自主学习意识，转变学生的学习方式，引导他们学会反思性学习。这样的教学设计才能取得课堂教学的高效率。

3. 关注教师“怎样教”

理想的课堂教学是一种师生共同参与、实现教学相长的动态过程。每一位学生都是课堂上主动求知、主动探索的主体，教师是这个动态过程的创设者、组织者、引导者和合作者。课堂教学应该是丰富而生动的，教师除了要不断更新自己的教学观念外，还应在教学设计中注意做到善于引导学生自主学习，重视课堂的互动生成，创设最佳的教学情境，精讲精练，落实“三维”目标，由此实现“教师教得生动，学生学得轻松，”轻负担、高质量的课堂教学。

4. 关注师生生命成长

教学设计要倡导民主和谐的课堂文化，在教学环节安排、教材处理、课堂导入、教学策略、指导学习、平等对话等教学设计中，体现对师生的人文关怀，关注师生的生命成长。

二、名师经典案例

（一）以“教”为中心，充分发挥教师的主导作用

特级教师董琮在教学《窃读记》一课时，是这样进行的：

1. 从“窃”中明了文意

师：同学们在假期都读过哪些书？使你感受最深的是哪本书？给大家讲一讲。

师：（出示课题）今天我们学习一篇和读书有关的文章。看到这个课题你有什么感受？想到些什么？

（生带着问题自读课文）

师：老师在课前查了字典，知道“窃”有四种含义：①偷；②偷偷地；③谦指自己；④比喻用不正当的手段获取、占据。联系课文内容，你认为本文中的“窃”应该选择第几种解释？（第二种）

设计意图

学生经历了一个漫长的暑假回到课堂，需要一个调整学习心理的过程，需要一个渐入佳境的过程。教师应以朋友的身份参与学生的交流，介绍自己在假期中的读书心得，营造自然和谐的课堂氛围。因为这堂课是本学期第一次阅读课，学生预习课文情况可能不尽如人意（少数学生可能还来不及将课文通读一遍），因此出示课题后，教师的问话方式应能够面向全体学生，引发不同层次的阅读期待。如“觉得题目很怪，文中到底写了件什么事?”“‘窃’在这里是什么意思?”“我们都听过‘偷窃’‘窃贼’，那‘窃读’是什么意思呢?”“读书是一件光彩的事，作者为什么要‘窃读’?”初读之后让学生选择字典中该词的义项，既是对学生把握课文主要内容的情况的反馈，也

是对学生良好学习习惯的培养。

根据小学生的阅读心理，初看到“窃读记”这样一个题目，心里都会产生一些好奇和疑问。这也符合作者的意图——题目总是要吸引人的注意或思考的。因此，从促进学生思维发展的角度教师可以先提出这样的问题：你觉得这个题目会写些什么内容？你对关于这个题目的什么问题感兴趣？然后进入整个学习过程。这对培养学生的思维是有利的。一般学生的问题也是有思路可循的，比如，为什么要窃读？怎么窃读？对作者有什么影响或改变？这一系列问题暗合了写作的逻辑。

2. 从“窃”中品味爱书之情

师：浏览课文，看看哪一句话直接写出了作者“窃读”的滋味？勾画出来。（我很快乐，也很惧怕——这种窃读的滋味）“窃读”伴随着一种复杂的感受，你能从文中找出作者窃读的酸甜苦辣吗？从课文中找一找相关句子，画一画，读一读。选择自己喜欢的方式再来读一读，大声读、轻声读、默读都可以，一会儿大家交流想法。

（生读书、交流）

师：小作者忍受着腿酸脚麻、饥肠辘辘，经历了担忧恐慌、惧怕痛苦，最终体验到惊喜快乐、满足幸福。在酸甜苦辣的交织中，作者却仍旧说“我很快乐”。你从中体会到了什么？（作者对书的挚爱）诗人徐志摩曾这样形容读书的愉悦：“如听到绝妙的音乐，五官受了感动，精神上复新了一般。似乎每一个字都是有灵魂的，它们在那里活泼地跳跃着。许多字合起来，就如同一个绝大的音乐会，很和谐地奏着音乐。这种美的感觉，音乐的领会，只有自己在那一瞬间觉得，不能分给旁人的。”你有过类似的体验吗？说一说。

（生交流）

师：（出示句子）“你们是吃饭长大的，也是读书长大的！”谈谈自己对这句话的理解。

预设回答：“吃饭能让身体成长，读书能获取精神的养分，让自己成熟、豁达。”“读书和长大有相似的地方。读书的滋味是丰富的，酸甜苦辣都有，人生就像一本书，成长的过程也包含酸甜苦辣，逆境中更能磨炼人的意志。”

……

设计意图

年幼的林海音爱书爱到了如痴如醉的境界，那欲罢不能的渴求，那内心交织的复杂情绪，既烙印着儿童的天真，也有着超出年龄的伤感。让学生用味觉的“苦”“辣”“酸”“甜”去含英咀华，直接而直观，个中滋味定能涌上心头，体现了《语文课程标准》指出的“尊重学生在语文学习过程中的独特体验”。有的学生会抓住“饿得饥肠辘辘”体味其劳苦，有的学生会找“害怕被书店老板发现”的辛辣，有的读“我的腿真酸哪”品其酸，有的读“合上书，咽了一口唾沫，好像把所有的智慧都吞下去了”感悟读书的甘甜。如果说酸甜苦辣还只是感性的、表象的，那么，读懂作者心灵深处的一个“爱”字，则是深入其骨髓的。“跨进店门，踮起脚尖，从大人腋下钻过去，把短发弄乱了，没关系。总算挤到里边来了。”“急忙打开书，一页，两页，我像一匹饿狼，贪婪地读着。”……结合学生自身的体验，形成共鸣。

3. 从“窃”中感悟人之尊严

师：贫穷不是耻辱，放弃尊严才是耻辱。小女孩没有钱，只能在“窃读”中满足对书籍的渴求，但却能执着坚守着一份令人感动的自尊和高尚。你从文中读出来了吗？请大家抓住描写人物心理活动的重点词句，一边咀嚼一边提出问题，加深理解。

预设问题：“我的眼睛急切地寻找却找不到那本书。从头来，再找一遍。”（为什么小女孩用眼睛寻找而不用手去翻找?）“下雨时非常的高兴，却装着皱起眉头，不时望着街心，好像在说：‘这雨，害得我回不去了。’”（为什么小女孩要装着皱起眉？她装给谁看?）“我要把自己隐藏起来，有时我会贴在一个大人身边，仿佛我是他的小妹妹或小女儿。”（为什么“贴”在大人身边？“站”不行吗?）

这些问题与其说是关于“自尊”和“高尚”的表现，不如说是被现实生活所迫，是现实困难和强烈渴望之间的无奈，是一种孩子式的机灵和狡猾。学生需要思考的是：当一种愿望和爱好过于强烈的时候，我们往往会想方设法克服困难，努力实现和满足自己的愿望。这强烈的愿望和爱好也许正是一个人成功或改变自己命运的开始。你，有这种强烈的愿望吗？

师：文中写到了书店老板，你赞成老板的做法吗？假如你是书店老板，面对一个酷爱读书又买不起书的小女孩，你会怎样做？原文中还有个“耳朵架着铅笔”的店员，你会用怎样的词语去评价他？展开想象，完成填空：

（1）一本书触着我的胳膊，轻轻地送到我面前：“请看吧，我多留了一天没有卖。”店员在心中默默对小女孩说：“____________。”

（2）我接过书害羞得不知应当如何表示对他的感激，他却若无其事地走开了。“我”想对他说：“____________。”

出示句子：“记住，你们是吃饭长大的，也是读书长大的!”结合自己的体悟，谈谈见解。（这种言语实践活动，是对文章留白的挖掘）

设计意图

设计这一环节的目的在于，让学生从语言文字中体会到人的尊严与人间真情。对于书店老板的评价，应让学生畅所欲言。可能有的学生会认为书店老板人不好，也可能有的学生会认为书店老板这样做可以理解，做生意无非是为了赚钱，要是都像小女孩一样只看不买，书店会垮掉，等等。教师不要简单地对书店老板做出好或不好的评价，而应尊重学生的独特体验，尊重他们的价值取向。填空题的设计是为了让学生发挥想象，进入人物的情感世界，也是要求学生进行人物心理活动描写的小练习。

4. 悟法拓展延伸

师：文章虽然没有什么情节冲突，读来却感同身受。作者是如何写出这样真实感人的文章的？（心理活动和细致动作的描写）

布置课外任务：摘录读书名言、阅读林海音的《童话》、观看影片《城南旧事》、比较读书经历写一篇日记、互讲读书故事等。

设计意图

在阅读教学中“走一个来回”，读进去，走出来，从读到写，因文悟法。课外阅读拓展视野，名人名言激励童心，读后感能让学生反观自身读书态度的不足，在自省中提升、感悟对生活的热爱。

【板书设计】

《窃读记》

快乐

酸

甜（心理活动）

惧怕

苦

辣

案例中的教学设计注意到了紧扣语言句子去读、去品悟作者在文章中蕴含的情感，并努力通过言语实践活动来深化这种情感和认识，在对学生进行读书习惯培养的同时，教学环节也清晰可操作。

这是一个以“教”为中心的教学设计，因此带有明显的教师阅读痕迹，教师的感受在整个学习过程中占有主导地位。在价值观层面，属于鉴赏感悟式。以“教”为中心的教学设计也称传统教学设计，主要研究的是“教”，即如何帮助教师教好学生，提高教学质量，实现教学目标。其理论基础在80年代以前主要是行为主义的联结学习理论。进入80年代后，认知心理学在这一学习理论中占据了主要地位。

以“教”为中心的教学设计，有时又称为基于课堂教学的教学设计。其主要内容是研究如何帮助教师把课备好、教好，而很少考虑如何促进学生自主地学。这种教学设计通常包含下列步骤：

1. 确定教学目标（教师期望学习者通过学习应得到的收获）；

2. 分析教学目标，并根据分析结果确定教学内容（为达到教学目标所需掌握的知识单元），至于教学顺序（对各知识单元进行教学的顺序），可以通过对教学目标的分析来确定，也可以通过其他方法确定；

3. 分析学习者的特征（学习者是否具有学习当前内容所需的知识基础，以及具有哪些认知特点和个性特征等）；

4. 根据教学内容和对学习者特征的分析确定教学的起点（即确定在哪种难度等级和知识基础上对当前的学习者施教）；

5. 根据教学目标、教学内容和学习者的要求选择与设计教学媒体；

6. 根据教学内容和对学习者特征的分析设计教学策略；

7. 对教学作形成性评价（以确定学生达到教学目标的程度），即根据搜集到的课堂教学信息，对教学内容或教学策略进行修改或调整，并向学生作出适当的反馈。

多年来经过众多教育家的努力，传统教学设计已发展成具有较完整理论方法体系和很强可操作性的独立学科，并且已有大量的专著及教材问世，但是其基本内容都离不开上述七个方面。传统教学设计有许多优点，如有利于教师主导作用的发挥，有利于系统科学知识的传授和教学目标的完成，等等。但传统教学设计也存在一个较大的弊病：以教师为中心，只强调教师的“教”而忽视学生的“学”，全部教学设计理论都是围绕如何教而展开，很少涉及如何促进学生自主地学。按这样的理论所设计的课堂教学，学生参与教学活动的机会少，大部分时间处于被动接受状态，学生的主动性、积极性难以发挥，更不利于创造型人才的成长。

（二）紧扣语言，品悟情感

在执教《美丽的丹顶鹤》一课时，南京市拉萨路小学特级教师周婷注重以“学”为中心，为学生创设生动、有趣的对话场景，从而激发学生的学习兴趣。

1. 轻松对话，巧妙引入有关字词的识写和理解

师：同学们好！

生：老师好！

师：我先自我介绍一下，我叫周婷，是南京市拉萨路小学的老师，你们可以叫我——

生：周老师。

师：真有礼貌！同学们平时在学校里有没有得过小红花、红五角星啊？怎么得到的呢？

生：我的课堂作业全对。

师：怪不得得到表扬。

生：我的作文写得好。

师：怪不得老师要奖励你。

生：我回答问题很精彩。

师：怪不得老师奖你小红花。和你们聊了这么多，我一直在用一个词，你们听出来了吗？

生：怪不得。

师：同学们听得很认真，学会倾听是一个非常好的习惯。来，大家一起读读这个词。

（出示：怪不得）

师：这个词在我们今天学的课文中出现了吗？

（学生很快就找到这个句子并读了出来）

（出示：它的头顶就像嵌着一颗红宝石，鲜红鲜红的，怪不得人们都叫它丹顶鹤）

师：看来同学们课文读得很熟，怪不得我一说这个词大家就知道在什么地方。有两个字，周老师还想考考大家会不会写。

（老师报“遥”和“论”两个字，学生默写，选两名学生在黑板上默写）

师：都写好了吗？咱们来看一下。

生：左边的同学字写得太小了。

师：是啊，两个字挤在一个格子里，就像营养不良的宝宝。另一个同学写得很舒展。写字不仅要写正确，还要写漂亮，别人看到你的字，就仿佛看到了你漂亮的小脸蛋。好多同学写的“遥”字需要到整形医院整整形，不太美哦。看我写一下这两个字。

师：（范写，边写边强调）“遥”下面的笔画要注意，一笔一画写正确。

竖要顶住上面的横，然后再写走之部。走得很远很远，就是——

生：遥远。

师：看来这个字的意思和部首有关。换个部首呢？（出示：摇）这个字的意思和什么有关？

生：和手有关。

师：那摇头呢？

生：和动作有关。

师：我们要说准确了，像摇头、摇手、摇晃都和动作有关。所以写这两个字的时候要注意部首，想想意思。和走路有关就用——

生：遥。

师：和动作有关就用——

生：摇。

师："论"也要进美容院打扮打扮喽。（范写"论"）言字旁的竖要写得直直的，竖弯钩的竖也要写得直直的，字就不会歪了。

（写好后，教师让学生把习字卡传回去）

师：刚才你们传的是什么？

生：传的是卡片。

师：文中"传说"传的是什么？

生：传的是以前的事。

生：传说丹顶鹤是神仙的旅伴。

师：（对前排第一个学生）你知道吗？丹顶鹤可是神仙的旅伴呢。请你把这句话传给其他同学，好吗？

（学生一个接一个地传这句话）

师：就这么一个传一个，一代传一代，是真是假，也不知道，就这么传下来了，这就叫——

生：传说。

师：加大难度，让你们猜两个字，"去字左边缩缩缩，单耳右边挺立站。"

生：却。

师："虎头一撇下西洋，心字下面悄悄藏。"

生："考虑"的"虑"。

师：这个字在课文中的组词是——

生：无忧无虑。

2. 欣赏画面，依托第一组词语揣摩丹顶鹤之美

出示三组词语：

洁白　却是黑的　嵌着　鲜红鲜红

引吭高歌　展翅飞翔　显得　高雅

黄海之滨　三五成群　无忧无虑　度过

（学生开火车读，读得不太入味）

师：词也要用心去读，（范读）鲜红鲜红。

（学生再次读词，读得有感觉了）

师：每一行词都和丹顶鹤有关，轻声读第一组词语，回想课文的内容。

（生自由读）

生：这些都是课文第二自然段中的词。

（出示第二自然段，其中“洁白”“却是黑的”“嵌着”“鲜红鲜红”等词以红色显示）

师：这些穿着红衣服的词宝宝们觉得在句子中闷得慌，想出去玩一玩！你瞧，哧溜——它们就全出去了，你们同意它们出去吗？

（出示：红色词语从句子中隐去）

生：同意。

师：仔细读一读，它们出去后句子和原来有什么不同？

生：“洁白”这个词没了，就不知道丹顶鹤是什么颜色的了。

师：“洁白”不仅让我们看到丹顶鹤的羽毛是白色的，还让我们感觉到丹顶鹤——

生：很白很美。

生：还有翅膀边儿是黑的。

生：脖子是黑的。

师：全身洁白，唯独翅膀边儿和脖子是黑的，文中用“却是”把第一句和第二句意思连起来了。

生：没有“嵌着”，就不知道丹顶鹤的头顶是什么样的了。

师：“嵌着红宝石”是什么样呢？我们来看一看。

（出示图片）

师：新娘的戒指上嵌着颗蓝宝石，你感觉——

生：很美。

师：小姑娘的发辫上嵌着几朵花，你感觉——

生：很漂亮。

师：高贵的皇冠上，嵌着亮晶晶的紫水晶，你感觉——

生：很高贵。

师：丹顶鹤的头上就像嵌着一颗红宝石，你感觉——

生：丹顶鹤很美很高贵。

师：没有这些词，就读不出丹顶鹤的颜色，读不出丹顶鹤的美了。这些词宝宝能出去吗？

生：不能。

师：谁能通过朗读欢迎这些词宝宝回来？

（出示：红色词语回到句中，一名学生朗读）

师：（趁机指导）刚才你们都知道了这些穿红色衣服的词很重要，那读的时候就要好好注意这些词啊。谁再来读一读？

（另一生读）

师："鲜红鲜红"，用了两个表示颜色的词，能不能去掉一个？

生：不能，这样就显不出丹顶鹤的美了。

生：鲜红鲜红，就感觉丹顶鹤头顶上颜色很鲜艳，像真的嵌着颗红宝石。

师：在我们生活中，经常看到一些景观，用表示颜色的词重复下，这些景观就更蓝了、更绿了、更黄了。咱们去看一看。

（出示图片）

师：春天到了，漫山遍野都是油菜花，你会送它一个重叠的描写颜色的词吗？

生：金黄金黄。

师：春天，山坡上都长满了什么样的小草？

生：碧绿碧绿的小草。

师：秋天到了——

生：枫叶是火红火红的。

师：再抬头看看天空——

生：天蓝天蓝。

生：碧蓝碧蓝。

生：瓦蓝瓦蓝。

生：湛蓝湛蓝。

3. 图文交替，无痕引领读、背，以加深感受

师：用这些重叠的词来形容颜色，这些画面是不是更美丽了？丹顶鹤就

是带着这些美丽的色彩，来到了我们身边。谁再来读读丹顶鹤的样子？

（出示丹顶鹤图，叠印第二自然段文字，一名学生朗读）

生：他少读了“就像”。

师：这个词能不能少？

生：不能少。如果少了，就表示丹顶鹤头上真的嵌着颗红宝石。

师：同学们不仅能认真倾听，而且能给别人提意见，并说出理由，真不简单。谁再来读一读？

（再指一名学生朗读）

（文字隐去，只剩画面）

师：去掉文字，只看画面，你们还能说出丹顶鹤的样子吗？

（两名学生看图说）

（画面也隐去）

师：看，画面也没有了，还能说吗？

（学生动情背诵）

师：没有文字，也没有图片，通过他们的背诵我们仿佛看到了一只美丽的丹顶鹤。这就是我们从第一组词语中读出的画面。

4. 引发联想，依托第二组词语体会丹顶鹤的高雅

出示词语：

引吭高歌　展翅飞翔　显得　高雅

师：我们再读一读第二组词语，你仿佛看到丹顶鹤在干什么呢？

生：丹顶鹤有的在引吭高歌，有的在展翅飞翔。

（出示图片：丹顶鹤引吭高歌、展翅飞翔；图片下面有文字：丹顶鹤不论是在地上引吭高歌，还是在天上展翅飞翔，都显得那么高雅）

师：（指着图片）这是引吭高歌的丹顶鹤，这是展翅飞翔的丹顶鹤，丹顶鹤不论是在地上引吭高歌，还是在天上展翅飞翔，都显得那么高雅。什么叫“高雅”？（板书“高雅”）

（学生无言）

（分别出示画面：兰花、悉尼歌剧院、王妃、芭蕾舞表演）

师：兰花历来以清新雅致博得人们的喜爱。这株兰花美丽脱俗，仿佛正飘来阵阵幽香，令人陶醉。这是著名的悉尼歌剧院，它的屋顶既像白色的莲花，又像扬起的船帆，这样的建筑艺术，是多么高雅。这是某一个国家的王妃，她的照片被很多时尚杂志用于封面，她的气质很高雅。这是芭蕾舞《天鹅湖》的一个片段，演员以翩翩的舞姿，向我们展示了芭蕾舞这一舞蹈艺术

的高雅。

（出示丹顶鹤画面）

生：高雅就是美丽。

生：高雅就是很高贵很漂亮。

生：高雅就是比美丽还要美丽。（众笑）

师：丹顶鹤的美真是难以言说，你看它站在金色的芦苇坡上，亭亭玉立，那仰天长歌的姿态，那随风飘起的羽毛，都显得那么的高雅。像丹顶鹤这样的野生动物很多啊，当你看到大老虎的时候，想到的是什么？

生：威风。

生：凶猛。

师：当你看到大熊猫的时候，想到的是什么？

生：很可爱。

生：懒洋洋。

师：当你看到雪地里一只野兔快速蹿过的时候，你想到什么？

生：机灵可爱。

生：灵活。

师：这些野生动物，有的令人想到凶猛，有的令人想到机灵，还有的让人觉得可爱，可为什么看到丹顶鹤我们想到的是高雅呢？丹顶鹤和它们长得有什么不同呢？读读书上的文字。

生：丹顶鹤的腿长，脖子长，嘴巴也长。

师：丹顶鹤体态修长、姿态轻盈，所以——

（生读第三自然段文字）

师：人们常把雄的丹顶鹤叫做鹤王子，把雌的丹顶鹤叫做鹤公主。喜欢这样的名字吗？我们也来扮演鹤公主、鹤王子读一读。

丹顶鹤很________。它的腿________，脖子________，嘴巴________。丹顶鹤不论是在地上________，还是在天上________，都显得那么________。

（男生填空读，女生边读边做动作）

5. 叩击喜爱之情，抚触言语意蕴

出示词语：

黄海之滨　三五成群　无忧无虑　度过

师：咱们从第一组和第二组词语中读出了丹顶鹤的美丽、高雅。那第三组词语呢？读一读，再看看书上的文字，你读出了什么？

生：我知道丹顶鹤飞到北方了。

师：（手势表方向）黑龙江在这里，黄海之滨在那里，应该是飞向——

生：向南飞。

生：我仿佛看到丹顶鹤三五成群飞来。

生：我知道它们在黄海之滨生活得无忧无虑。

生：它们生活得很快活，要在黄海之滨度过很长的冬天。

师：在家或在学校什么样的生活是无忧无虑的？

生：在家里没人管，想玩什么就玩什么，就是无忧无虑。

生：父母不管我，没人打扰我，就是无忧无虑。

师：如果真的没人管，你饿了怎么办？渴了怎么办？其实有亲人的关心和呵护，才会真正无忧无虑。

生：在学校里，和同学们玩的时候，会感到快乐、无忧无虑。

生：在体育课活动的时候也是无忧无虑的。

师：学习时认认真真，玩时痛痛快快，这就叫无忧无虑。来看看丹顶鹤无忧无虑的日子吧。

（出示丹顶鹤悠闲散步、追逐嬉戏等趣图）

生：这两只丹顶鹤在比美。

生：它们在捉鱼。

生：它们在梳理身上的羽毛。

生：它们在接吻。

（众生笑）

生：我看到一只丹顶鹤在水面照镜子，臭美呢。

生：我看到丹顶鹤在和妈妈玩耍。

师：它们是母子还是母女啊？（老师笑）你想象出来的吧。

（出示说话练习：不论________，还是________，都显得那么________）

师：不论丹顶鹤是在散步，还是在照镜子，都显得那么美丽，那么高雅，那么无忧无虑。

生：不论丹顶鹤是在水里找鱼吃，还是准备飞翔，都显得那么高雅、美丽。

生：丹顶鹤不论是在聊天，还是在梳理羽毛，都显得那么高雅。

……

师：是谁给了丹顶鹤这样无忧无虑的生活呢？

生：是神仙。

（众生笑）

师：自古以来，中国人就爱着丹顶鹤，说它是神仙的旅伴，还给了它一个好听的名字——仙鹤。现在，我们更加喜欢它。我们来听这样一个真实的故事。

（录音讲述徐秀娟的故事）

生：这个大姐姐非常喜欢丹顶鹤。

生：是人给了丹顶鹤美好的生活。

师：是啊，人们就像这仙鹤女孩一样悉心呵护着美丽的丹顶鹤。在金色的芦苇坡上，丹顶鹤无忧无虑地歌唱，自由自在地飞翔，它们要在这儿度过整整一个冬天。这儿就是我国的——黄海之滨。

（出示第一自然段）

师：这里有宽阔的湿地，有鲜美的鱼虾，更有爱着丹顶鹤的人们，怪不得丹顶鹤把这儿当做自己的第二故乡；怪不得，天气一凉，丹顶鹤就忙着飞向自己的第二故乡。

（一名学生读第一自然段）

师：看到丹顶鹤从遥远的北方飞来，你觉得它累不累？

生：很累。

师：那它为什么还要唱着嘹亮的歌儿呢？

生：它很高兴。

生：它们要飞到自己的第二故乡，有鱼虾吃了。

师：是呀，它们从遥远的北方快乐地飞来了。同学们，今天我们从这一组组词语中读出了美丽、高雅、无忧无虑的丹顶鹤，这一组组词语，在我们眼前展现出一幅幅生动的画卷，让我们深情地回味这些词语。

（学生动情地读三组词语）

师：同学们现在读这些词语的时候，明显和刚上课时读得不一样了。你们是在用心、用情、用你们对丹顶鹤的喜爱在读。这节课就要结束了，让我们跟丹顶鹤说再见吧。

师生（齐）：美丽的丹顶鹤，再见！

以“学”为中心的教学设计主要研究的是“学”，强调学习过程的最终目标是完成知识意义的建构。它的理论基础是建构主义学习理论，是在认知学习理论的基础上发展起来的，是建构内在心理表征的过程，学习者并不是把知识从外界搬到记忆中，而是以已有的经验为基础通过与外界的相互作用来获取、建构新知识。

建构主义学习理论强调学习过程中学习者的主动性、建构性，对学习作了初级学习和高级学习的区分，提出了自上而下的教学设计思想和知识结构的网络概念，重视“情境”“协作”在教学中的重要作用。此外，建构主义学习理论还提出一系列以“学”为中心的教学策略，如支架式教学策略、认知学徒教学策略、随机进入教学策略、抛锚式教学策略、社会建构教学策略等。

由于以“学”为中心的教学设计强调学生是认知过程的主体，是意义的主动建构者，因而有利于学生的主动探索、自主发现，有利于创造型人才的培养，这是其突出的优点。但是，强调学生的“学”，往往容易忽视教师主导作用的发挥，忽视师生之间的情感交流和情感因素在学习过程中的重要作用，容易偏离教学目标的要求，因此受到一些学者的批评。但是，建构主义学习理论的一些主张对深化教学改革有着重要的意义，它代表了今后教学设计的发展方向。

1. *以“学”为中心的教学设计的构成要素*

以“学”为中心的教学设计涉及一个复杂的教学系统和教学过程，要考虑的因素比较多，比较复杂，如有大环境的因素，有教学过程的因素，也有教师、学生的因素，等等。其教学设计主要有 10 大要素，基本涵盖了教学设计的主要方面。

(1) 学生。学生是进行以“学”为中心的教学设计的出发点、归宿和核心。所以，必须对学生的基本特征，如已具备的基本知识和认知结构、学习风格等，有大致的了解。学生在整个学习活动中处于什么样的地位？有哪些自主权和交互行为？如何调动学生学习的兴趣和积极性？这一系列的问题是“学生”要素所要研究和考虑的。

(2) 教师。虽然在以“学”为中心的教学设计中，教师已不再处于中心位置，但这也并不意味着教师和教师的“教”就可以完全抛开。教师在引导学生学习，帮助学生制订学习策略、学习目标，为学生提供学习资源等方面，可以发挥更大的作用。

(3) 交互学习方式。学习的交互方式是以“学”为中心的教学设计的一个比较显著的特点，也是培养学生动手能力、创新能力，体现以“学”为中心的措施之一。学习的交互方式非常丰富，是思维情感的参与，也是外显行为的参与；是与教师、学生交互，也是与机器、网络、教学软件进行交互；是面对面的交互，也是通过媒介进行交互；是真实的交互，也是虚拟的交互；等等。

(4) 学习目标。学习目标也称培养总目标，主要包括对学习者培养的阶段性目标和学完学习内容之后学情所要达到的单元目标。这两个目标应是一致的，后者服务于前者，单元目标是阶段性目标实现的基础，总目标的实现又依赖于不同时期的阶段性目标的实现；而培养总目标则与社会发展的大环境和总需求、现代人才观、学习者的具体状况相联系，不同的社会需求、不同的学习者状况就会有不同的学习目标。

(5) 学习内容。学习内容是实现学习目标所必须学习的知识内容，是进行具体教学设计操作的对象；学习内容的选择与安排同学习目标、学习策略、学习者特征等联系在一起。

(6) 学习情境。学习情境是为学生能顺利地学习、掌握学习内容、尽快达到学习目标而选择或创设的情形与环境。学习情境的创设主要是通过现代信息技术实现的，情境的创设要与学习内容相统一，与学习过程相协调，它的作用是推进学习的进程。

(7) 学习资源。学习资源是具体学习内容的辅助内容和延伸，是为了使学习内容更全面、更广博而设计的。它既与学习内容相统一，又与学习内容相区别，是辅助性的学习内容。

(8) 学习策略。学习策略是自主确定学习内容的顺序、学习的方法、学习所用的媒体、学习目标和学习方案的一种模式和方法。其核心是充分发挥学生学习的主动性、积极性，体现学生的认知主体作用，高效优质地完成教学任务，实现学习目标。

(9) 学习评价。学习评价是教学设计的一个重要因素和环节，主要是对学习过程、学习结果进行评价，并对评价结果进行分析、判断，以此来调控、修改后继教学设计的实践活动。可见，没有学习评价就不可能有完善的教学设计方案。

(10) 创新空间。创新空间就是要在学习内容的挖掘、呈现顺序、学习结论告知的方式上进行精心的设计，在思维方法和空间方面给学生留有足够的余地，引导学生进行创造性思维和实践活动。

2. 以“学”为中心的教学设计的基本模式

教学设计的模式除了与构成要素有关外，还与教学设计的类型等因素有关，下面是以“学”为中心的教学设计的基本模式。

(1) 个别化自主式学习模式。

在这种教学设计模式中，主要包括学生、学习内容、学习目标、学习情境、教师、学习资源、学习策略和学习评价等要素。进行自主学习的学生，在开始学习某一内容之前，总是有一定的知识、能力基础的，而其中总有一部分知识、能力和经验与将要学习的内容是相近的、有联系的，这就是学习发生的直接基础——共同经验。在此基础上，学生自主利用各种教学媒体进行学习，而这些教学媒体可以提供各种各样的学习情境，众多的学习情境共同形成一个学习有效发生的场所——情境场，它是自创的、适宜的学习环境。学生在情境场中按教学目标的要求，用一定的学习方法和策略来学习知识内容，并不断进行评价，在需要的时候还可与学习环境外的教师、学生、专家和学习资源进行交流、互动，以使学习更有效。此模式有以下几个方面的基本特征：

①学生——教学设计的中心。一切设计活动都要以学生的学习为出发点，这是这种模式的第一大特征。社会科学、自然科学、人文环境、学生基本特征构成了学习过程的基础。学生的基本特征（知识、能力基础、价值观念、共同经验等）是学习顺利发生的基础。所以，学习与共同经验紧密相连，这个共同经验是教师、学生、媒体、内容（学习内容）所共同拥有、共同构建的，它是学习成功的桥梁。

②学习情境——创设的学习情境构成了学习发生的情境场。学习情境的创设要与学习内容、学习目标相统一、相协调。随着学习内容、学习目标的不断变化，情境也在不断变化，不断变化的学习情境就形成了学习顺利进行的理想场所——情境场。

③教师——学习的指导者、帮助者。教师对学习过程和学习活动产生一定的影响和作用，这些影响和作用主要是通过学习媒体、学习指导等形式来产生的。

④学习策略——学习能否顺利进行的关键。如果没有一个良好的、切合学生实际的学习策略作为支柱，一切设计都将是没有结果的。

⑤学习评价——检验学习成果的手段。学习评价在整个教学过程中不断地进行着，要根据评价的结果来调控学习过程、学习策略。

⑥交互性——学生的学习活动始终处于较活跃的交互之中，它要与情境、内容、目标进行交互。学生在学习过程中要不断地进行自我评价，需要的时候，还要与学习辅助资源、大环境、教师进行信息交流，以获取有用的信息。

⑦开放性——主要是相对于学生所处的学习环境而言的，学习活动是开放的。它要不断地与外界进行互动、交流，以确保系统的活力，打开创新的空间。

（2）小组式的协商学习模式。

这种模式主要包括学生、教师、共同情境场、学习资源、学习内容、学习目标、评价等要素。小组协商学习的环境是由学生和教师、学习内容、教学媒体提供的情境等因素共同形成的。在这个大环境中，不同的学生学习同一主题的内容，但他们各自使用不同的教学媒体创设不同的情境。在协商过程中，这些不同的学习情境通过相互交融，形成一个共同的情境场，大家在这个共同的情境场中进行协商学习。

这种学习有时可能还需要教师的引导，需要不断进行评价来达到学习目的，甚至还可能向社会环境寻求帮助，寻求资源。整个学习活动是一个开放的、自由的过程，你可以随时参加进来，也可以随时退出。这种形式的设计活动重点在于学生间如何协商，如何交互，如何形成一个良好的共同情境场。此模式有以下几个方面的基本特征：

①交互与协商——这种模式的重要特征。交互主要有学生间的交互，学生与学习媒体、学习资源、教师、大环境的交互；协商主要发生在学生之间，有时也发生在学生与教师之间、学生与专家之间。

②以学生和学习活动为中心——在这种学习模式中，学生和学习活动仍然是设计的中心，但这个中心的对象不止一个，而是几个或十几个不等。

③共同情境场——主要是由现代信息技术提供的与学习内容相一致的学习情境。除此之外，还有协商对象间的交互行为所形成的具有人性的、情感的学习情境，两者交织在一起，形成一个更有活性、创造性的共同学习空间，我们称其为共同情境场。

④开放性——以“学”为中心的教学设计的一个共同特征，所不同的是开放的形式和程度。该模式中的开放性，不仅涉及共同情境场中的资源，还要向教师、学习资源、学习环境和社会环境开放、求助。

（三）“主导—主体”交互式，调动“教”“学”积极性

在教学“乘法分配律”一课时，上海市宝山区实验小学的潘小明老师尝试采用教师“导”与学生“探究”相结合的教学方法，让学生通过多种方法的计算去完整地感知，对所列算式进行观察、比较和归纳，大胆提出自己的猜想并举例进行验证。通过探究活动，让学生真正有所体验，建构起自己有意义的知识。

1. 简洁导入

师：同学们，我们已经学习了乘法的交换律和结合律。今天，希望同学们能通过探究发现乘法的又一个新知识。

（课件出示：1 件儿童上衣售价 5 元，1 条儿童裙子售价 4 元）

师：买 3 套这样的儿童服装应付多少钱？你能用几种方法解答？请列式计算。

（学生各自计算，不一会儿，纷纷举手）

生：我先算出 1 套服装的价钱，再求出 3 套服装的价钱，算式是括号 5 加 4 括号乘以 3。

师：（结合学生回答进行板书，并故意地）你列的算式里共有几个括号？

生：一个括号，就是 5 与 4 的和乘以 3，得数是 27。买 3 套这样的儿童服装应付 27 元。我的另一种方法是，先分别算出 3 件上衣和 3 条裙子的价钱，再算出 3 套服装的总价钱。算式是 5 乘以 3 的积加上 4 乘以 3 的积。

［结合学生的回答教师板书“（5＋4）×3；5×3＋4×3”］

生：我的方法是：5＋5＋5＋4＋4＋4＝27。

生：我的方法是：5＋4＋5＋4＋5＋4＝27。

生：我觉得这两位同学的想法与第一位同学的两种想法是一致的。但是，第一位同学的算式比较简单。

（众生点头以示同意）

2. 引发不同的思考方法

（课件出示：小强摆木块，每行摆 6 个绿木块、8 个红木块，共摆了 4 行）

师：请你想象一下，小强是怎样摆的？

师：小强一共摆了多少个木块？你能用几种方法解答？

［学生再次列式计算，并很快说出两种不同的思考方法和算式，结合学生的回答教师板书“（6＋8）×4；6×4＋8×4”］

师：从上面的算式中你有没有发现什么规律？

（同学们一双双眼睛注视着黑板上的算式，寻找着其中的规律；渐渐地，一些学生举起了手，有些学生开始有些激动，急着与周围的同学说起了悄悄话……此时，教师没有急于指名学生个别回答，而是——）

师：（惊奇地）你们是不是发现了这些算式中隐含着的规律？那请与你的同桌交流一下，好吗？

（教室里的气氛一下子热烈起来了，同学之间指点着、交流着，一些心急的同学忍不住又高举着小手）

师：从大家的神态和表情中，老师知道你们一定觉得自己发现了什么规律。同学们，你们发现了什么，我能猜到。不过，你们所看到的也许只是一种偶然现象，是一种猜想而已。你们能再举些例子对自己的猜想进行验证吗？

学生认真地在本子上任意地写着算式，并进行计算。很快有学生举起了手，积极地汇报自己的验证结果。

生：(8+3) ×4=8×4+3×4。

生：(5+1) ×3=5×3+1×3。

生：(1+9) ×5=1×5+9×5。

生：我也举个例子，(1+1) ×7≠7+1×7。

该生的回答，引起了轩然大波。许多学生问道：左边算式的答数是几？右边算式的答数是几？这两个算式你说相等吗？通过这个小小的计算失误，同学们更加坚定了自己的发现是正确的。

师：从同学们举的大量例子中，可以确定你们的发现是正确的。

生：老师，虽然我们举了许多例子，可万一还是碰巧怎么办？

该生的这一提问，引来了一些学生的赞同："是呀，万一还是碰巧呢？"教师被这意外的"一问"问住了，稍后——

3. 引发猜想，令表述水到渠成

师：会有这种"万一"吗？你能举出一个反例吗？

(教师的反问，引起学生的深思)

生：不可能有反例出现。以"(8+3) ×4=8×4+3×4"为例，左边算式括号里算得11，表示有11个4，右边算式的"8×4"表示有8个4、"3×4"表示有3个4，加起来共有11个4。等号两边的算式形式不同，但它们的意义是相同的，都表示11个4，所以是相等的。其他的式子，道理是一样的。

师：同学们还有不同意见吗？

(众生摇头，以示没有意见)

师：你们发现的这个知识规律，叫做乘法分配律。什么叫乘法分配律？请同桌间再交流一下。

(学生积极地与同桌交流着，又踊跃地参加集体交流)

生：把括号里的两个数加起来后乘以一个数，等于把括号里的两个数分别去乘以一个数，再把乘出来的积相加。

生：乘法分配律是，把两个数加起来乘以乘数，等于括号里的一个加数乘以乘数加上括号里的另一个加数乘以乘数。

师：你们想表达的是这样的意思吗？（教师板书“两个数的和与一个数相乘，可以用两个加数分别与这个数相乘，再把两个积相加，结果不变”）

师：这叫做乘法分配律。能用字母来表示乘法分配律吗？

[结合学生回答，教师板书“$(a+b)\times c=a\times c+b\times c$”]

师：用字母表示乘法分配律，感觉怎样？简洁、明了。这就是数学的美。

师：请运用乘法运算定律，回答下面各题：

①（32＋25）×4＝□×4＋□×4

②（64＋12）×3＝□×□＋□×□

③25×（4＋9）＝□×□＋□×□

④75×64＝□×□＋□×□

（前面三道题，学生根据乘法分配律很快地将数正确填上，由于第④题是开放的，有的学生把75写成两个加数的和再乘64的形式，有的学生将64拆成两个加数的和再乘75的形式等，再运用乘法分配律进行填数）

师：选择。请用手势表示正确答案的编号。

与25×（4×8）相等的算式是（　　）。

①25×4＋25×8；②25×4×25×8；③25×4×8

（全班学生中有一个选①，三个选②，其余都选③；通过辨析，学生更加清楚地认识了乘法分配律的内涵及其与乘法结合律的区别）

在整个教学设计过程中，潘老师始终把握以教师为主导、以学生为主体的原则，引导学生探究乘法分配律。整个教学过程中，教师没有采用简单的一问一答的方式，把知识规律展示给学生，而是适时地给出一组问题加以引导：从上面的算式中，你有没有发现什么规律？这些算式中真的隐含着规律，请与你的同桌交流一下，好吗？不过，你们所看到的也许只是一种偶然现象，能再举些例子进行验证吗？让学生积极地动手实践、自主探索并与其他同学进行交流，亲历观察、归纳、猜测、验证、推理等探究发现的全过程，使学生不仅发现了乘法分配律这一新知识，而且其科学探究的方法、数学思维的能力也都得到了发展。

“主导—主体”交互式课堂教学设计的指导思想要以学生为主体、教师为主导、训练为主线。“学生为主体”，即确认学生在教学过程中是认识和发展的主体，是具有独立地位和极大认识潜能的实践者。在教学过程中，学生必须发挥主体作用，获得“发现真理”的主动权，而且在个性的全面发展以至世界观的形成上，同样必须由主体来实现。

“教师为主导”，即确认教师在教学过程中处于领导、支配的地位，而教师的领导、支配作用，只有通过“导”，才能得到充分发挥。导之有方，学生才能成为名副其实的主体。

“训练为主线”，即教学过程中学生的主体地位和教师的主导作用，只有进入训练过程，二者才能达到和谐的统一，而这种以师生双向活动为特征的训练，贯彻于教学的全过程，成为“主线”，其他的教学措施都是服从于训练并为之服务的。

主体、主导、主线，是诸教学因素在教学过程中的动态平衡、和谐统一。“学生为主体”是教学的前提，着眼于使学生“善学”；教师为主导，是强化学生主体地位的条件，着眼于“善导”；而学生的“善学”与教师的“善导”都必须通过“善练”的科学序列才能实现，所以说“训练为主线”是“主体”与“主导”相互作用的必然归宿。

1.“主导—主体”教学设计理论的提出

“主体—主导”模式是由教育技术界专家何克抗教授在深入分析了“以教为主”的教学设计和“以学为主”的教学设计各自优缺点的基础上，结合我国教育实际和社会对新型人才培养的需求，将两种模式取长补短，提出了在教学中既要充分发挥教师的主导作用，又要创设有利于学生主动探索、主动发现，有利于体现学生的主体地位和培养创新人才的新型学习环境的“双主”教学设计思想，初步建立了具有中国特色的教学设计理论体系。

由以上分析可见，“以教为主”的教学设计理论和“以学为主”的教学设计理论各有其优势与不足，不能简单地用后者去取代或否定前者，也不能反过来用前者去取代或否定后者，而应彼此取长补短，相辅相成，根据教学目标、教学内容和教学对象的不同，将二者结合起来并加以灵活运用。这种教学设计理论努力做到既发挥教师在教学过程中的主导作用，又充分体现学生在学习过程中的主体地位；既注意教师的教，又注意学生的学。以此把教师和学生两方面的主动性、积极性都调动起来。其最终目标就是要通过这种新的教学设计思想来优化教学过程和教学效果，以便培养出既有系统宽厚的知识基础，又有高度创新能力的新型人才。为了与前面的“以教为主”的教学设计和“以学为主”的教学设计相区别，把按照这种思想和目标实现的教学设计称之为“主导—主体”教学设计，以强调这种教学设计既要发挥教师的主导作用，又要充分体现学生的主体地位，即要调动教与学两个方面的积极性。

2. “主导—主体”教学设计过程及模式

“主导—主体”教学设计从方法和步骤上来说，是“以教为主”和“以学为主”的教学设计方法和步骤的综合。

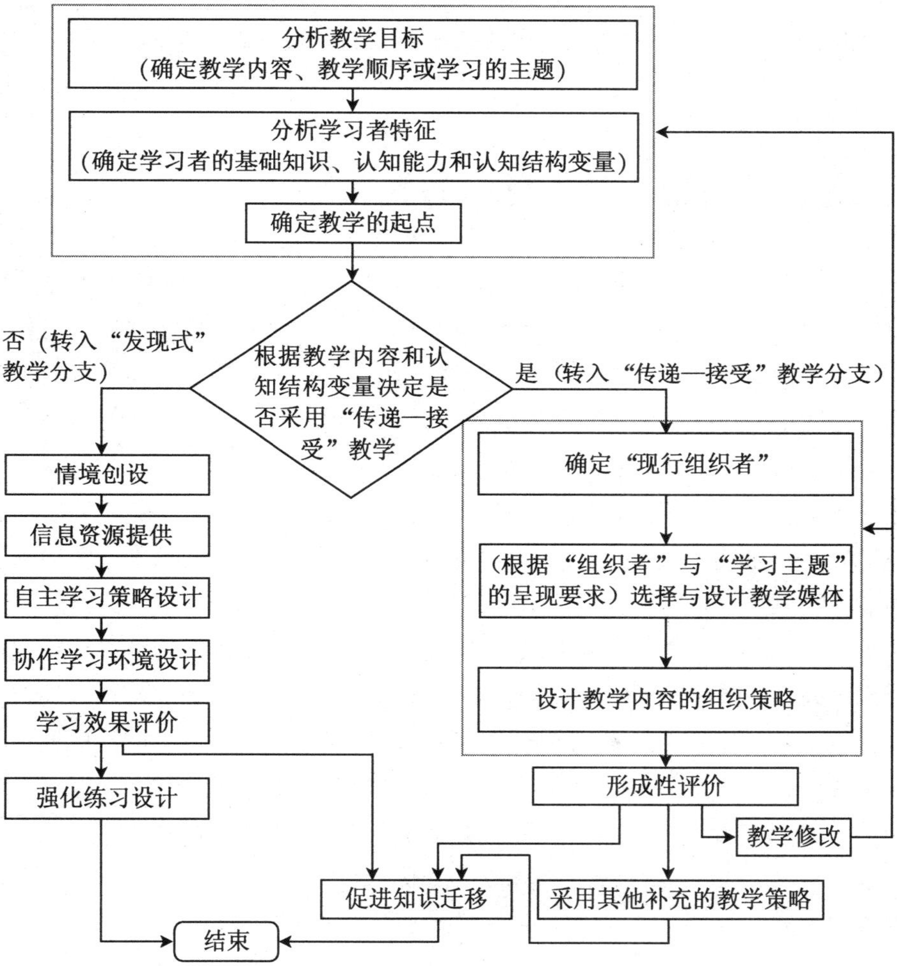

其设计流程具有以下四个特点：

（1）可根据教学内容和学生的认知结构情况灵活选择“发现式”教学分支或“传递—接受”教学分支。

（2）在“传递—接受”教学过程中基本采用“现行组织者”教学策略，同时也可采用其他的“传递—接受”策略作为补充，以达到更佳的教学效果。

（3）在“发现式”教学过程中也可充分吸收“传递—接受”教学的长处。

（4）便于考虑情感因素的影响：在“情境创设”环节或“选择与设计教学媒体”环节中，可通过适当创设的情境或呈现的媒体来激发学习者的动机；而在“学习效果评价”环节或根据形成性评价结果所做的“教学修改”环节中，则可通过讲评、小结、鼓励和表扬等手段促进学习者三种内驱力（认知内驱力、自我提高内驱力以及附属内驱力）的形成与发展。

三、如何做“会设计”的教师

在教学设计中，高效能教师与新教师的重要差别在于对教学内容的组织。高效能教师通过深入钻研大纲、教材，对教材的整体把握准确，对各部分内容的重要性及其内在逻辑关系了如指掌。他们对课件的深层结构很敏感，习惯于按问题答案所涉及的概念、原理对问题进行分类；他们掌握并善于运用能揭示知识本质的典型材料，能从学生的现状出发重新组织教材，自然地将学过的知识融入新知识，以旧引新，以新固旧。他们在对学生进行“双基”训练时也是紧紧围绕这种逻辑关系，有计划地设置障碍，使知识得到前后呼应。

总之，高效能教师能根据教材和小学生的特点，使课堂教学呈现精当的层次序列。高效能教师的这种能力，显然是以他的学科功底、教育心理理论修养以及教学经验的积累为基础的。所以，知识结构化是教学设计应遵循的一个重要原则。根据知识结构化原则，在教学设计中应当做到：

1. 教学目标明确，削支强干，重点突出，集中精力于核心内容。

2. 教学内容安排注重层次结构，张弛有序，循序渐进。由浅入深，由易到难，先简后繁，先单一后综合。

3. 每堂课都围绕一个中心论题而展开和深化，精心组织相关的教学成分，使相应的核心概念或重要思想成为一个有机整体，相关的术语、定义、符号、概念、技能等因素都得到仔细的展开；课与课之间建立精当的序列关系，保持知识的连贯性、思想方法的一致性。易错、易混淆的问题有计划地复现和纠正，使知识得到螺旋式的巩固和提高。

培养学生的创新精神和实践能力，应从课堂教学上突破。不管怎样的教师，都希望自己的教学有较高的效率，都追求在轻松快乐的课堂氛围中成功实现自己的教学目标。而高质量的教学设计是打造优质高效课堂的关键。

（一）确定教学目标多元化策略，注重教学的情意功能

传统的教学片面强调知识目标和技能目标，忽视学生的情感态度、价值观以及学科本质的内涵，而把培养学生的学科兴趣、提升学生的综合素养放在了第一位，这就需要教师在教学设计时充分考虑三维目标的和谐达成。因此，教师在确定教学目标时需要严格做到：

1. 把握好知识目标和技能目标的层次性。目标的制订既要与教学的深度、广度相吻合，又要与学生的实际情况相结合，同时还要注意目标的阶段性和发展性。如学科概念的学习，不但要强调定义的严谨性，而且要注意概念的螺旋式发展。

2. 重视过程与方法目标的构建。教学设计中要突出以合作探究的学习方式激发学生探求知识的激情，使学生在知识形成的过程中感受学习的快乐，培养良好的学习态度，为学生可持续发展奠定坚实的基础。

3. 渗透情感、态度、价值观。情感、态度、价值观目标是教学的最高追求，它主要包含学生对知识的好奇心和求知欲，学科对社会发展所起的推动作用以及科学态度、辩证唯物主义和爱国主义思想的形成。知识和技能是酝酿情感态度和价值观的载体，方法和过程是形成情感态度和价值观的基础，课堂教学是提升情感态度和价值观的主渠道。

因此，在教学设计中，教师要尽可能让学生通过多种活动方式学习知识、培养技能，从中享受学习的快乐，掌握学习的方法，关注社会的发展，学会与他人合作，增强社会责任心和社会责任感。

（二）创设教学情境兴趣化策略，营造和谐的学习氛围

学生的心理活动包含着互为前提、互相促进的认知结构和情意状态两个方面。激发学生的学习动机、兴趣和追求是意向，加强教师和学生间的情感交流，是促进认知发展的支柱和动力。因此，根据学生心理特点以及新课程标准，充分运用有趣的教学情境来调动学生学习的兴趣、培养学生的创新思维是极其重要的。“导而弗牵、强而弗抑、开而弗达”，挑起兴奋点，激活学生的思维；瞄准求知点，发展学生的思维。

为达到这一理想境界，教师在进行教学设计时可以从以下几个途径入手：

1. 通过介绍学科史对人类社会发展与进步所作出的巨大贡献以及它在现

代社会及未来社会中的地位与作用，促使学生体会学好该学科的重要性。

2. 挖掘、加工教材，适时创设问题情境，通过设疑激发学生的兴趣，帮助学生在研究性学习中获取成功的体验，增强学生学习的兴趣。

3. 开展课外活动，提升学生的学习兴趣。如通过让学生帮助教师制作教具等，增强学生对各学科知识的感性认识。举办知识竞赛、学科史展览，或是进行热门话题的社会调查，如环境污染、市场价格的波动等，让学生感到学有所用，从而乐学。

（三）强调教学内容生活化策略，彰显学科的价值取向

《新课程标准》更多地强调学生用学科的眼光从生活中捕捉学科问题。“纸上得来终觉浅，绝知此事要躬行。”在日常生活中，学生会接触到很多与学科有关的生活问题，教师要善于结合实际，将教学内容生活化，帮助学生拓宽视野、开拓思路；要让学生多走出课堂，深入社会，从而弥补课堂知识的局限性。教学内容生活化需要遵循以下几点：

1. 充分利用身边的人或事，力求教学内容的生动化。教师要充分利用生活资源，在学生已有的生活经验基础之上，把抽象的、难理解的知识和生活经验有机地结合起来，使学生在熟悉的情境中获取知识。

2. 回归生活，强化应用教学。生活中时时都渗透着各种知识，如果能够把课堂知识与实际应用结合起来，让学生有机会去解决生活中的实际问题，这不仅是课堂教学的真谛所在，也是学生学习热情高涨的源泉，更是学生形成全面深刻的学科观的动力。而解决问题后的愉悦也会是学生终身难忘的。

（四）保障学习方式自主化策略，促进学生的深层发展

有效的学习活动不能单纯地依赖模仿和记忆，因此教学设计应尽可能做到让学生动手实践、自主探究和合作交流。学习方式自主化强调学生在教师引领下主动参与学习，真正成为学习的主人；强调学习的亲历性和课堂的开放性，彰显学生的主体地位。

教育家布鲁纳曾指出：“教学不应该奉送真理，而应该教人发现真理。”自主化学习方式有利于学生学会科学的探究方法，提高学生科学探究的能力，在经历探究的过程中，学生能充分展现自己的才能，发挥自己的潜能，开放自己的智力，提升创新思维和实践能力。

（五）构建教学手段信息化策略，拓展知识的结构空间

如今，先进、有效而又多样化的教学手段能使教学内容与教学过程由预设和封闭走向生成和开放，能创造性地引发学生思维朝多向发散，赢得对课程知识有意义、有价值的深度构建。正如巴班斯基所指出的那样：“选择对某节课最有效的教学方法，是教学过程最优化的核心问题之一。”

在信息化快速发展的今天，要想与时俱进，现代课堂必须实施信息化教学。当然，信息化教学策略的最终目标并不是为了学生的感官，而是为了在信息的接受之中将知识进行重新组合，力求创新能力的突破。信息化教学要求形式上不再是局限于口授耳听，而是让学生上网、观看有关影片，根据不同的教学内容，制作不同形式的课件，向学生展示五彩缤纷、千变万化的学科世界，激励学生在知识的海洋遨游，充分展现学科的科学性、创造性。

（六）实施评价方式多元化策略，凸显学科的育人本质

对学生的学业评价应注重评价与教学的协调统一，强调过程评价与教学结果评价并重。强化评价的诊断与发展功能，弱化评价的选拔与淘汰功能。所以，教学设计中必须运用评价策略。教学目标是教学之灵魂，是教学活动的出发点与归宿，是评价教学活动的重要依据。它绝不是为了完成教案文本而去例行的“公事”，而是为保障教学过程中师生具有明确的共同目标所必不可少的设计。

传统的应试教育以分数作为评价的唯一方式，这显然违背了“基础教育要面向全体学生”的宗旨。新课程提倡建立多元化的评价体系，不以分数论英雄，而是从学生在整个学习过程中的参与意识、合作精神、实践操作与交流技能等方面来评价学生。在重视教师评价的基础上，注重学生的自我认识和自我评价，强调给每一个学生提供多元化的评价方式，使全体学生在学习的过程中学会自我反思、自我评价，真正实现教育的育人功能。

教学设计是动态的，也是生态的，一方面需要教师的教育智慧和智慧教育，另一方面也需要师生间和谐的交流与合作。教学设计要根据教学对象和教学目标确定合适的教学起点与终点，将教学诸要素有序地、优化地进行安排，形成高效的教学方案。它是一门运用系统方法科学解决教学问题的学问，应以教学效果最优化为目的，以解决教学问题为宗旨。

习惯2 善激趣

——激发兴趣，生动知识，寓教于乐

“兴趣是最好的老师。”它是学生主动学习、积极思维、大胆质疑、勇于探索的强大动力，是小学生获取知识、掌握技能必不可少的媒介。从激发小学生的学习兴趣入手，无疑是改变教学的一个突破口，也是提高教学质量与效果的一个重要途径。

一、“善激趣”概述

兴趣是学生积极认知事物和积极参与学习活动的一种心理倾向。根据小学生的认知特点，教师可以使用“创设情境，渲染气氛”“利用生动形象的故事”“游戏激趣”“让学生获得成功的体验”等教学方法，激发小学生的学习兴趣。

兴趣是成功的开始。教师激发了学生的学习兴趣，教学的开展便能取得事半功倍的效果。“知之者不如好之者，好之者不如乐之者。”孔子的这句话揭示了怎样才能取得好的学习效果的秘密，那就是让学生对学习产生兴趣。

不同的学生在同样的学习环境下学习效果不一样，自身的素质固然是一方面的因素，更重要的是学习者对学习内容的态度或感觉。正所谓“兴趣是最好的老师”，当学生对某一科目产生兴趣之后，自然会学得比别人好。

兴趣是主观世界的一种现象，是人们力求认识、探究某种事物的心理倾向，是人的非智力因素的重要组成部分。学习兴趣是学生在心理上对学习活动产生爱好、追求和向往的倾向，是推动学生积极主动地学习的直接动力。

心理学研究表明：小学生对事物的感知往往是凭直觉上的好恶，而并未经过理性的分析。这种认知倾向在课堂上的表现，就是对感兴趣的内容听得津津有味，而对那些自认为兴趣索然的东西则心不在焉，甚至可以视而不见、充耳不闻；或者是对老师讲的东西先觉得新奇有趣，而随着课堂时间的推移，这种猎奇式的兴趣便逐渐淡化，最后归于消失，常常是一堂课下来，教师讲得气喘吁吁，学生却收效甚微。这种沉闷、呆滞的课堂气氛，极大地影响了教学质量。

因此，教师要了解小学生的心理特征，有针对性地激发他们的兴趣，调动他们的积极性，从而提高教学质量。

（一）小学生的认知特点

小学生的认知特点带有很大的直观性和形象性，具体表现在：

1. 记忆特点

基于小学生的年龄和智力发展水平，他们的认知水平基本停留在感性认识阶段，没有完全形成对记忆材料进行较为系统的分析、加工、归纳能力，在心理机制上没有形成或没有完全形成与意义识记相适应的认知结构，为了应付考试而被迫采用死记硬背为主的方法识记概念，记忆方法处于以机械识记为主、向意义识记过渡的时期。

2. 思维特点

小学生思维活跃，敢于暴露自己的思维过程和结果。他们对抽象的新概念的理解基本上依赖于感性直观材料，判断常带有具体性和片面性，但整体来看，思维处于以具体思维为主、向抽象思维过渡的时期。

3. 注意特点

在生动有趣的课上，在争论富有吸引力的问题时，小学生觉得时间过得很快，这说明他们已经有了有意注意，即在思维活动开始后不再需要意志的努力；若可以不受外界干扰而进行积极主动的思维，这就发展到了以有意注意为主的时期。

好动、思维持久性差，使得小学生的听讲是断断续续进行的。学生注意的间歇易受情感的影响，易以个人的兴趣为转移，这说明学生的有意注意处于不稳定状态。同时，这也告诉教师在教学中应采用多种形式、方法来不断引起学生的注意。

4. 语言特点

虽然小学生的生活语言较丰富，但他们的一些学科语言并不是很丰富，特别是他们思维的随意性和片面性，会使语言的表达不准确、不科学，从而影响对概念的理解和掌握。

了解了这些有关小学生的认知特点，教师就可以有针对性地开展激趣教学。

（二）小学生的兴趣特点

“学习的最好动力，是对学习材料的兴趣。”有了兴趣，就能克服困难，变苦学为乐学，不知不觉地立足于主动地位，从而取得学习上的好成绩。兴趣是一种心理过程，要激发小学生的学习兴趣，首先要分析小学生的学习心理与学习特点：

1. 在学习的过程中，小学生最初对学习的外部活动感兴趣，以后才逐渐转为对学习的内容、需要独立思考的作业感兴趣。

2. 在对待学科内容上，小学生的学习兴趣最初是不分化的，以后才逐渐产生对不同学科内容的不同兴趣。

3. 小学生对有关具体事实和经验的知识较有兴趣，对有关抽象的、因果关系的知识的兴趣在初步发展。

4. 游戏因素对低年级学生的学习兴趣起着一定的促进作用，从中年级起，这种作用逐渐减弱。低年级学生对“玩中学”的方法更感兴趣，如喜欢通过摆弄学具这种直观动手活动来学习。从中年级起，这些因素下降，而对日渐新颖的教材本身更感兴趣，开始喜欢动脑、独立思考。

5. 在阅读兴趣方面，一般是从课内读物阅读发展到课外阅读，从阅读童话故事发展到阅读文艺作品和通俗读物。

“激趣”这个既“古老”又“崭新”的课题，已经成为当前小学教育教学改革的热点之一。善激趣，指教师针对教学对象、教学内容，采取灵活多变的教学方法，利用学生的好奇心、逆反心理、求新心理，创造一个和谐温情的氛围，激发学生的求知欲，使学生在愉悦的情感中接受知识、掌握技能。

在教学中，教师只有真正激发了学生的兴趣，才能使学生以饱满的情绪调动智力因素和非智力因素去探索新知识。在兴趣的激发上，教师的作用就是在课堂中创设一种丰富的、给学生以心理安全的氛围，同时利用恰当的教学技巧创设能吸引学生的情境，提出学生感兴趣的问题或设想，以新颖的教学形式展开教学活动。

作为教师，特别是小学教师，要善于在课堂上激发学生兴趣的火花，用火花燃起学生的求知欲望，用欲望激活个体的思维，用思维培养学生的素质。

二、名师经典案例

(一) 点燃学生兴趣，激发学习热情

南京致远外国语小学优秀青年教师李筱静在语文教学中善于激发学生的兴趣，使学生在快乐轻松的氛围中学到知识。在识字教学中，李老师巧妙地运用交互式电子白板的辅助功能，激发了学生的学习热情。以下是李老师执教苏教版第二册《识字 5》的教学实录。

1. 创设情境，激趣导入

师：同学们，美丽的春姐姐走了，可爱的夏姐姐来了，瞧！（老师在白板上出示夏天的图片）

师：来，我们跟夏姐姐打个招呼吧！跟老师读“夏天”。（老师边说边利用白板拖拽功能拉出生词“夏天”）

（生齐读）

2. 看图，初读词串

师：（出示课文插图）夏姐姐给我们带来了什么呢？让我们一起去红红家的小院看一看吧！请同学们仔细看插图，你看到了什么？在观察的时候，可以按照从上到下的顺序进行。

生：我看到了知了。

生：我看到了葵花。

生：我看到了荷花。

……

师：（在学生充分回答的基础上）夏姐姐将同学们观察到的现象编成了好听的词串，就是我们今天要学习的内容，先让我们一起来读读课题。

（出示课题，生齐读）

师：想认识这些词语宝宝吗？（师出示词串）

（生自由地大声朗读词串）

师：同学们读得都很认真，有人想读给大家听吗？

（分别指名4个学生读词串）

3. 合作探究，感悟内涵

(1) 学习第一组词串：夏天　雷雨　台风

师：温柔的春姐姐是伴着柔柔的春风和细细的春雨来的，而夏姐姐是个急性子，她会怎么来到我们面前呢？

（生看课件）

师：你看到了什么？听到了什么？

生：我看到台风将人们的伞都刮跑了。

生：我看到了一道明亮的闪电，还听到了巨大的雷声和哗哗的雨声。

师：（利用白板的拖拽功能拖出词组——台风　雷雨）多厉害的台风、雷雨呀！你能读一读吗？声音要响亮、有力、有气势。

（生读）

师：读得真好！那你们能将这一组词串读好吗？

（指名读，教师肯定学生的朗读）

师：同学们词串读得真好。你能用一句话，将这三个词连起来说一说吗？

（出示：夏天到了，有时下____________，有时刮____________）

生：夏天到了，有时下雷雨，有时刮台风。

师：说得真好！让我们一起来读一读。

（生齐读）

师：夏姐姐可好了！你看，她给我们带来了这么多礼物。她带来了哪三种礼物呢？

生：夏姐姐给我们带来了水果。

生：夏姐姐给我们带来了花卉。

生：夏姐姐给我们带来了动物。

师：你们每个人都有一双火眼金睛，夏姐姐的礼物都被你们发现啦！在这些礼物中你最喜欢什么呢？将你喜欢的礼物所在的词串多读几遍。

（学生自读，同桌交流）

(2) 学习第二组词串：桃子　西瓜　梅子

生：我最喜欢水果。

师：这三种水果，你最喜欢哪一种呢？你喜欢谁，就拍拍谁的小脸蛋。

生：我最喜欢桃子。（生点击图片，进入链接）

师：（出示桃子图）你能给大家介绍介绍桃子吗？

生：桃子红红的、甜甜的。

师：说得真好，能读好吗？

（生读）

师：读得真好，你能将桃子的颜色和味道合起来说说嘛？

（点击白板，出示：又________又________）

生：桃子又大又甜。

生：桃子又红又甜。

师：你能带着这种感觉再读一读“桃子”这个词吗？

（生读）

师：你们将“桃子”这个词读得很好，能用刚才的方法来夸一夸西瓜吗？

（出示西瓜图，练习说话：我最喜欢又________又________的西瓜）

生：我最喜欢又大又圆的西瓜。

师：请你带着自己的感受读一读“西瓜”这个词。

（老师引导学生用刚才的方法学习“梅子”这个词）

师：同学们，让我们带着喜欢、甜蜜的感觉朗读这一组词串。

（生读水果这一组词串）

（3）学习第三组词串：青蛙　蝈蝈　知了

师：你还喜欢夏姐姐的哪份礼物呢？

生：我喜欢夏姐姐带来的小动物。

生：夏天不仅很美好，还很热闹，这些动物音乐家在开演唱会呢！

师：（出示课件，利用白板的遮盖功能，遮住动物的名字）谁来点击图片，其他同学听声音，猜一猜是什么小动物的叫声？

（指名学生点击图片，其他学生回答）

生：知了！

生：蝈蝈！

生：青蛙！

师：（出示图画和文字）让我们一起跟音乐家们打个招呼吧，喊喊他们的名字。

（生齐读）

师：同学们看图，想一想：他们躲在哪里唱歌呢？

生：青蛙在池塘里唱歌。

生：蝈蝈在草丛里唱歌。

生：知了在树上唱歌。

师：谁能带领大家读读词串？

（学生开心地朗读词串）

（4）学习第四组词串：荷花　茉莉　葵花

师：你还喜欢夏姐姐的哪份礼物呢？

生：我喜欢夏姐姐带来的花卉。

师：夏天的花可真美啊！你们知道它们是谁嘛？大家一起来喊它们的名字吧！（依次点击图画，出示词语）

师：请你仔细观察图画，选择一种自己喜欢的花说一说为什么喜欢它？

生：我喜欢荷花，因为它的颜色漂亮，是粉红粉红的。

师：真好，你不仅会观察，还用了一个表示颜色的词来形容它。你能用这样的句子说一说吗？（出示：我最喜欢________的________花）

生：我最喜欢粉红粉红的荷花。

师：夏姐姐还送给大家一句描写荷花的诗句“接天莲叶无穷碧，映日荷花别样红”。谁来学老师的样子读一读这句诗。

（指名读，齐读）

生：我最喜欢雪白雪白的茉莉。

师：真美啊，我们一起读一读“茉莉”这个词。

生：我最喜欢金黄金黄的葵花。

师：葵花的颜色多么灿烂啊，让我们一起来读一读吧！

（师范读，生齐读）

师：（点击词串，将偏旁变为红色）同学们，请你想一想：这些词语的偏旁都是什么？跟什么有关？

生：都是“草”字头，都和植物有关。

师：对。汉字的偏旁能帮助我们更好地理解词语的意思。让我们一边想象美丽的图画，一边感受迷人的清香，一起美美地读一读这组词串。

4. 整体感悟，朗读全文

师：你们已经和夏姐姐成为朋友了，所有词串你们能读好吗？

（指导学生朗读）

师：读得真流利。夏姐姐给我们送来这么多礼物，你想对夏姐姐说什么呢？（师利用白板的淡入功能，点出图片）

生：夏姐姐，你带来的花朵真香啊！

生：夏姐姐，你带来的水果可真多啊！

生：夏姐姐，你带来的小动物歌儿唱得真好听啊！

师：同学们，让我们带着自己的感受一起再来读一读词串。

师：老师将这些词语打乱顺序，你还会读吗？

（开小火车读）

5. 拓展延伸，练习说话

师：同学们，词语宝宝太贪玩啦，找不到家了，你能将它们送回夏姐姐的家吗？

（出示填空：小组讨论交流）

夏天到了，有时刮________，有时下________。夏天的瓜果真多呀！有大大的________，有甜甜的________，还有酸酸的________。夏天，池塘里开满了________，________在树上叫，________在岸边叫，________在草丛中叫。

（指名读、齐读）

6. 自主识字，正确书写

（1）游戏巩固：根据偏旁，组成新字“雷、蛙、荷”

师：现在我们已经和夏姐姐成为了好朋友，可这些汉字偏旁还没有找到朋友呢？你能帮它们找到朋友吗？

（生走到白板面前，利用白板拖拽功能拖动偏旁组成字）

（2）认识形声字

观察“雷”字，认识“雨”字旁。

（师利用拖拽功能，出示“雨”与“雨”字旁）

师：同学们，请你们说一说“雨”与“雨”字头的区别是什么。

生：“雨”的第二笔是竖，第三笔是横折钩，“雨”字头的第二笔是点，第三笔是横构。

师：观察真仔细。请同学们联系生活实际想一想，“雨”字头的字跟什么有关呢？

生：“雨”字头的字都跟天气有关。

师：“蛙”字的偏旁是什么？跟什么有关？

生：“蛙”字的偏旁是“虫”字头，跟动物有关。

师：“荷”字的偏旁是什么？跟什么有关？

生：“荷”字的偏旁是“草”字头，跟植物有关。

师：这些字都是形声字，我们在以后学习生字的时候，可以根据它们的偏旁来理解它的含义。

（3）指导书写“瓜”

（点击图片：出示“瓜”字）

师：同学们，你有什么好方法记住“瓜”字呢？

（生争相回答）

师：你们真会联系生活实际来学习汉字。请同学们观看动画，伸出小手书写“瓜”字。

（师范写，学生练写）

7. 总结全文，布置作业

师：同学们，今天我们和夏姐姐成为了好朋友，回去以后将今天学习的词串读给爸爸妈妈听，好吗？

李筱静老师认为，小学生正处于世界观、人生观、价值观的形成阶段，思维活跃，接受和模仿能力很强，而且想象力丰富，求知欲强烈。其心理特点既具有独立性又具有依赖性，他们乐于学习，乐于接受新事物，但这种学习却又是建立在自己的兴趣与爱好的基础上的。

因此，促使小学生主动学习的最重要的因素，是他们自发的动机：兴趣。兴趣是学生积极探索客观事物的一种认识倾向，能极大地提高他们大脑皮层的兴奋状态。所以，激发学生的兴趣应该是教师课堂教学中的主要目标。

（二）善于巩固，让学生的兴趣长久发挥作用

王红霞是四川省成都市大邑县北街小学的优秀教师。在一次数学教学中，为了让学生真正掌握购物知识，兴趣能长久保持，王老师便运用课件以及具体活动来完成教学。

“同学们，大家是否记得我们的好朋友机灵狗呀？最近它开了一个文具店，想邀请你们去参观，大家想去吗?”王老师说。

“想!”学生大声地回答。

“好，那我们现在就一起去机灵狗的文具店看看吧。”王老师边说边用课件展示机灵狗的文具店，并追问道，“大家喜不喜欢这些文具啊?”

“喜欢!”学生异口同声地说。

“既然大家都喜欢，那我们就把它们买下来吧。我相信大家在生活中都已经接触过人民币，现在我们就一起去机灵狗的文具店买文具吧。”王老师说。

这时映入大家眼帘的是一个漂亮的文具盒，上面标价是7元5角，王老师指着它向学生问道：“现在大家分组讨论一下，如果我们要买这个文具盒该怎样付钱呢?”

过了一会儿，各小组都给出了各自的答案：可以拿一张5元的、两张1元的、一张5角的；可以拿三张2元的、一张1元的、一张5角的；可以拿一张5元的、一张2元的、一张5角的；可以拿一张10元的，但是要求机灵狗找2元5角……

王老师及时肯定了学生的各种方法：“大家说的方法都正确，看来同学们对人民币以及购物是有一定了解的，老师为你们出色的表现感到高兴。接下来，我们将刚刚学到的知识运用到实际生活中，来解决生活中的数学问题，你们说好不好啊?”

听到要实践知识，学生都异常兴奋，用热烈的掌声代替了回答。于是，王老师根据学生的购物经历将他们分为若干小组，要求各小组进入买卖的环

节，同时还向学生提出了以下几点要求：（1）每人拿出一张1元的人民币放在桌上，把部分零钱装进信封，并交给组长；（2）组长从抽屉里拿出文具并在桌上摆放整齐；（3）其他同学先看一看各种文具的价格，再考虑自己需要买什么文具；（4）由组长扮演售货员，其他成员扮演顾客；（5）要求每一位学生在买文具的时候，保持安静、有序，争做一个文明的小顾客。

（在清楚这些要求后，学生的购物活动便井然有序地展开了；过了一会儿，每位顾客的手中都买到了自己想要的文具）

王老师说："刚才各小组的购物活动都进展得很顺利，现在有谁愿意告诉大家自己买的是什么，又是怎样买的？"

平时表现很活泼的小磊首先站了起来，说："老师，我买的是一把尺子，它的价格是8角钱，我没有零钱就付给售货员1元，让他找给了我2角。"

（其他学生也不甘示弱，都一一讲述了自己是怎样用1元钱买文具的）

"大家说的都有道理，说明你们现在已经掌握了购物的具体知识。"王老师满意地笑着说，"刚才大家只是买了一个文具，现在老师给你们出个难题，大家敢不敢挑战呀？"

"敢！"学生兴趣高涨。

"好，请同学们认真思考一下，我们用1元钱可以买哪些文具呢？"王老师趁机追问。

"这还不简单，只要价格低于1元的文具我们都可以买啊！"学生小花带着骄傲的神情回答。

"不错，但老师主要是想考大家怎样合理利用1元钱来买更多不同的文具，大家思考一下。"王老师一边肯定小花的回答一边提出新的问题。

（学生都盘算着到底该怎样分配这1元钱，他们在各自的小组中讨论，并进行现场实践，逐渐知道了如何将1元钱花得恰到好处）

最后王老师进行了总结，并询问学生："通过今天这节课的学习，大家有什么收获呢？"

"我学会了买东西。"

"我学会了怎样购物。"

"我学会了……"

学生对实际生活中的购物知识有了很好的了解，一个个脸上都洋溢着自信的笑容，一堂别具一格的课便这样结束了。

情境的创设，一般都会引起学生的兴趣，激发他们的求知欲，发展他们的创新思维。教师应以学生为主体，改变传统的教学模式，为学生提供在生活中探索、实践的机会，或积极创设适宜的情境，将知识点融入情境之中，让学生在兴趣中去认知、化解难点。创设情境要把握以下几点：

第一，根据知识特点创设直观化的情境。教师可以利用生活中常见的事物创设解决问题的教学情境，让学生在观察以及实际操作中感受知识，为以后具体应用知识做准备。

第二，根据现实情况创设描述性的情境。有的情境尽管在生活中经历过，但是在课堂上却无法将它如实地展现出来，这就需要教师运用语言技巧把生活情境生动地描述出来，让学生的兴趣能够发挥出应有的作用，从而有效地引导学生在这一情境中锻炼自己解决问题的能力。

第三，根据学生需要创设体验性的情境。在教学过程中，教师应积极创设真实的生活情境，让学生通过现场体验增强兴趣，畅所欲言，充分感知所学知识，进而更深刻地理解知识。

（三）合理改组教材，激发学生兴趣

在教学过程中，教师都有这样的体会：对于近期所学知识，学生掌握得比较好，但是时间一长，他们便会把知识遗忘了。这就需要教师根据学生的爱好设计一些较好的环节，激发学生的兴趣，让学生能永久地记住知识。北京市宣武区育才学校的优秀教师马蕾是通过改组教材展开教学的：

"一年有四个季节，春、夏、秋、冬。春天过去了就是夏天。让我们一起走进夏天吧。（出示多媒体课件）在这个美丽的季节，有哪些动物朋友呀？请你们仔细观察，小动物们在做什么呢？在现实生活中你们见过这些小动物吗？在什么地方见过它们？"

学生："蜻蜓在空中飞。"

学生："蝴蝶在跳舞。"

学生："蝌蚪在水里游泳。"

……

"我在家里见过蜘蛛，在河里见过蝌蚪。"一男生说。

"同学们观察得真仔细。有一首儿歌就写了这些小动物们有趣的活动，你们愿不愿意自己先读一读？如果在读的过程中遇到了困难，比如，有的字你不认识，怎么办呢？"马老师问。

"可以借助拼音读准字音。"

"可以问老师和同学。"

“这些都是很好的学习方法。现在请大家读儿歌，借助拼音读准字音。”马老师说。

（学生自由读书）

“哪些同学读完了，快快打个胜利的手势。这些字你们认识吗?”老师出示“展、运、网”。

“展翅，蜻蜓半空展翅飞。”

“运食粮，蚂蚁地上运食粮。”

“结网，蜘蛛房前结网忙。”

“蜘蛛结的网叫蜘蛛网。咱们班有小画家吗？谁能到黑板上简单地为我们画张蜘蛛网?”

（一名学生上台画蜘蛛网）

马老师在黑板上边写“网”边问：“你们发现了什么?”

“网字外面的框就像是蜘蛛的网，里面的小叉子就像是小蜘蛛。”一男生说。

马老师点头，继续说：“大家还知道什么网?”

“球网。”

“铁丝网。”

“电网。”

“渔网。”

把握学生兴趣后，老师又说：“我们大家一起合作来读读儿歌，一人读一行。听的同学们要注意，他们的字音读准确了吗?”

学生一人读一行后，其他学生评价：“字音读得很准确。”

“这么多同学还想再读读，这次一人读一句。”马老师看到大家意犹未尽的样子后说。

（学生一人读一句）

考虑到学生很多，马老师说：“还有这么多同学都想读，这次我们这样试一试。先读读儿歌，然后在儿歌中找一找小动物的名字，用横线画出来。等你的同桌也画完了，便可把你认识的小动物的名字读给同桌听，不认识的小动物的名字可以问问同桌。”

（话音刚落，学生都认真地读书并画出小动物的名字，对于不认识的动物的名字同学之间开始互相学习）

不一会儿，马老师指着一位学生问：“你都画出了哪些小动物?”

“我画出了蜻蜓、蝴蝶、蜘蛛、蚯蚓、蚂蚁、蝌蚪。”该生说。

“谁和他画的一样呀？让我们一起呼唤这些小动物，把它们请出来吧！”马老师说。

学生齐读后，马老师说：“小动物们从儿歌中跑出来了，你们还记得它们的名字吗？大家请看屏幕，谁能带着大家读读这些词？”

（一名学生读词语，其他学生饶有兴趣地跟着读）

“小动物们回家了，还能读出它们的名字吗？”马老师一边去掉图画一边说，“愿意读的一起读。”

（学生自由朗读）

马老师又说：“在这些词中你还有哪个词不认识？请你的好朋友来帮助你。这些词谁全认识了？全认识的同学请起立，我们大声读一读。”

学生再次读完后，马老师表扬道：“同学们的字音读得很准确，老师奖励你们一份礼物。你们收到什么礼物了？（小动物的照片和名字）我们一起来玩‘找朋友’的游戏，让照片、名字手拉手，成为好朋友吧。我来做个示范，嘿嘿，我的朋友在哪里？你的朋友在这里。我们的名字叫蝴蝶……”

（学生的兴趣很快便转移到游戏中，12 名学生分别上台做“找朋友”的游戏，其他学生一边拍手一边读词语）

游戏完毕，马老师指着黑板问道：“大家注意观察黑板上展示的小动物的名字，你发现了什么？”

“都有‘虫’字旁。”一女生抢着说。

马老师引导学生发现形旁：“‘虫’字旁与这些字有关系吗？”

学生说：“这些字都是小动物的名字。”

学生说：“这些字都有‘虫’字，是昆虫。”

学生说：“小动物中有的是昆虫，有的不是昆虫。”

“你们都是爱思考的孩子。”马老师继续引导学生发现声旁，“这个字读什么？（‘蚂’）遮住‘虫’又读什么？”

“‘蚂蚁’的‘蚂’，右边念‘马’，加上‘虫’字旁也念‘蚂’。”一女生说。

“那这个‘马’字在‘蚂蚁’的‘蚂’中表示什么呢？”马老师问。

“表示读音。”学生恍然大悟。

马老师笑了笑说：“你们真是会动脑筋的孩子。在一个字当中，一部分表示字的意思，另一部分表示字的读音，这样的字叫——形声字。在汉字中有许多形声字，抓住这个特点可以帮助我们牢牢地记住这些字。”

（学生若有所思地点点头）

马老师用课件出示三个“蚂”字说：“今天我们不仅认识了形声字，接下来还要一起写写形声字。请看这三个字，你认为哪个字写得最漂亮，为什么？”

“中间的‘蚂’字最好看，因为左边的字左右两部分分开了，右边的字左右两部分又太挤了。”一男生指着中间的‘蚂’字说。

马老师点点头，指着“蚁”字说：“这个字读什么？我们再看看这个字的右半部分，你们认识吗？伸出你的小手，我们来写写这个字的右半部分‘义’。”

（学生书写）

老师提醒学生写字的要求：“我们一定要保持正确的写字姿势，争取把字写正确、写漂亮。如果这些要求你都做到了，就会得到小红花。”

写字环节结束后，老师说：“今天我们和这么多小动物交了朋友，你最喜欢哪种小动物呀？请你读一读你最喜欢的小动物的活动，可以边读边加上动作演一演。练好之后，读给同桌听。”

（这又调动起学生的兴趣，纷纷练读，再读给同桌听）

马老师问：“哪些同学愿意为大家读一读呀？”

（马上就有很多学生举手，老师请了几名学生朗读儿歌，其他学生评议）

“除了今天我们认识的小动物，你还对哪种动物有了解？你能不能学着儿歌中的句子，说说这种动物的活动？比如，什么在什么地方做什么。”马老师说。

学生：“白兔地上蹦蹦跳。”

学生：“小猫房前喵喵叫。”

学生：“小狗屋里汪汪叫。”

学生：“大象河边在洗澡。”

……

（马老师把学生的即兴创作通过投影仪展示出来）

最后，马老师总结道：“课下，大家可以把自己创作的句子在儿歌后面写下来，这首儿歌的内容就更丰富了，还可以把写好的儿歌给老师看。当然，我们还可以观察这些小动物，或者搜集一些自己喜欢的小动物的材料，来丰富自己的知识。”

改组教材是较好的教学方式之一，但是，教师必须把握教学的要求，在充分体会和掌握现行教材编排意图的基础上，从学生的生活经验和内在需求出发，灵活组织、处理以及创造性地运用教材，同时还要像马蕾老师那样，及时搜集、补充一些富有时代气息的、贴近小学生生活实际的、并为学生所喜闻乐见的学习材料，让他们在解决身边具体问题的过程中逐步体验知识的价值，加深对知识的理解和记忆。

首先，用具有亲切感的知识材料替换教材中离学生生活实际较远的材料。其次，根据具体情况补充相关生活资料，让知识更具有真实感。这种方式就要依据当地的实际生活状况，只要有利于学生对知识的理解，都可以充分利用。最后，要巧妙建立学科知识、生活现象、社会热点问题之间的桥梁，让知识在具有时代感的同时，具有鲜活的生命力。

改组后的教材所显现出的生活化、形象化、情境化、趣味化，大大地推进了教与学的转变，符合新“课改”的发展要求，同时它也为学生体验知识的发生和发展过程、真正实现在生活中应用知识奠定了坚实的基础。

（四）以比赛为载体，促进思考兴趣

在教学“物体分类”一课时，厦门英才学校优秀教师张东华尝试以比赛为载体，以学生熟悉的各种形状的生活物品为学习素材，以动手操作、自主探索、合作交流为主要学习方式，以评价为催化剂，来唤起学生的学习热情，调控学生的行为，尽量让课堂既有序又充满生命活力，从而促进学生的思维发展。以下是张老师“物体分类”一课的教学实录：

张老师拿起一个由球、圆柱体、长方体、正方体拼成的奖杯，问道：“同学们，瞧，老师带来了一个自己制作的奖杯。这节课我们要进行三轮比赛，比比哪组同学能认真倾听、积极思考、踊跃发言、团结合作、勇于创新。哪项做得好，我们就奖给他们红花，得红花最多的小组就是今天的冠军，这个奖杯就奖给他们。大家有信心夺取这个奖杯吗?”

“有!”学生们大声地回答，从一张张稚嫩的脸上可以看到他们对比赛的期待。

“我们第一轮比赛的题目是‘分一分’，也就是物体分类。同学们的桌子上摆着很多自己带来的各种各样的生活物品，显得有些乱，应该整理整理。怎么整理呢?请大家想一想，然后把你的办法告诉小组的其他同学，我们就来比哪组整理得最好、分类的方法最多!”

（老师布置完题目后，同学们都一副思考者的样子，在努力地想办法；过了一会儿，各小组开始合作分类，现场气氛非常热烈）

大约过了两分钟，张老师看到各组学生分类完毕，便问：“哪组同学先来说说你们是怎么分类的?”

（学生们争先恐后地回答）

“我们是按物体的大小来分类的，大的一类，小的一类，不大不小的一类。”该生的方法得到一些小组的赞同。

“我们是按物体的高矮来分类的，高的一类，矮的一类。”

“我们是按物体的颜色来分类的，有红色、白色、绿色，还有多种颜色混在一起的。”

“我们是把装药的盒子放在一起，装文具的盒子放在一起，装食物的盒子放在一起，其他的放在一起。”

“这也是一种很有意义的分法，谁听出来他们是按什么标准进行分类的？”张老师问道。

（其他学生思索了一会儿，纷纷举手）

有一名学生答道：“是按盒子的用途来分的。”

“嗯，你真聪明，说得好。还有不同分法吗？”

“我们小组是按形状来分的，分为正方体、长方体、球、圆柱体。”第 5 小组的一名学生说。

“同学们能根据不同的标准想出这么多分类方法，老师很佩服你们。其中第 5 小组是按形状分类的，各小组也试一试这种方法吧！”

（学生们再次合作，根据形状分类）

一会儿，张老师问道：“谁来说说经过再次分类，你们组将物体分成了哪几类？”

“长方体、正方体、圆柱体、球。”一名学生回答。

“很好，在这次比赛中，同学们觉得应该把红花给哪一组？为什么？”

张老师及时让小组间进行互动性评价，学生各抒己见，发表个人观点，以评价促思考，在评价过程中，学生自我反思、互相学习、互相欣赏。最后经过学生的投票，这一轮比赛把红花送给第 1 组、第 4 组、第 6 组、第 9 组。

“在刚才的比赛中，有 4 个小组获胜，其他小组可要加油呀！下面我们来进行第二轮比赛，通过看一看、摸一摸、比一比，找出这四种图形各有什么特点，然后悄悄地告诉小组其他同学。比一比哪组发现的秘密多。”

（老师刚说完比赛规则，各小组立即合作找各种图形的特点：有的摸，有的看，有的比，有的说，有的记，然后分工汇报，每人说一种图形的特征）

“好，时间到！现在哪组同学愿意把你们发现的秘密告诉大家？先说说长方体。”

上轮比赛没有得到红花的第 3 组学生甲说：“长方体是长长的、方方的。”

学生乙补充说：“而且是矮矮的。”

“长方体有6个面，相对的两个面一样大。”学生丙又补充道。

“你怎么知道的?”张老师问学生丙。

“这两个长方体是一样的，我把第一个长方体的下面和第二个长方体的上面叠在一起，刚好一样大。其他的面也可以这样进行对比。”

“真聪明。还有其他的发现吗?”

第3组学生继续补充：“这6个面都是长方形。”

“而且还有8个尖尖的……”另一学生边说边用手指去摸长方体的各个顶点。

“这8个尖尖的角叫顶点，也就是长方体有8个顶点。”张老师适时讲出知识点。

“还有，这两个面相交在这里，形成一条直直的边，共有12条这样的边。”又有学生补充道。

“同学们真厉害，发现了长方体是长长的、方方的，有6个面、8个顶点、12条边。那大家来说说正方体吧!”

第8组的同学抢答如下：

“我发现正方体和长方体长得很像，不过正方体方方的、正正的，感觉比较胖。”

“我还发现正方体和长方体一样，有6个面、8个顶点、12条边。”

“不过，它们也有不同的地方，正方体的6个面都是正方形的，且大小都一样。你们看到这个正方体的这一面，我把它转一下，你们现在看到的面跟刚才的面是不是也一样呢?”

“我还有一个办法可以证明正方体的6个面是一样的。我把另一个一样的正方体的一个面和这6个面分别叠在一起，可以发现各个面都是一样的。”

“对。还可以把这个正方体的一个面画在纸上，然后用另外5个面去比，也可以证明这6个面都一样。”

“你们不仅爱动脑筋，而且还有灵巧的双手，老师真为你们感到骄傲!”张老师表扬道。

学生们又开始纷纷发表自己的看法：

“我想说说圆柱体，它有两个面是圆形的。另外这个面摸起来滑滑的、弯弯的。”

“对。把它放倒在桌上，还会滚动。”

“这个我知道。我家卖米、卖油，工人要把油桶从车上卸下来，就在车上搭一块木板，然后把油桶从车上滚下来。妈妈说，这样不用出很大力气，就可以把油桶从车上卸下来了。”

“我还看到过压路机的前轮也是圆柱形的，爸爸说这样可以把路压实、压平。”

“我觉得车轮也是圆柱形的，所以车可以走动。”

“同学们真是生活的有心人，不但好学，而且能细心观察我们身边的事物。”张老师也没忘记表扬他们。

受到表扬后，学生们更加积极地回答问题，一名学生说：“球也可以滚动！”

“这是因为球是圆的。虽然圆柱体看起来也是圆圆的，但是它可以直直地站着，球却不行。”又一学生说道。

“因为球是圆的，所以才可以滚动，我们踢球时脚才不会痛，球也可以跑很远。”另外一名学生补充道。

张老师没想到，小小的竞赛能够让学生在原有生活经验的基础上，以形象思维认知物体的特性，有效地将数学问题生活化，促进学生自觉地用数学的眼光观察世界、认识世界。接下来该评奖了，张老师说：“我们来评一评，在刚才的比赛中，哪组的表现最突出。”

学生你一言我一语，有的说把红花送给第 3 组，因为他们能积极发言、认真思考；有的说给第 1 组，因为他们肯动脑筋、肯动手；有的说给第 8 组，因为他们能从生活中发现数学，让大家知道圆柱和球的用途……

最后，张老师听取了大家的意见：“大家都善于发现别人的优点，这一轮比赛我们就把红花送给第 1 组、第 3 组、第 8 组吧。”张老师几句简短的总结，培养了学生从小学会发现别人长处的良好品质，让学生懂得在学习和生活中既要多思考、敢竞争，又要懂得合作；既要自信，又要懂得谦让，不因竞争而产生矛盾，从而培养学生健全的心理和人格。

接着进入第三轮比赛，张老师一边用多媒体展示一些造型精美的雕塑，一边说：“这些不同形状的物体在生活中用处很大，而且还能把我们的环境装扮得更加美丽。雕塑家们用我们所学的这几种图形设计出了许多造型精美的艺术品，请看大屏幕。”

（看到如此精美的雕塑，学生们一片惊叹）

“大家想当一回设计师吗？这就是我们的第三轮比赛。”张老师说，“用我们手中各种形状的物体，搭一件作品，看哪个小组搭得最精美。”

（于是，学生们又开始小组合作，大家都是先讨论再动手制作，过了一

会儿，学生纷纷介绍起各组的情况）

“我们小组搭出的是望远镜，是用 2 个圆柱体茶叶罐和 1 个正方体纸盒搭成的。”

“我们搭出的是一辆坦克，是用正方体、长方体和 4 个圆柱体搭成的。用 3 个圆柱体做车轮，1 个比较细的圆柱体做炮筒。”

“我们搭出了火车，用 1 个正方体当车头，4 个长方体当车厢，5 个圆柱体当车轮，3 个球当车灯。”

“我们搭出了一栋美丽的教学楼，我们可以在里面上课。”

“我们搭出的是学校后花园的雕塑。”

“我们搭的是火箭。”

第 5 组的学生更厉害：“我们搭的是奖杯，要把它奖给今天表现最好的同学。”

“哇，真漂亮，比老师设计的奖杯还漂亮。”其他学生不禁高呼起来。

“同学们的想象力真丰富，都是爱动脑筋的孩子。老师看了你们的作品，认为大家都可以得到小红花，你们同意吗？”停了一会，张老师又说，“今天同学们的表现都非常出色，通过分一分、找一找、搭一搭等活动，自己发现了正方体、长方体、圆柱、球的许多知识，并学会了正确分辨各种图形。在比赛中，大家能团结合作，互相帮助，使小组里的每位同学都得到进步，这是老师最高兴的事。现在我们来看看今天的冠军是哪个小组？”

于是，师生一起评选冠军。第三轮比赛，张老师以学生喜爱的“搭积木”的游戏，让学生充分体验了设计师这一角色，设计出各种符合自己个性的物体，让学生加深了物体空间观念，提高了学生的动手操作能力，发展了学生的想象力和创造性思维，培养了学生的创新意识。

斯拉斯捷宁曾说过：“企盼参加健康的竞争，取得优胜地位和领先地位，渴求自我肯定，是儿童、少年和青年所固有的最大特点。”

教师根据学生的兴趣、心理特点，选择学生喜闻乐见的比赛形式进行教学，利用有效的合作互动、自主探索、积极评价等策略，可以井然有序地引导学生进行学习，让学生在良性循环的大环境中不断学习、学会思考。不过，在比赛中，教师要赋予比赛更深远的意义，用比赛的手段促进学生往更高层次发展，而不能为了比赛而比赛。

（五）点燃辩论激情，让学生兴趣瞬间高涨

“兴趣是创造一个欢乐的、光明的教学环境的重要途径之一。”无论什么

事物，只有具有吸引力，人们才会对其感兴趣；对其有兴趣才会有动力去接触它，并逐渐深入地去了解它。学习也一样，只有所学知识对学生产生了吸引力，学生才会对学习感兴趣；只有兴趣的因素存在，学习的动力才会源源不断，学习的热情才会持久。

南京致远外国语小学的季锋老师是南京市优秀青年教师，也是全国第四届“七彩语文杯”小学教师素养大赛特等奖获得者。他根据《一本男孩子必读的书》的课后习题设计了一个辩论赛“女生究竟能不能读《鲁滨逊漂流记》?”

为此，李老师先组织学生观摩了几段大学生辩论赛的视频，接着又组织学生进行正反方的选择，在确定参赛选手后有针对性地对其进行培训和指导，并布置了邀请评委和布置会场等细节工作。

辩论赛当天，教室被同学们进行了精心的布置，黑板上的主题、窗户上的宣传标语等，都体现了环境对于活动的重要意义。

主持人：各位评委、各位同学，大家好！我是本次辩论会的主持人郑伊陈，希望大家本着“以辩会友”的精神参与本次活动。本次活动我们邀请了学校特级教师李响，青春靓丽的老师李丹以及本班的语文老师、学校副校长季锋三位老师担任评委，让我们以热烈的掌声欢迎他们的到来。

（掌声）

主持人：今天正反双方辩论的话题是“女生究竟能不能读《鲁滨逊漂流记》?”在我左手边的是正方代表，她们分别是盛文涵、张舒捷、徐牧阳、周梦兰。清一色的女生啊！她们的观点是能读。而在我右手边的是反方，他们分别是邓语、吴方超、黎海宁、王浩然，竟然全是男生。他们的观点是不能读。看来今天不单单是辩论比赛，甚至有些“性别大战”的意思在里面了！（笑声）下面，我宣布南京致远外国语小学六（2）班“女生究竟能不能读《鲁滨逊漂流记》”辩论赛正式开始！首先由反方发言。

反方代表邓语是个急性子：各位评委、各位同学，大家好！我方的观点是女生不需要读《鲁滨逊漂流记》。虽然我不是女生，但是就我平时对女生的观察来看，女生的胆子比较小，遇到一只蟑螂或者一只蜜蜂就会害怕得大叫，而在《鲁滨逊漂流记》中有不少带有“血腥色彩的镜头”，我担心女孩子们读后会吓晕过去。如食人族、枪战等，对于心理脆弱的女孩子们来说，实在是不太适合，因此我方建议女生：《鲁滨逊漂流记》还是不读为妙。

正方代表盛文涵：各位评委、各位同学，大家好！我方的观点是女生是可以读《鲁滨逊漂流记》的。对于一个人的成长来说，方方面面的事情都要经历，阅读对我们来说就是一种很好的成长。《鲁滨逊漂流记》中告诉了我们很多如何在野外求生的方法，这对于每个人来说都是非常有必要的，不管是大人或者小孩，男生或者女生。我们致远外小的图书馆里不是有这样一句话吗？“读万卷书，行万里路，会天下友。”读书促进成长，体验丰富人生。我觉得，女生一样需要学习，一样需要成长。

正方代表张舒捷：接着盛文涵同学的观点，请允许我补充一下。对于刚才反方辩友提出的“女生胆小”这一话题，我方并不认可。今天的评委之一季锋老师不是常说：“女生的心理年龄要比男生大两三岁”吗？就我平时的观察来看，倒是班上的一些男生遇到一些小事情就会斤斤计较，甚至擦鼻子、抹眼泪，可见在心理素质上女生绝对要优于男生。此书女生不读，谁读？

反方代表黎海宁：谁擦鼻子、抹眼泪啦？你们女生才是胆小鬼呢！上次……

看到这个情况，季老师立刻给主持人一个眼神，主持人马上心领神会大喊一声：打住！各位辩友，我们是在辩论赛的现场，我们是在举行文明而智慧的辩论赛，并不是进行“性别攻击”，希望双方注意自己的言辞，否则我们将取消相关辩手的参赛资格。接下来请反方继续发言。

反方吴方超：各位同学，请恕我直言。《鲁滨逊漂流记》真的不适合女生读。在我们的教材中就出现了这样的题目《一本男孩子必读的书》，这可是著名儿童文学作家杨红樱阿姨给我们男生的暗示，这本书就是适合男生读，否则她为什么不把这本书命名为《一本小学生必读的书》呢？

正方徐牧阳：哈哈，我们就知道你们会拿这篇课文的题目来说事。这篇课文的题目是《一本男孩子必读的书》，并不是“一本女孩子不能读的书”，既然此书并没有明确指出女孩子不能读，你这样说不是恰好在为我方发表观点吗？

反方后援团的一位成员突然冒出来：各位同学，在我们教材的末尾作者提出了要把这本书传给自己的儿子，并没有说要传给自己的女儿啊？

正方张舒捷：或许当时作者是因为这本书是爸爸传给儿子的缘故……

反方王浩然：对方辩友请不要在这个问题上纠缠了。我们都知道有一部著名的美剧叫《迷失》，这是一部典型的现代版《鲁滨逊漂流记》。剧中勇敢开拓，摆脱困境的往往是男性，这就说明对于危险、救援这样的工作往往是男性在起主导作用，女生还是照顾好自己或者烧烧水、做做饭比较好。

正方周梦兰：看来王同学有比较严重的性别歧视啊！为什么危险的事情

女性就不能做呢？我国古代有花木兰替父从军、穆桂英代夫出征，现代有著名的科学家居里夫人，她们都是女性，一样在自己的事业中发挥着重要的作用。

主持人：好，时间到！请问正反双方的后援团还有什么要说的吗？如果没有下面请双方四辩总结陈词。

反方王浩然：各位评委、同学，大家好！作为一名男生，面对危险的时候我们首先想到的是保护女生。在法国著名作家雨果的《船长》一文中，船长哈尔威大喊一声："哪一个男人敢走在女人的前面，我就开枪打死他！"这句话一直萦绕在我耳边，而鲁滨逊在荒岛上的种种遭遇对于一个女生而言危险程度可想而知，这样的危险应该教给男生来承担，从女性的心理层面上看，这些血淋淋的危险对于女生的心理发展并不利。虽然男生的心理年龄要小一些，但是男生从小的承受力要大于女生，所以让我们做一个勇敢的男子汉，发挥保护女生的能量吧！女生们，请不要读《鲁滨逊漂流记》。

正方周梦兰：谢谢对方辩友对我们女生的照顾。但是，不经历风雨怎么见彩虹。如果我们一味地依靠男生的保护，万一有一天，我们真的遇到自己一个人在荒岛上的情况，谁来保护我们？真正能保护我们的，还是我们自己。古人云："书到用时方恨少，事非经过不知难。"我们读这本书也是在增长自己的阅历，使自己学会生存，学会面对困难和危险。同时，像鲁滨逊这样伟大光辉的形象如果我们都不知道，岂不是辜负了笛福先生的好意。所以我方认为《鲁滨逊漂流记》一书不是该不该读的问题，而是要读多少遍的问题。谢谢大家！

主持人：各位评委、同学，辩论赛接近尾声，下面请本次活动的评委——江苏省特级教师李响对本次活动进行评价并宣布比赛结果。

李响老师：各位六（2）班的同学，大家好！在这节与众不同的语文课上我看到的六（2）班同学们高涨的热情和辩论的激情，听到了同学们掷地有声而又充满个性的表达，也分享到了同学们学习语文的乐趣。无论是正方、反方、主持人或是观众都表现出很好的语文素养。这次比赛并没有绝对的赢家，大家都是语文学习的强者。

其实，在这个话题的选择上，我觉得反方是吃一点亏的。但是男孩子表现得很勇敢，敢于面对这样的挑战，这一点我要表扬。正方女孩子们的回答构思巧妙，甚至能抓住反方的观点来进行反驳，这一点很重要，往往是在辩论赛中制胜的法宝。

综合各个方面的考量，我们三位评委以两票对一票确定了本次比赛最终获胜的一方是：正方代表队！恭喜！

女孩子们欢呼雀跃，坐在正方阵营里的少数几个男生也长舒了一口气。让季锋老师高兴的是，反方的大多数男生站起来向正方的女生们鼓掌致意。

在中高年级的小学生中，普遍有求新、求异、好胜的心理，对事物有着超强的好奇心与探究意识。如果教师能抓住并适应学生的这些心理特性，巧设矛盾冲突，并辅之以正确的引导，学生就一定能产生强烈的辩论欲望。

辩论时，求新、求异、好胜而又乐于探索的心理，会催生出学生浓厚的学习兴趣和参与意识，"逼迫"他们在不知不觉中变成真正的学习主体，主动去思考解决问题的方法，从而为取得良好的课堂教学效果奠定坚实的基础。

三、如何做"善激趣"的教师

兴趣反映了人对客观事物的选择性态度，而人们对事物的选择总会受到多种因素的影响。从根本上说，需要是兴趣形成的决定性因素。没有一定的需要，人就不会对任何特定的事物产生相应的影响。从具体过程来说，兴趣不是一朝一夕突然出现的，个人的生活背景、经历、特点都会对兴趣的形成产生影响。

兴趣是学习的动力源泉，也是最好的老师。兴趣对小学生的学习有明显的推动作用，是小学生获取知识、掌握技能必不可少的媒介。从激发小学生的学习兴趣入手，无疑是改变教学的一个突破口，也是提高教学质量与效果的一个重要的途径。

（一）创设情境，激发学生的学习兴趣

创设情境，渲染气氛，是激发小学生学习兴趣的好方法。教学中根据学生的身心特点创设情境，激发、唤醒学生的情感以及内在的求知欲，使学生积极主动地参与学习，进入最佳状态，并在恰当的场景中体会轻松学习的快乐。

好玩好动是小学生最大的特征，也是小学生的天性。小学生的活动受兴趣和需要的支配，在课堂上要让他们乖乖地坐上 40 分钟，不是一件容易的

事情。要使小学生在整堂课上保持良好的学习状态，教师不仅要想方设法激起学生的兴趣，更要随着课堂的纵深发展调节思路，将学生的学习兴趣保持下去。

游戏可以充分发挥小学生的积极性和创造性，它既能调节学习的节奏，又能锻炼学生的语言能力。生动的游戏可以激发学生的学习兴趣，吸引他们的注意力，可以使学生在愉快协调的气氛中巩固所学知识。

（二）教学内容与活动相结合，提高学生的学习兴趣

在教学中，教学内容的生动有趣、丰富多彩以及教学方法的多样、新颖、富于启发性都能引起学生的学习兴趣，使学生把学习看作内心需求的满足，而不是当成一种负担。教师应使学生投入力所能及的学习活动中，积累有关的知识，完成相关的任务，通过学习活动来培养学生的学习兴趣。例如，让个别学生走到教室前面，通过自己的想象把需要表达的内容用手势、表情、动作等大胆地表现出来，内容可以是词、短语或者句子。

在教学拼音字母时，教师可通过语言点拨使学生进行充分的想象，如进行字母组合，在字母 e 和 e 中间放一个 y，下面放一个横着的 l，让学生形象生动地看到一张幽默的脸，学生马上就会记住这几个拼音字母。然后放手让学生根据自己的想象进行组合字母的活动，讲解自己组合的画面内容，学生便会在活动中轻松愉快地记住很多拼音字母。当然，教师在活动中应及时表扬表演得好和说得好的同学。

教育实践证明，组织小学生参加各种课外小组的活动，如航模小组、无线电爱好者小组、计算机学习小组等，对培养和发展小学生的兴趣有重要作用。

（三）启发学生自觉培养学习兴趣

“授之于鱼，不如授之于渔。”教师应重视启发小学生自觉培养自己的学习情趣。外界环境与教育条件必须通过个人的自我教育才能成为起作用的因素，只有当外界环境和教育条件变成个人兴趣时，才能对兴趣的培养具有意义。

生活实践证明，小学生可以自觉地、积极主动地在自己的学习和生活中培养一些积极而有益的兴趣，克服不良兴趣。随着小学生年龄、知识与经验

的增长以及自我意识水平的提高，便可以根据自己的世界观、信念和理想，来调节和发展自己的兴趣。

（四）充分利用原有兴趣的迁移

兴趣是可以迁移的。兴趣的迁移是指将已有的兴趣延伸到相关的事物上，进而对该事物也产生兴趣。但兴趣的迁移要满足以下条件：一是，教师要善于发现小学生感兴趣的事物或活动是什么；二是，教师应寻找到使小学生感兴趣的新事物或活动与学生原有兴趣的相同点；三是，教师要通过各种方法使小学生对新事物或活动产生认识的需要，并把这种需要转化为强烈的动机。满足了这三个条件，就可以将小学生对某一事物或活动的兴趣迁移到对学习的兴趣上来。所以，小学教师要善于运用迁移的方法，培养学生对学习的兴趣。

（五）启发学生的学习需要，加强学习目的教育

学生学习动机的发展是随着年龄的发展、教育程度的提高从低水平向高水平发展的。此外，小学生的学习动机也存在正确动机与错误动机的斗争。所以，教师要自觉地、有意识地贯彻社会对小学生学习的要求，帮助他们以正确的动机克服错误的动机，并抵制社会上不正确的动机的影响。对小学生进行学习目的教育，旨在帮助小学生认识学习的社会意义，使学生把自己的学习与远大的理想、社会的需要联系起来，从而提高学习的主动性和积极性。

教师要时刻关注缺乏动力的学生身上的积极因素，利用这些积极因素使其产生学习的需要。例如，一个学习后进生平时不喜欢学习，但极喜欢画画，教师可以利用他爱画画这一积极因素，邀请他参加班里的板报工作。在完成任务的过程中，该生就会产生学习需要，进而对学习产生兴趣，使学习成绩得到进步。

（六）用竞赛法，让学生获得成功的喜悦

要想让小学生长时间保持学习兴趣，必须促使他们形成良好的学习动机。学习成功所产生的喜悦感会不断地强化学习动机，是鼓励学生继续学习

的动力源泉。促使优等生进一步努力固然重要，但培养学困生的自信心，让学困生也获得学习成功的喜悦更为重要。所以，教师要从小学生的心理特征入手，设置竞赛活动，让每个学生参与其中，获得成功体验。

学生都是愿意争当第一的。在教学中，为了激发小学生听、说、读、写的兴趣，可以开展写字比赛、朗读比赛、讲故事比赛、查字典比赛等，小学生都非常乐于一展所长。在比赛中不仅能培养小学生合作、竞争的意识，其学习兴趣也将得到提高。

另外，欲提高小学生的学习兴趣，教师还要敢于从自身找原因。应努力让自己成为一位知识渊博、语言幽默的人，让自己的课堂教学生动活泼、教学方法多样化，并兼顾到全体学生。

大量事实证明，有广泛兴趣爱好的学生极少产生厌学情绪，他们一般都有较高的积极性，善于思考发问，知识学得活，能举一反三、触类旁通，智力发展也较快。对事物没有任何兴趣的学生往往不善于思考发问，喜欢死记硬背，久而久之，易产生厌学情绪。

爱因斯坦曾说："兴趣是最好的老师。"人一旦对某一事物产生了浓厚兴趣，观察就会细致，反应就会灵敏，创造性思维和各种智力活动也最活跃。小学教学作为素质教育的一个重要组成部分，如何更好地激发和拓展小学生的学习兴趣，让学生更好地投入学习中去，这不仅是学生的问题，也是教师的问题，教师要从自己身上思考。另外，培养学生的学习兴趣不是一朝一夕可以完成的任务，只有坚持不懈地探索，才能取得较好的效果。

作为当代小学教师，要以发展的眼光看待教学改革，积极应对教学中出现的种种问题，不断调整教学策略，提高教学效果，让学生的知识取得、能力发展与兴趣提高和谐统一地结合起来，让学生在体验到学习兴趣、激发出学习热情的同时，创新精神和实践能力都有所提升。

习惯3

创情境

——身临其境，全员参与，师生互动

“创情境”是指教师通过创设典型的情境，使抽象的语言变成生动具体的可视语言，从而促使学生主动参与教学过程的一种教学模式。它能创造接近生活的语言情境，而学生往往对熟悉的情境感兴趣。所以教师应根据教材内容，为学生打造一个他们喜欢的情境课堂。

一、“创情境”概述

“创情境”是指教师通过创设典型的情境，使抽象的语言变成生动具体的可视语言，从而促使学生主动参与教学过程的一种教学模式。其主要特点是：激发兴趣，发挥自主性；体验情感，贯彻实践性；贯穿全程，注重发展性。此外，由于小学生学习特点和环境的局限性，也为其实施和应用提供了可行性和必要性，如今已被各学科广泛应用。

但是，在目前的教学过程中仍存在着一些问题。比如，教师的主导作用、学生的主体地位都有待进一步的重视和完善，这样才能使“创情境”真正应用于教学，为提高教学效率服务。

（一）情境教学的特点

情境教学作为一种教学手段，其主要特点体现在以下几个方面：

1. 激发兴趣，发挥自主性

现代心理学认为，学习动机是推动学习者进行艰苦学习和创造的内驱力，而兴趣是动机中最活跃、最现实的部分。情境教学的自主性是指，学生学习的兴趣被激发后，开始充当课堂的主角，积极主动地参与课堂活动，自主地进行学习和探究活动。

学生只有在真实的情境中去解决问题、完成任务，才会主动地进行自我探索和实践。激发了学生学习的兴趣，教学才会成为“我愿参与”的有趣且有意义的活动。

2. 体验情感，贯彻实践性

情境教学借助丰富的想象和情感、抽象思维和形象思维、教和学、指导和非指导等因素，加以协调、平衡与整合，缩短了教与学、师与生之间的距离，有利于师生间建立一种平等、愉快、和谐的关系。

情境教学的实践性是指学生在认知和情感体验的基础上，在丰富的文化环境中，积极有效地参与实践活动，通过感性的直观认识和具体的操作活动，将学生的主体活动与课程内容的相互作用有机统一。

3. 贯穿全程，注重发展性

情境设计往往在教学活动开展之前进行，因而有人误认为，设计情境就是在新课教学之前利用有关的实物、故事、游戏、问题等来引出新课。实际上，教学情境设计的功能不是传统意义上的导入新课。情境应在教学的全程激发、推动、维持、强化和调整学生的认知活动、情感活动和实践活动。

情境教学的发展性是指教学情境在贯穿教学全过程的同时，也应具有促进学生产生继续学习的愿望和激发、增加学生潜能的功效。教学情境的设计不仅要针对学生发展的现有水平，更重要的是要针对学生的“最近发展区”，既要解决当前的问题，又要引发学生的进一步学习，促使学生在复习巩固和拓展延伸阶段积极主动地学习和运用，以达到新的水平。

（二）情境教学的功能

情境教学的功能主要表现在两个方面：陶冶和暗示（或启迪）。

1. 情境教学能够陶冶学生的情感，净化学生的心灵

教育心理学上讲陶冶，意即给学生的思想意识以有益或良好的影响。关于情境教学的陶冶功能，孔子曾把它总结为“无言之教”“里仁为美”，南朝学者颜之推进一步指明了它在培养、教育青少年方面的重要意义：“人在少年，精神未定，所与款押，熏渍陶染，言笑举动，无心于学，潜易暗化，自然拟之。”即古人所说的“陶情冶性”。

情境教学的陶冶功能就像一个过滤器，使人的情感得到净化和升华。它剔除情感中的消极因素，保留积极成分。这种净化后的情感体验具有更有效的调节性、动力性、感染性、强化性、定向性、适应性、信号性等方面的辅助认知功能。

2. 暗示（或启迪），有利于锻炼学生的创造性思维，培养学生的适应能力

人的社会化过程即形成“一切社会关系的总和”。这一从自然人转化为社会人的过程，实际上完全是环境——社会、家庭、学校、种族、地理等因素共同作用的结果。这些影响作用有的可以被学生感知到，但更多的则是不知不觉地影响着学生。

实验证明，小学生身上天然存在着接受暗示的能力，接受暗示是人的一种本能。而情境教学是在教师对社会和生活进一步提炼和加工后才影响于学生的，诸如榜样作用、生动形象的语言描绘、课内游戏、角色扮演、诗歌朗诵、绘画、体操、音乐欣赏、旅游观光等，都是寓教学内容于具体形象的情

境之中，其中也就必然存在着潜移默化的暗示作用。

换言之，情境教学中的特定情境，提供了调动学生原有认知结构的某些线索，经过思维的内部整合作用，学生就会顿悟或产生新的认知结构。情境所提供的线索起到一种唤醒或启迪智慧的作用。比如，正处于某种问题情境中的学生，会因为某句话的提醒或碰到某些事物而受到启发，从而顺利地解决问题。

（三）“创情境”的可行性和必要性

1. 情境教学法符合小学生的认知规律

小学生的年龄大约在6—12岁之间，这一阶段儿童的主要特点是：好奇心强，具有发展的主动性和教育的可塑性，但缺乏独立学习的能力；喜欢生动活泼、灵活多样的课堂教学，不喜欢单一单调、刻板呆板的教学方式。所以教师为他们设定一定的情境帮助其学习是非常必要的。

2. 情境教学本身具有自主性、实践性、发展性的特点

情境教学是教师在课堂上有目的地引入或创设具有一定情趣的具体情境，来引起学生的态度体验，从而帮助学生理解教材，并使学生得到一定发展的一种教学方法。它使教学变成了具有吸引力的有趣的活动，极大地提高了课堂教学的效率。因此，情境教学本身具有的自主性、实践性、发展性为小学生的学习实践和发展提供了必要性，是小学教学的有效方法之一。

（四）情境教学应注意的问题

1. 教师角色存在的问题

有一个突出的问题，是少数教师的教学模式过于“放羊”式。在教学中，只是给学生一定的任务和情境，便让学生自由发挥，而自己只是作为一个旁观者或点评者，在课堂结束之后总结、布置任务，教学便结束了。这些教师认为学生是课堂的主体，便把课堂全部都交给了学生，没有认识到教师主导作用的实质。

另一个问题是教学形式过于多样化。教师往往注重形式的丰富多彩，而忽略了内容的教学。一节课下来，学生看到和体验到的精彩、新奇很多，但却没能掌握内容，过于摒弃传统而有效的方法，使课堂毫无练习性和知识性，成为了单纯的活动课，违背了教学目的和宗旨。其主要原因是这些教师

没有分清内容和形式的主次关系。诚然，许多生动有趣的图片、动画等会吸引小学生，但是某些传统的教学方法仍是知识的积累所不可缺少的。况且在某些学校多媒体教学手段还不是很完善的情况下，教师更应注意锻炼自己利用简单的工具、活动去丰富整个课堂，让学生的学习经历真正丰富和充实起来。

还有就是教学情境设置得过于混乱，不切实际。有些情境是小学生根本没有经历和体验过的，如三年级英语上册，学习有关食物的单词，农村小学的有些学生根本不知道肯德基、麦当劳，更没有喝咖啡的经历，在这样的现实情况下，教师是无法把学生引导到与课本一模一样的情境游戏中的。没有根据小学生的生活环境和条件来进行教学，联系实际不足，只是照本宣科在课本内挖掘素材，这也是情境教学容易出现的问题。

2. 学生主体存在的问题

小学生是情境教学的主要参与者，在教学过程中具有主体地位。但是小学生的特点各异，低中高年级的学生具有的特点各不相同。例如，低年级的学生模仿力强，求知欲旺，记忆力好，心理负担轻，表现欲强；中高年级的学生自发性比较好，开始善于主动地去参与和想象一些情境，知识丰富，表达能力增强。所以，教学情境要充分考虑到小学生的心理特征，才能发挥其主动性和主体地位。

但在小学教学中，有些教师教学模式过于单一，教师通过丰富的教学资源向学生传授知识，而没有充分发挥学生的积极性和主动性，体现不出学生的主体地位。

实践证明，情境教学无疑是一种调动小学生学习积极性的有效方法，它改变了小学生被动接受知识的现象，为教师高效教学提供了保障。在针对情境教学存在的一些问题时，在实施情境教学时，教师首先要真正认识到自己的主导地位和角色，并在教学中体现出来；其次，虽然小学生的自我认识能力有限，但教师也要充分发挥其自主性，使他们积极参与教学的准备和学习。在教学过程中，教师应积极地营造一种有效情境，让学生在情境中快乐学习，使学生能够积极主动参与学习，从而全面提高学生素质。

关于创设高效情境，不妨学学名师都是怎么做的。

二、名师经典案例

（一）融图画、动作于情境，让学生学得更深入

教学《桂林山水》一课时，江苏省南通师范学校第二附属小学教师、情境教育创始人李吉林老师，就用多种方法给学生创设情境，让学生在情境课堂中感受到了桂林山水的美，结果大受学生好评。

“同学们，上一节课，我们观赏了桂林的水，这一节课，我们再游桂林的山。桂林的山怎样美呢？让我们读课文第三小节。请大家读两遍，第一遍读懂，有不懂的做上‘——?’记号。第二遍要抓住重点，把表示桂林山的特点的词语画下来，记上这样的符号‘。。。’。大家在下面学，请一个同学到上面来画。”

等一个女生画完自己的问题后，李老师问：“她有这些不懂的问题。你们有什么不懂的问题？还可以提出来。”

“‘危峰兀立’是什么意思？”

“‘拔地而起’‘香山’这两个词我不懂。”

（两个学生提出了自己的问题）

“香山是一座山的名字，在北京。香山上的红叶很多，很有名。”李老师说完把学生画出的词念了一遍，说，“这些问题我们一起来解决。我来南宁的时候，看到南宁也有山。南宁的山是连绵起伏的（说着，李老师在黑板上画了一座连绵不断的山），桂林的山好像是从地里拔出来高高挺立着（画了一座挺立的山），可以用个什么词来说？”

“拔地而起。”学生齐声回答。

李老师一边出示词卡一边说：“桂林的山是一座一座分开不连在一块儿的（李老师边说边画老人山、骆驼山、象鼻山的简笔画），叫什么？”

“各不相连。”

李老师指着画好的简笔画，问：“你们看，这些山的形状像什么？”

“像老人。”

“像骆驼。”

“像大象。”

李老师指着老人山的图画问：“你看这位老人像在干什么？”

“老人望着远方。”

“老人在思考。”

“老人在沉思。”

“那我们再看骆驼像在干什么？”李老师指着骆驼山的图画问。

“像伏在地上。”

“好像在沙漠里蹲着。”

“我看到这骆驼，就会产生一个联想，想到它跪着等人。等我们干什么？”李老师问。

“等我们骑上去。”

“对。你们再看这只象在干什么？”李老师指着象鼻山的简笔画问。

“在饮水。”

“对。桂林的山的形状有的像老人，有的像骆驼，有的像大象，变化很多，句子中用哪个词来形容的？”

“形态万千。”学生齐声回答。

李老师出示写有“万千”的词卡问：“‘万千’是什么意思？”

“就是说样子很多。”

“就是说变化多。那桂林的山拔地而起、形态万千，书上又用了一个什么词来概括它？”

“奇。”

李老师一边板书“奇”一边发问：“怎么奇呀？就是刚才说的那些。桂林的山奇是一个特点。这里的‘奇’字是什么意思？是不是奇怪？”

“不是奇怪，是说样子很多。”

“很少见。”

“对了。桂林的山的样子，在别的地方很少见到。这奇特的山峰叫什么峰？”

“叫奇峰。”

“这样的奇峰一座座地排列着叫什么？”

“叫奇峰罗列。”

“那‘罗’字是什么意思呢？”

“散开的。”

“对。‘罗’是散开，‘列’是排列。这些山峰散开地排列着，就叫奇峰罗列。大家把这句话读一下。”

等学生读完后，李老师继续说：“桂林的山这么奇特，我们要告诉没去过的人，怎么说呢?”接着，她用两种不同的语气读，让学生比较哪种好。之后，用手势指导学生朗读。

学生读时，李老师又开始一边画简笔画一边讲课：“在桂林，还有很高很陡的山。这山又高又陡，很险，叫什么山?”

“危山。”

“这个‘危’字在这里是什么意思?”

“危险。”

“你们昨天查了字典。字典上有三个注释。”说着，李老师出示了写有“危”字注释的小黑板问，“‘危山兀立’中的‘危’用哪个注释?”

“第三个，高的、陡的。”

“对。又高又陡的山峰就是危峰。又高又陡的山耸立着叫什么?”

“危峰兀立。”

“在桂林，我们不仅可以看到一座座各不相连的山，还可以看到重重叠叠的怪石。”李老师一边用简笔画画怪石重叠的山一边说，“书上用一个什么词来说山石重重叠叠?”

“怪石嶙峋。”

李老师出示“怪石嶙峋”的词卡，说：“‘嶙峋’本来的意思是山石重重叠叠。石头、山石重重叠叠就叫怪石嶙峋。从‘危峰兀立’‘怪石嶙峋’这两个词中，我们可以看出桂林的山还有什么特点?”

“桂林的山真险啊!”

“那我们怎样读才能体现出桂林的山势险?”

(学生读了一遍)

“这句写桂林的山险。这个‘险’是危险吗?”

“不是！是说山陡。”

“山陡，不易通过。刚才我们把不懂的词语学会了，同时也了解到桂林的山的奇和险。不过，桂林的山除了奇和险之外，还很秀。‘秀’是什么意思?”

“是美的意思。”

“‘秀’可以组成哪些词表示美?”

“秀丽。”

“秀美。”

“秀就是指美。你们看(李老师放大图中的山)，这山像绿色的屏障。‘屏障’就是屏风，一折一折地(李老师做手势辅助解说)，打开可遮住后面的东西。这山像屏风一样挡住后面的景物。现在请一个同学指着图说一说桂林的山怎样秀。哪些像屏风？哪些像竹笋？色彩怎样明丽？怎样倒映水中？”

一个学生上讲台指着图中的山说：“这山像绿色的屏障，这山像新生的竹笋。”

“色彩明丽就是颜色鲜明，好看。这座山哪块儿地方色彩明丽？”

该生指着一座山的中部说：“这里色彩明丽。”

“色彩明丽就是很美。‘色彩明丽’这个词中，哪个字说美？”

“明丽。”

“‘丽’才是美。‘明’呢？”

“鲜艳。”

“明快。”

“对了，明快。色彩明快、美丽。我们读读这个句子。”

（师生同读课文）

“学习第二节课文时，我们知道了在写漓江水之前的几句话是衬托的话，写桂林的山之前的这几句也是衬托的话。这里有个‘峰峦雄伟’怎么讲？”

“‘峰峦’就是山峰一个接一个连绵不断。”

“对。‘峰峦雄伟’在这里是指大的山峰一个接一个，气势很雄伟。课文写桂林的山奇、险、秀，写出了山的特点。说明桂林的山——”

“甲天下。”

“现在我们看课文最后一小节还写了什么景物。谁来读一下课文？”

（学生读课文）

“课文最后一节，还写了哪些景物？”

“绿树红花。”

“竹筏小舟。”

“还有迷蒙的云雾。”

李老师读课文，然后说：“从空中云雾迷蒙，到山间绿树红花，再到江畔竹筏小舟。这样几笔简单的描写，就把桂林点缀得更加美了，就像一幅美丽的画卷。是不是这么（李老师用手势画了个方块）一张画？”

“不是。”

“画卷是长长的、卷起来的。可以展开，展开（说着用手势演示展开状），再展开，叫什么？”

“连绵不断。”

“对。下面还有一句‘舟行碧波上，人在画中游’，这句话是什么意思？”

"舟在碧蓝的江中行走。"

"什么叫舟?"

"小船叫舟。"

"这是第一句。第二句是什么意思?"

"有只小船在清清的水中漂荡。船上的人在美丽的江中游览,好像在美丽的画中游览一样。"

虽然身在南宁,但绝大多数小学生没有见过桂林一带的山。因此,对那些描写桂林的山的词语,他们会感到陌生,于是相继提出了"'危峰兀立'是什么意思""'拔地而起'这个词我不懂"之类的问题。对于这些抽象的词语,李老师没有通过语言去解释,而是通过情境帮助学生理解了这些词语。

李老师用娴熟的简笔画勾画挺立的孤峰,帮助学生理解了"拔地而起";勾画老人山、骆驼山、象鼻山,并启发学生想象老人、骆驼、巨象在干什么,使学生眼前浮现形态万千、若静若动的山峰,帮助学生理解了桂林山的"奇";勾画又高又陡的山,帮助学生理解了"危峰兀立";勾画怪石重叠的山,帮助学生理解了"怪石嶙峋",增加了学生对桂林山"险"的实感。李老师还引导学生观察挂图中秀美的山,并做出一折一折的手势,帮助学生理解了"屏障"这一词语,使学生对桂林的山的"秀"留下深刻的印象。

李老师借助图画、动作创设情境帮助学生理解词语,在词语和客观事物之间架起了一座桥梁,无论对学生理解词句还是体会桂林山的秀美,都大有裨益。

(二)创设对话情境,让学生在"一问一答"中快乐学习

教学《小蝌蚪找妈妈》时,李吉林老师通过一张张图片的对比、一个个问题的回答、一次次模拟对话创设情境,引导学生学习课文,取得了很好的效果。

李老师带来一些小蝌蚪让学生仔细观察。当学生的兴趣被激发出来后,她趁机问道:"你们知道小蝌蚪的妈妈是谁吗?"

"是青蛙!"

"可是小蝌蚪不认识自己的妈妈,它们到处去找妈妈。小蝌蚪为什么不认识自己的妈妈呢?我们每个人都应该认识自己的妈妈啊!"

"因为小蝌蚪和妈妈长得不一样。"

"哪里不一样呢?一会儿我们学习了《小蝌蚪找妈妈》这篇课文,就知

道答案了。课文会告诉我们小蝌蚪为了找妈妈，都向谁打听了，还会告诉我们最后小蝌蚪在哪儿找到了妈妈，它们的妈妈长什么样子。”

（李老师出示了几幅插图，其中有鲤鱼、乌龟、青蛙，让学生一一认识了小蝌蚪的“妈妈们”）

讲读课文时，李老师出示了第一幅插图——一张画有水草的图，然后在上面贴了一群小蝌蚪的剪纸，问道：“你们看，池塘里有这么多蝌蚪。那么，接下来，谁说说这些小蝌蚪是什么样儿的啊？”

“图画告诉我们小蝌蚪很开心、自由自在。”

“没错。虽然妈妈没有在身边，但是小蝌蚪活得很快活。然而，当它们意识到人家都有妈妈，单自己没有妈妈的时候，就着急了。于是，就想赶紧找到自己的妈妈。”

“小蝌蚪开始在池塘里游来游去找妈妈。”李老师一边说一边出示了一张长了后腿的小蝌蚪的剪纸，贴在原来的水草图上：“你们看，这时候的小蝌蚪和原来的样子相比有什么变化？”李老师一手拿着只有尾巴没有腿的小蝌蚪剪纸，一手拿着长了两条后腿的小蝌蚪剪纸，引导学生观察并进行比较。

“小蝌蚪多了两条后腿。”

“对，小蝌蚪长出了两条后腿。”李老师接着说道，“小蝌蚪游呀游呀，看见鲤鱼妈妈在教自己的孩子捕食（李老师拿出鲤鱼妈妈的剪纸贴在水草图上，换下了没有长脚的小蝌蚪的剪纸）。这时候，小蝌蚪会想起谁呢？”

“想起自己的妈妈。”

“哪位同学能用一句话把小蝌蚪想妈妈的心情表达出来呢？”

“谁是我的妈妈呢？”

“我的妈妈长什么样呢？”

“我的妈妈到底在哪儿呢？”

“怎样才能找到我的妈妈呢？”

……

“是的！正是因为弄不清楚这些问题，小蝌蚪才去向鲤鱼妈妈打听自己的妈妈。小蝌蚪是怎么问的，鲤鱼妈妈又是怎么回答的呢？”李老师指着两名学生说，“你们两位同学，分别用小蝌蚪和鲤鱼妈妈的口吻读读下面的话。一人一句！”

（两个男生读课文，一个用小蝌蚪的语气，一个用鲤鱼妈妈的语气，结果，同学们被他们惟妙惟肖的表演逗乐了）

“小蝌蚪按鲤鱼妈妈的话去找自己的妈妈，小蝌蚪找呀找呀。你们看，这时候的小蝌蚪和前面的样子又有什么不同啊?"说着，李老师又把长了四条腿、拖着尾巴的小蝌蚪的剪纸，贴在了水草图上。

"小蝌蚪又多了两条前腿。"

"小蝌蚪正游着，他们看见了乌龟（李老师取下先前贴上的鲤鱼剪纸和只长了后腿的小蝌蚪的剪纸，贴上长了四条腿、拖着尾巴的小蝌蚪和乌龟的剪纸），小蝌蚪会怎么想?"

"它们以为乌龟是自己的妈妈，于是就喊乌龟'妈妈'。"

"那么不是小蝌蚪妈妈的乌龟又是怎么说的呢?我们找个女生读小蝌蚪的话，找个男生读乌龟的话。"

学生读完后，李老师问："你们想想，小蝌蚪怎么会把乌龟当成自己的妈妈呢?"

"因为鲤鱼妈妈说小蝌蚪的妈妈是四条腿、宽嘴巴。小蝌蚪们就错误地以为只要是四条腿、宽嘴巴的就是自己的妈妈!"

"说得好!小蝌蚪听了乌龟的话，又去找妈妈，过了几天，小蝌蚪又发生了什么变化?"说着，李老师又贴上一张脱掉尾巴的小青蛙的剪纸，同时取下了原先长尾巴的小蝌蚪的剪纸，"这次，小蝌蚪怎么能认定青蛙是自己的妈妈呢?"

"因为它们想起了鲤鱼妈妈和乌龟的话。"

"呵呵!小蝌蚪终于找到了自己的妈妈，该多高兴啊!你们想想，小蝌蚪会对青蛙妈妈说些什么?如果我们在商场里走丢了，重新找到妈妈，我们会说什么呢?这两种情况差不多，都是重新找到妈妈。我们请同学用一句话，把小蝌蚪找到妈妈的喜悦心情表达出来，后面要用感叹号。"

"妈妈，我们好不容易找到你啊!"

"妈妈，我们终于找到你了!"

……

"小蝌蚪和妈妈终于见面了，大家都非常高兴。它们的话应该怎么读呢?我们请一个同学读小蝌蚪的话，一个同学读妈妈的话。记住要像小蝌蚪和青蛙那样说哦!"

（听了李老师的叮嘱，同学们"哈哈"地笑了）

一般来说，学生在心理上对单调、枯燥的知识灌输有一种本能的抗拒，即便教师想方设法勉强他们去学，大多数学生也是做做表面功夫。时间一长，他们就会变得思想淡化、情感弱化、思维僵化，对这些白开水似的知识毫无兴趣。

而案例中，李老师的每一句话、每一个动作后面，都藏着学生要做的事情，不是回答问题，就是作比较。也就是说，在李老师创设的对话情境中，学生的大脑没闲着，完全参与到小蝌蚪找妈妈的教学情境中去了。他们跟着李老师一步步地见证了小蝌蚪的成长，也通过小蝌蚪一次次的错认，看清楚了蝌蚪妈妈的长相。

有提问就有回答。教师一提问，学生肯定七嘴八舌地回答，尤其是当教师提的问题学生能够回答或者乐于回答时，他们就变得更积极主动了。

一堂好课的标准是什么？一位特级教师曾说："孩子的小手要不断地拍，小脸要涨得通红，眼睛放着智慧的光。"也就是说，一堂好课要充分调动学生学习的热情与积极性，让学生充分地活动，紧跟着教师的思路。

在教学活动中，大家都会认为如果学生配合教师，课堂将会如何如何，效果会有多么好。实际上，学生配不配合教师，也不完全由学生说了算。如果教师不懂得在学生学情分析的基础上引导学生，而只按照自己的教学设计干巴巴地讲授，或者教师在讲课时不注意结合学生的兴趣，学生就没有心情去听教师讲课。这样，一堂课下来，学生大多只能记住教材上的一些知识，而难以提高自身的能力。

比如，有位教师在讲授《小蝌蚪找妈妈》一课时，也在设计教学时想到了分角色朗读、表演，但教学结束后，感觉还是很糟糕，因为她的学生根本不配合，对她提出的问题很冷漠，甚至有的学生都走神了。这能怨学生吗？后来，这位老师反思了一下，认为是学生不配合老师。其实，绝大部分的责任在教师，是教师没有采取有效措施去吸引学生，使学生参与课堂教学。因为小学生喜欢表演、爱活动、希望得到老师的鼓励和赞赏，可是老师并没有设置有效的情境，让他们去演、去做、去玩。

此外，低年级学生的特点决定了他们不可能总是顺着教师的思路走。如果教师想让学生回答出自己所期望的答案，或者让学生参与到课堂教学中来，就需要设置一些适当的情境，引导学生配合教学，而当学生的思路与教师的设计相反时，教师就应该动用自己的智慧，把学生拉回来。

所以，要想提高学生参与的积极性，可以像李老师那样设置有情趣的教学情境，通过情境的趣味性吸引学生，使他们积极参与课堂教学。

（三）创设表演情境，让学生在兴致盎然中提高课堂效率

著名特级教师于永正在教学《小稻秧历险记》一课时，巧妙地让学生进

行表演，使学生兴致盎然，提高了课堂教学效率。

课堂上，于老师让学生把几个理解起来有难度的生词写在黑板上，然后一边讲课一边解释。讲了一会儿后，于老师说："同学们，讲到这里，我想'气势汹汹''蛮不讲理''一拥而上'这些词，你们肯定懂了。谁知道'气势汹汹'是什么意思？"

（几个学生举起了手）

于老师把他们喊到前面来："这几位同学都懂了，没有懂的同学就请看我们的表演。我当小稻秧，你们几个当杂草。杂草把小稻秧团团围住，你们觉得自己应该怎么站啊？"

（刚说完，那几个学生就从四面把于老师围住了，其他学生则笑着看着他们）

于老师故意很紧张地问："你们要干什么？"

一个学生声音低低地"恐吓"道："快把营养交出来！"

看这位学生胆小的样子，于老师笑着说："你们没有读懂。要凶，声音要大，把腰叉起来才对！"

其中一个学生立刻会意，叉着腰，大声而凶恶地喊道："快把营养交出来！"

于老师装作胆小的样子，说："我们刚搬到大田不久，正需要营养，怎么能交给你们呢？"

（几个学生立刻又不知所措了，站在那里不知道接什么话好）

于老师问全体学生："他们应该干什么啊？"

一个学生说："他们应该上前抢营养。"

"对，要抢。营养在地里，快！"于老师说。

"杂草们"很快就明白过来，一拥而上，抢起了营养。顿时，"小稻秧"就没精打采地垂下了头。

（看到于老师没精打采的样子，下面的学生哈哈大笑）

"杂草厉害不厉害？凶不凶？"

学生异口同声地回答："厉害。凶。"

"这就是'气势汹汹'。杂草野蛮不野蛮？"

"野蛮。"

"讲理不讲理？"

"不讲理！"

"这就叫'蛮不讲理'。杂草让小稻秧发言了吗？"

“没有。”

“这就叫‘不由分说’。各位‘杂草’请回去!”表演完毕，于老师请那几位学生回到各自的座位上，接着出示小黑板，让学生读上面的词语：气势汹汹、蛮不讲理、不由分说。

(读完后，于老师继续带领学生理解词语)

读到“警觉”一词时，于老师问：“这个词语是不是要老师帮忙了？谁不需要（帮忙)?”

“‘警觉’就是灵敏的意思。”

“‘警觉’就是感觉到了什么，然后他抬头看看。”

“有一点儿意思，但没说清楚。”于老师点评道，“下面老师来表演一下。看了老师的表演，你们就知道是什么意思了。”说着，于老师请了两位学生和自己一起表演。一个学生旁白，一个学生当“喷雾器大夫”，而于老师则当“杂草”。

学生旁白：“突然，一阵毛毛雨从天上飘下来，一棵杂草警觉地抬起头，看了看天说……”

只见于老师扮演的“杂草”在突然感受到有水滴滴在身上后，立刻抬起头，看了看天，说：“不对呀？大晴天怎么会下雨呢?”

学生旁白：“这时，一个洪亮的声音响起来。”

扮演“喷雾器大夫”的学生说：“这不是毛毛雨，而是化学除草剂!”

于老师警觉地问：“你是谁?”

“我是喷雾器大夫。平时，你们欺负小稻秧，现在轮到你们倒霉了。”说着，他做了一个使劲喷洒农药的动作。

“什么是‘警觉’，你们看到了吗？我们再表演一下‘警觉’，请大家看清楚。”说着，于老师又和两位学生表演了一次。

“懂了吗？这就是‘警觉’的意思。不要说，体会一下就行了。”说着，于老师拿起小黑板，“请大家读——”

“警觉。”

“我们再来看‘收拾’，这个词谁读懂了?”

一个学生说：“‘收拾’就是你欺负我，我就打你。”

“请你读读书上的最后两节。”于老师让他读课文。

待学生读完后，于老师问：“懂了吗?”

“就是把你打死!”

“是我吗?”于老师笑着问。

（其他学生也笑了）

“就是把杂草毒死。”该学生也笑着纠正道。

“对！‘收拾’在这里就是这个意思。你是怎么懂的？”

“我读了后面‘杂草纷纷倒了下去’之后懂的。”

“倒下，就是完蛋了，被消灭了。这下你是真的懂了。”顿了顿，于老师又说，“大家再听我说一句话。早晨，妈妈对我说：‘把你的房间收拾一下，下午有客人来。’这里的‘收拾’是什么意思？”

“就是把房间弄干净。”

“就是整理的意思。”

“嗯！这两个同学都明白了，但第二个同学表达得更好。词语一定要联系课文来理解。谁能把杂草的话读一读，让人感到它们已经是有气无力了？”

一个学生站起来大声地读道：“完了，我们都喘不过气来了。”他中气十足的样子一点都看不出有气无力来。

看他这个样子，于老师笑着说：“你没有完，再喷洒两遍你都不会完。”

“完了……我们……都喘不过气来了。”该学生又喘着气读了一遍。

“我听到你喘气了，但是声音仍然很大。说话的声音这么大，能完吗？要么是你的抗药性强，要么是这化学除草剂是假冒伪劣产品。我再给你喷洒一点。”说着，于老师做了一个喷洒农药的动作。

该学生很小声地读了一遍：“完了……我们……都喘不过气来了。”

“好，掌声鼓励。这就是‘有气无力’，大家读一读。”

（全体学生有气无力地读了一遍）

“‘纷纷’，谁读懂了？请读懂的同学站起来。我读课文，你们做动作。”

（学生纷纷站了起来）

“杂草有气无力地说：‘完了，我们都喘不过气来了。’不一会，杂草就纷纷倒下了。”

（在于老师的读书声中，站起来的学生纷纷倒下）

“请大家坐好，看哪个同学腰挺得直。‘纷纷’，懂了吗？”

全体学生异口同声地回答：“懂了。”

“刚才有个同学说‘清明时节雨纷纷’，那里的‘纷纷’是什么意思？”

“那个‘纷纷’是指毛毛雨慢慢地下。”一个学生回答。

“不是慢慢地下。”于老师否定了。

“是指不断地下。”

“对，是指不断地下。课文中的‘纷纷’是‘一个接一个’。记住，理解词语一定要联系上下文。好！通过刚才的表演，这些词语大家都懂了。现在再读，就会读得更好。下面我们找一名读书最好的同学来读。”

（学生推荐了一个女生，到前面配乐朗读；她读得很有感情，大家都听得入了迷；读完，学生给了她热烈的掌声）

尼采曾说：“有人的地方就有表演。”表演是一项能调动表演者各方面能力的活动。一段诙谐的小品，一个精彩的故事，一首动听的歌曲，一段逼真的表演……都可以让课堂充满活力，让学生学得更有趣、有形、有感。

讲《小稻秧历险记》一课时，于永正老师以他亦庄亦谐的表演情境，让抽象的知识变得直观起来，让课堂充满生机、活力和创造力。表演情境的课堂，对于低年级的学生来说，寓教于趣、寓学于乐，正好在生活和知识之间架起了一座桥梁。

理解字词时，于老师引导学生将抽象的字词诠释转化为形象的身姿演练，随着动作慢慢到位，“台词”渐渐准确，学生对文字的“识别率”也逐步“升级”。就这样，一堂语文课演变为一种以攻克生词为表、理解课文内容为里的课堂表演。其间，于老师带领学生把对文本语言的揣摩、咀嚼、体悟与师生的现场表演进行了完美结合，让学生在表演中推敲、领悟了字词的意思，在思考中调整了错误的思维。

在这堂表演课上，于老师通过自己的表演、学生小组的表演、学生个体的表演，尽可能地让更多学生参与进来，享受到知识学习与肢体表演合二为一的独特体验。也许这个表演过程因“走走停停”而显得不够连贯，不够赏心悦目，但学生却在慢慢地欣赏中，看到了最美的风景。

（四）在游戏中让学生有所思、有所得

新学期开始了，江苏省无锡市盛岸中心小学迎来一年级新生。这些新面孔即将在陌生的环境中开始新的生活，结交新同学，认识新老师，学习新书本……为了建立同学间的朋友关系，增强同学间的友谊，也为了激发学生对美术课的喜爱，优秀教师李莹把第十课《我的新朋友》调至第一堂课讲授，让学生在游戏情境中有所收获。

“同学们，欢迎你们来到美丽的中心小学！今天，李老师先唱首歌给你们听，好不好？”面对新来的学生，李老师无比激动。

“好！好！好！”学生感觉李老师很像是自己的亲人和朋友，一点也不拘束。

“注意听啊，看看谁的小耳朵灵，听出我唱的是什么?”

“找啊，找啊，找朋友，找到一个新朋友，敬个礼呀，握握手，你是我的新朋友……”

(听到是自己熟悉的《找朋友》，学生不由自主地跟唱起来，脸上洋溢着愉悦的神情；同时，他们自主地把李老师唱的“新”字改为了“好”字)

歌唱完后，李老师好奇地问：“你们唱得真不错，可是为什么把我的‘新朋友’变为‘好朋友’呢？是不是你和你的新同学已经成为好朋友了?”

“没有。我们以前唱的就是‘好朋友’。”

“真的没有？其实人与人第一次见面就是新朋友了，就像李老师今天刚和你们认识，我们就是新朋友了。请寻找一下你的新朋友吧，并把他介绍给大家。别告诉我们他是谁，让我们来猜一猜。”

(听了李老师的话，学生左顾右盼寻找着自己的新朋友)

李老师一边鼓励学生，一边引导学生把自己的新朋友观察得更仔细、描绘得更详细一些：“新朋友是胖胖的，还是瘦瘦的?”“脸长什么样?”“有没有什么很特别的地方?”“头发是怎样的?”“是男孩儿，还是女孩儿?”“穿什么衣服呢?”……

学生觉得非常好玩，争着要让李老师猜自己的新朋友。李老师灵机一动改变了游戏方法，她请一位学生描述，另一位学生来猜，自己旁观指导。

学生参与游戏的热情高涨。有一名学生在介绍他新朋友的外貌时，甚至把新朋友额头上有一颗痣也描绘出来了。

为了让更多的学生参与这个游戏，练习观察和描述，李老师再次改变游戏方法，请同座位的学生互相猜，“你猜猜我的新朋友是谁，我猜猜你的新朋友又是谁呢?”

(学生积极、认真地描述着，猜着对方的新朋友，有的甚至离开座位，跑到新朋友旁边指给同桌，看自己猜的对不对)

一阵“嘈杂”过后，李老师停止了游戏，说：“好，你们有没有全猜对的？来，为自己的聪明鼓掌!”

(教室里立即响起热烈的掌声，学生还纷纷要求和李老师交朋友)

李老师特别开心，也对自己的教学方法更加自信了。于是，李老师又出示了几张图片，让学生与图片中的人物结为新朋友，并让他们描述自己对新朋友记得最牢、印象最深刻的地方。

看到图片，学生不由自主地爆发出笑声，并踊跃举手回答。

生：“头发乱乱的。”

生："像乱稻草。"

生："眼睛是三角形的，挺好玩的。"

生："脸好大哦，却戴着一副小眼镜。"

生："嘴巴像蛤蟆嘴，在咧着嘴笑呢！"

生："一颗颗牙齿像珍珠米，塞满了嘴巴。"

……

虽然图片出示了不到一分钟，学生却找到了图片中人物最大的特点。这时，李老师便提示说："你们印象最深的地方就是这位新朋友最大的特点，也是他跟其他人不同的地方。如果你要画新朋友，也一定要把他最大的特点画出来哦！"

当一张脸由红、黄、白三色画成的人物图片出现时，学生都表现出了不喜欢的神情，不愿意描述。李老师便向学生介绍："世界著名的大画家毕加索就用这种方法画人物的。（出示《戴帽子的女人》）毕加索认为人的脸是高低不平的，所以就应该画不同的颜色。你看她（指着画中的女人）左脸红色，右脸由黄、白二色涂成，是不是显得很光亮啊？"

"是！"学生好像懂得欣赏这样的画了。

"你们画画的时候，也可以画出五颜六色的头发、衣服、手！"李老师希望学生们画画时能大胆地使用颜色。

最为奇怪的一张画是用纸做的，画上的小花、头发等全是用纸剪贴出来的。学生无不惊奇，跃跃欲试。

看到大家对画画已经有基本了解，也有了画的欲望时，李老师说："这些新朋友都被留在了纸上，你们想不想把自己的新朋友也留在纸上呢？"

学生齐声说："想！"

"其实，画新朋友的方法还有很多，不信我们瞧瞧书上第十课。请你拿着书到你的新朋友那儿去一起聊聊，有哪些方法呢？你准备用什么方法呢？你们可以边商量边画，也可以两人一起画。"

（李老师让没有找到新朋友的学生分别配对后，开始巡视指导学生画画）

"这是我和新朋友一起坐着公交车到无锡城里去玩。"

"这是我和新朋友莉莉一起画的。这是她画的我，这是我画的她。我们晚上在一起看星星。"

"子娟当小老师，在帮我背拼音。"

"我们把自己的照片剪下来贴在一起，再添点风景，多好看！"

……

（学生一一向老师介绍自己的画作）

面对学生大胆随兴画出的造型各异、内容独特的图画时，李老师被深深地感染了。其间，一位学生介绍说：“我还用白颜色画了伟国在流鼻涕呢。”李老师并没有盲目批评他表现的内容不好，而是巧妙地引导：“那你是不是该在他手上画块手帕，让他把鼻涕擦干净？这样你的新朋友就是个人见人爱的小孩了。”该学生欣喜地接受了李老师的意见。

下课铃声响了。学生都交上了自己的画作，李老师的教学目的也已达到。她高兴地说：“大家画的新朋友太让我喜欢了。其实，生活中还有许多东西都可以成为我们的新朋友。你可以和妈妈带回家的可爱小猫做朋友，也可以和来家做客的叔叔做朋友，还可以把雪人、大树、布娃娃都当成你的朋友。但我们现在首先要学会和班里的每一位同学友好相处，让每位同学都成为你的好朋友，好吗？生活中处处有朋友，愿你们今后能结识更多的新朋友！”

“好！”学生拉紧了自己新朋友的手。

回顾整堂课，学生时刻沉浸在游戏情境的笑声中，他们的欢乐涟漪不仅激荡在第一节美术课上，还将延续到他们今后的美术课中。

新生入学，最重要的是尽快和同学搞好关系，在欢乐、轻松的氛围中学习、生活、成长。李老师把《我的新朋友》调至第一节课教授，正是从学生的实际出发。她先用唱错歌词的方式拉近与学生的距离，引出教课主题，然后利用猜新朋友的游戏，既让学生结识了新朋友，又通过对新朋友的描述让学生从整体形象上感知了图画的特点，使课堂充满着有节奏的喧闹。

通过出示图片，李老师很自然地把结识真实的朋友变为欣赏画面中的人物。在搞笑的图片中，李老师并不是让学生一乐了之，而是启发、引导学生进行讨论，一步步深入教学，引起他们大胆尝试画画的欲望。

另外，“加强团结，增进友谊”这一人文目标在本堂课的每个环节都不露痕迹地实施着：通过新朋友互猜，对朋友的外貌更加了解，加深了彼此的友谊；通过画画，同学之间的友谊转变为合作实践；通过提示，引导学生与生活中的人、物结交朋友，扩大了朋友概念，使学生的感触由浅入深，由淡渐浓。

（五）“以文配乐”，音乐情境让课堂情趣盎然

江苏省海门市中心小学的优秀教师韦继文是一个善于“以文配乐”的高

手，他常用音乐和课文筑起一道课堂的亮丽风景线。让我们一起来看看韦老师的做法：

1. 咀嚼音乐，顿悟课文的思想内容

在课堂教学中，韦老师总能将课文配以恰当的乐曲。在教学《可贵的沉默》这篇课文时，韦老师利用音乐，完成了培养学生学会关心父母、回报父母之爱的教育教学目标。

韦老师先用歌曲《祝你生日快乐》导入。插放完歌曲，韦老师问学生："当你们听这首歌的时候，想到了什么？"

"生日蛋糕。"

"生日礼物。"

"父母和我一起过生日的场景。"

（学生纷纷回答）

"讲得很好。今天我们就一起来学习发生在我们身边的一个庆贺生日的故事。"韦老师说完转身板书"可贵的沉默"。

（接下来，韦老师带领学生学习课文）

讲解完课文，韦老师给学生播放了阎维文的《母亲》："你入学的新书包有人给你拿，你雨中的花折伞有人给你打，你爱吃的三鲜馅有人给你包，你委屈的泪花有人给你擦。啊，这个人就是娘，啊，这个人就是妈……"

韦老师说："我们生病时得到的照顾，平时得到的默默无闻的关心、叮咛……母亲为我们付出了太多太多。在听这首歌曲的时候，大家想想平时爸爸妈妈是怎么关心你、照顾你的，今后，你该怎么做呢？"

"爸爸妈妈下班时给他们倒杯水。"

"给爸爸妈妈捶背。"

"在他们生日的时候，送上我亲手做的生日礼物。"有学生含着泪水回答。

2. 欣赏音乐，感受课文的时代背景

在教学《谁是最可爱的人》这课时，韦老师让学生听《志愿军军歌》："雄赳赳，气昂昂，跨过鸭绿江，保和平，卫祖国……"

听罢，韦老师问："歌声让你想到了什么？"

"部队行军。"

"想到大部队奔赴朝鲜战场和敌人拼杀的情景。"

"上甘岭战役。"

"邱少云。"

（学生回答）

韦老师通过音乐播放，让学生了解了抗美援朝的时代背景，为学习课文、分析人物思想打下了基础。随后，韦老师带领学生轻松地完成了学习任务。

3. 通过音乐，让学生深刻把握课文内涵

韦老师在课程编排及教学实践中发现，音乐与文本之间有许多共通之处。比如，在讲《长江之歌》之前，韦老师先给学生播放音乐纪录片《话说长江》，学生们的兴致一下子就被调动了起来，继而让他们认真地看、仔细地听、投入地唱，感受长江的大气磅礴，让他们对长江的认识从朦胧变为清晰。通过看、听、唱，学生理解了课文的内容，学习气氛轻松活跃，从而顺利完成了教学目标和情感体验。

在讲《月光曲》时，韦老师为了帮助学生理解课文内容，多次让学生欣赏音乐《月光曲》，并让学生在时而徐缓抒情、时而高亢激昂的乐曲声中诵读课文，使学生身临其境：在水天相接的海面上，一轮圆月冉冉升起，月亮越升越高，穿过了一缕缕轻纱似的微云，继而海面上刮起大风，卷起巨浪，波涛汹涌的大海格外壮观……这样，学生入其境而通情，朗读时也就真正达到了声情并茂的效果。

音乐是世界上最美好的事物之一，它是人类感情的高度凝聚，可以陶冶人的心灵，直接作用于人的灵魂。不同语言、不同种族、不同文化背景的人们都可以通过音乐来交流思想感情，音乐在人类的生活中发挥着越来越大的作用。不可否认，创设音乐情境，将音乐和课堂教学整合在一起，可以在育人中审美，在审美中育人，使学生轻松学、自由动、灵活用，更好地融入课堂。

从韦老师的教学实践可以看出，音乐与课堂教学有机结合是有效实施素质教育的重要方式之一。在语文教学中适当地插入背景音乐，既渲染气氛、活跃课堂，又帮助学生理解课文内容、主题；让学生既品味了语言美，也体验了音乐美；既陶冶了学生的情操，又丰富了他们的生活。

经过长期的经验总结，韦老师发现在语文教材中很多课文本身就具有音乐的节奏美、音韵美。韦老师所创设的音乐情境，让学生在旋律中品味语言，在文本中感受音乐，使教学达到事半功倍的效果。

（六）比一比，让学生在“辩论和竞赛”情境中发掘潜力

在讲《西门豹》第二课时的时候，特级教师支玉恒创设了精彩的“辩论

和竞赛”情境，让学生在分组打“擂台”中充分发挥了潜力。这样的课堂，学生是绝对的主体。学生对这种教学方法既感到新鲜，又充满了兴趣。

支老师说：“大家对上一节课内容很感兴趣，学得也很好。现在我们学习课文的第二个故事‘惩恶’。根据你们第一节课的发言，我觉得大家对这篇课文已经理解得很不错了，所以这一节课我想让你们自己来学，可以吗?”

学生大声地齐答：“可以。”

“怎么学呢? 我想把全班分成两个大组，两组互相提问，互相解答。哪组提不出问题，提问权就转到对方。我们就把这样互问互答的方式叫‘分组擂台赛’吧，大家能赛好吗?”

学生齐答：“能。”

“现在再给大家一点时间，好好读一下课文，从中发现问题、提出问题，打好擂台。”

几分钟过去了，支老师问：“大家准备好了吗?”

学生齐答：“准备好了!”

“好，分组擂台赛现在开始，先由第一组同学提问。”

第一组的学生问道：“西门豹为什么说那个新娘不漂亮，要换一个漂亮的?”

第二组的学生回答：“西门豹说新娘不漂亮，只是找一个理由让巫婆去告诉河伯，实际上是想淹死巫婆。就算新娘非常漂亮，西门豹也会这样说。因为他打定主意要惩办恶人。”

这时，支老师插话：“第一组的同学，你们对第二组同学的回答满意吗?”

第一组的学生答：“满意。”

“那就由第二组同学提问。”提问权转到了第二组同学手中。

第二组的学生问：“课文中说‘西门豹面对着漳河站了很久’，他已经把巫婆和官绅都投进河里了，坏人已经惩办完了，他为什么还在河岸上站那么长时间?”

(第一组的学生低头思索，但却无人举手回答，显然，这个问题有一定难度)

支老师及时提醒：“想一想当地老百姓的情况，想一想西门豹惩治坏人的目的。”

这时，有人举起了手。这名学生答道：“当地的老百姓很迷信，他们以为巫婆和官绅的头子真的去了河伯那里，他们要等着看结果。西门豹也……”说到这里，这名学生不知该怎么继续说下去。

另一学生站起来补充：“西门豹来送新娘是假，他是想借这次活动让老百姓知道根本没有河伯娶媳妇这样的事，让老百姓不要再迷信了。他在河岸上多站一会，让人们觉得他也在等巫婆他们传信回来。结果他们回不来了，老百姓就知道河伯是假的了。”

“第一组的同学这样回答可以吗?”

“可以。”

“下面由第一组提问。”

第一组的学生问：“西门豹是邺这个地方的大官，别人都得听他的。他下一道命令不许再给河伯娶媳妇，并把巫婆和官绅头子抓来砍头，这多简单，为什么还费那么大劲装作送新娘?”

支老师赞扬：“这个问题提得好，第二组谁来答?”

第二组一学生答道：“当地老百姓很迷信，如果不想办法让他们不再迷信，即使杀了巫婆，他们依然迷信！下命令是没有用的。”

听完回答，第一组学生纷纷举手发言：“这样回答不行！下一个命令，不让再给河伯娶媳妇，当地老百姓就不会再受害，有女孩子的人家也不用花钱，不用逃跑了，女孩子也不会被淹死了，然后再修水利，结果也是一样，怎么就不行?”

第二组的学生站起来：“迷信是一个人心里的想法，别人不信的事，他就信。你下命令不让他信，他心里服气吗?”

第一组的学生反驳：“不管他服气不服气，反正他不敢再给河伯办喜事了。不办喜事了，老百姓就不再受骗了。”

第二组的学生说：“河伯不娶媳妇了，但人们还是迷信。也许巫婆、官绅还会借人们的迷信，想出别的花招来骗钱。”

第一组的学生说：“巫婆、官绅都砍头了，他们还会想办法吗?”（众学生笑）

第二组的学生坚持自己的观点：“死了一个巫婆，还会再来一个巫婆，只要有人迷信，巫婆就有人去当。”

看大家争得面红耳赤，支老师示意停下：“好，先说到这里，听我说一句。迷信是一种思想问题，对待思想问题，有时不能用下命令的方法来解决。西门豹去参加送新娘的仪式，就是想用事实来教育老百姓。他要老百姓从事实中明白给河伯娶媳妇的虚伪和荒谬，让他们自己明白过来，只有这样，老百姓才会不再迷信。好了，该哪一组提问了?”

“该我们提问了!”第二组学生说，“我想让第一组的同学说一下，课文插图中画的都是谁?”

学生笑起来，支老师也笑了：“这个问题很别致，很有意思。”

第一组的学生答道：“西门豹在图的右上角，他戴着诸葛亮那样的帽子；西门豹旁边和下面穿着盔甲的，都是西门豹的卫士；被两个卫士架着的是巫婆；下面三个女的，是巫婆的女弟子；剩下的那几个是官绅。”

“一点也不错，说得也很清楚。大家还有没有问题?”

(结果没人再举手，至此打“擂台”结束)

案例中，由于学生提出的问题已经命中课文的重点，所以支老师的任务是帮助应答，或提示，或小结，加深学生对学习内容的理解。从上面的教学片段，不能不惊叹支老师的教学功力。他的课堂灵活多变，情境创设不着痕迹，让学生在不知不觉中参与到学习中，做到了大道自然，融会贯通。

自然流畅的情境教学，应该是每一个教师追求的最高境界。在这样的情境教学感染下，学生不但学得有趣、学得专注、学得用功，而且还学得深、学得透，非常有利于提高其分析、探究和读写能力，发掘出他们的潜力。

相反，如果教师创设的情境磕磕绊绊、思路不清晰或生搬硬套，不但自己会感到沮丧，学生也会觉得索然无味。这不但不能使学生产生参与、探究的欲望，很可能会出现不和谐的嘲笑声、呼噜声。所以，教师应像支老师一样，达到“大道自然”的高超的教学境界。这就要求教师要不断反思自己，不做摇摇晃晃的“半瓶子醋”，而要认真研究“创情境”教学艺术，让情境教学变得流畅、实用，为高效课堂服务。

三、如何做善于“创情境”的教师

情境教学之所以能够实现高效，并受到师生的普遍欢迎，是因为它能创造接近生活的语言情境。现实环境是小学生学好各学科的关键所在，所以教师应根据教材内容创设生动有趣的情境，让学生受到情境的感染，从而激发他们的学习兴趣和求知欲。在小学课堂教学情境的创设中，教师主要可从以下几方面进行尝试：

（一）利用教材内容激活情境

小学教材从突出对学生兴趣的培养出发，教材本身蕴含着丰富的情境内容。如教科书全部采用彩色图画，贯穿情境会话；紧密结合小学生好新奇、爱活动、善模仿、爱说、爱唱、爱跳、爱表演的特点编排和设计教材的内容与形式。教材中安排了大量小学生喜闻乐见的歌曲、游戏和一些浅显易懂的趣味故事。

所以，教师可以充分挖掘教材内容，使用直观教具，创设教学情境，激发学生乐学的情趣。如在展示新语言点时，教师可以展示教材中的实物（不同的学习用具、食品、衣物、颜色等），或画出相应的简笔画，以此刺激小学生大脑兴奋，直接感受教材内容，激发学习兴趣，提高他们的学习热情，强化他们的求知欲，并形成深刻的印象。如某英语教师给全班学生及自己各取了一个英文名字，并要求他们不仅在英语课堂上使用，在课外等也尽可能多地使用，这不仅增加了学生的口语练习机会，而且使他们对这种语言有身临其境之感。

（二）运用多媒体手段拓展情境

教学中，随着多媒体技术的引入、各种电教手段的灵活运用，如 TV、VCD、CAI 等，为学生提供了真实自然的教材示范，使教学变得生动、活泼、感染力强，让学生置身于教材环境中，体验到教材的实际运用。

此外，在现代化电教设备创设的情境下，小学生从录像中能看到生动的画面，帮助他们加深对教材的理解；从录音机里能听到纯正的发音、绘声绘色的故事描述和对话，不知不觉中提高了他们对教材的理解。如某教师在教学“购物”这一情境对话时，便与另外两名学生在超市里录了一段对话，同学们看了感觉很真实、很兴奋。

在教学中，图像是一种直观的工具，它包括板书、画图、挂图、幻灯片、录像、电影、电脑等电化教学手段。小学科学中的一些知识连接着广阔的自然界。小学生，特别是生活在城市里的小学生，由于环境的局限，对自然界的许多事物缺乏感性认识。为了弥补这个不足，教师可以充分利用电教手段创设情境。

教师合理地运用电化教学手段，可以拓展教学情境，多方面地调动学生的感官，让学生从多渠道获取信息，从而提高课堂教学效率。

（三）利用实物创设情境

教学中的实物主要指模型、标本及实验、参观等。

实验是一项能使学生兴趣盎然的活动。在小学课堂教学中，教师要善于采取灵活多变的实验方法，巧妙地安排新异有趣的实验，创设寓教于乐的情境，以此激发小学生的学习兴趣，使之产生学习动力，进行主动探索。

（四）运用语言和体态语言引导情境

语言表达的形象性可以在听者脑中呈现一幅幅鲜明而简洁的画面，而不是一些抽象的语义代码。教师可以用形象而富有情感的语言给学生创设情境。比如，声情并茂地朗读，可以通过语言的意义、声调、感情色彩激起学生的情绪、情感以及想象活动，从而体验情境；绘声绘色地讲解，可以给学生创设一种特定的氛围，促使学生展开联想，点燃智慧的火花；精彩贴切的比喻，可以将抽象的东西变得具体，化平淡为生动，把难以理解的内容变得浅显易懂。

教师的身体语言即教态是无声的语言，它能对教学情境起到恰到好处的补充、配合、修饰作用。教师通过表情让情境的表现更加准确、丰富，更容易为学生所接受；教师亲切而自信的目光、期待而专注的眼神可以使学生消除恐惧，产生安全感，缩短教师与学生的情感距离；教师热情洋溢的微笑、友善慈祥的面容可以使学生获得最直观、最形象、最真切的感受；教师潇洒得体的身姿手势，无时不在感染着学生，可以使学生加深对知识点的理解和记忆，引导学生全身心地投入情境中去。

（五）开展趣味游戏活动丰富情境

小学生与游戏有着天然的联系。在课堂上适当地、有意识地增添一些趣味性游戏，创设丰富的游戏情境，可以使小学生觉得好玩，从而延长注意力，更有效地参与教学。如某英语教师在教学 head/eyes/nose/mouth 等单词时，安排了一个比赛：把全班分成几大组，每组选出一名代表到教室前面参加比赛，每组代表面向本组同学，教师和台下同学先后向每组代表发令，如“Touch your head/eyes/nose/mouth”等，要求代表按指令指对部位，全体学生为评判员，用“Yes，you're right.”或“No，you're wrong.”随时作出判断，全部做对的代表为他们小组赢得一个奖品。这样每个学生都能集中注意力参与活动，既得到了听说读的训练，又增强了集体荣誉感。

（六）利用谜语、儿歌创设情境

猜谜语能使浅显平淡、枯燥无味的教学内容转为妙趣横生的学习活动，融知识教学于情趣之中，把课上得有声有色，饶有趣味，是小学生喜爱的方式，特别能吸引他们的注意力。所以在课堂教学中，教师可以结合所学内容，把知识编成谜语、儿歌，这不仅有利于概括知识，揭示规律，也有利于激发学生的学习兴趣。

（七）讲究教学方法优化情境

赞科夫曾说：“教学方法一旦触及学生的情绪和意志领域，触及学生的心理需要，这种教学就会变得高度有效。”教师讲究教学方法和教学艺术，才能收到良好的教学效果。所以，教师在教学时，应采用生动的、适合学生心理发展水平的教学方式，优化教学情境，激发学生的学习兴趣。如采用音乐教学、游戏教学、课前或课后猜谜语等教学方法来激发学生的学习兴趣。在平时的教学中，教师也可以多采用组织教学，开辟教材环境，再配以大量的感性材料和电化教学手段，多给学生提供对话、表演、朗读的机会和时间，组织科学的教学方式，优化教学情境，使学生在一定的情境中学好教材内容。

（八）利用问题创设情境

一个好的问题，就像投在学生脑海中的一颗石子，能激起学生思考的波浪。课堂上，教师可以通过提问，巧妙地给学生创设问题情境，让学生感到新奇有趣，这样，学生就会随着教师设置的疑点不断思索下去。

（九）以积极的鼓励性评价活跃情境

学生是有情感的，学生的情感直接影响到他们的学习兴趣及学习效果，只有积极、肯定的情感才能使学生的主体性、创造性得到发展，才能使学生的思维更加活跃。正如德国教育家第斯多惠所指出的：“教学的艺术不在于传授本领，而在于激励、唤醒、鼓舞。”

小学教学的目的之一在于要使学生爱学、乐学、善学。所以，教师要充分利用“创情境”这一重要方法扩展教学形式，培养和发展学生的学习兴趣。一个好的教学情境，有利于激发学生的学习欲望和参与动机，有利于引发学生的问题意识，促使学生主动融入问题中，投入自主探索、合作交流中。

英国教育家柏西布克曾说：“一名教师，你首要的紧迫任务就是要去创造一种吸引力，创设学生感兴趣的和教学内容相联系的情境。”学生往往对熟悉的、容易感知的情境感兴趣，所以，教师就应以此为载体，结合教学内容，为学生打造他们喜欢的情境课堂。

习惯4

会发现

——独具慧眼抓亮点，生成新知促高效

教育的基本任务，就是要把人身上存在的具有可能性的潜力，变成具有现实性的能力。要完成这个基本任务的重要前提是，一个人身上的潜力必须适时地被发现。这就需要教师具有一双“会发现”的慧眼，及时捕捉课堂细节，发现学生的亮点，促进学生的发展。

一、“会发现”概述

课堂教学是一个个鲜活生命在特定情境中的交流与对话，动态生成是它的重要特点。在整个教学进程中，随时都可能出现教师预料不到的情况和问题，这就需要教师具有一双“会发现”的眼睛，及时捕捉课堂细节，发现学生的亮点，生成别样的精彩，促进学生的发展。

法国雕塑大师罗丹说：“对于我们的眼睛而言，这个世界从来不是少了美丽，而是少了发现。”对于教师而言，学生不是少了优点，而是少了被发现。

（一）“会发现”是教师修养的历练

教师最重要的专业修养是什么？要回答这个问题，还要从教育的基本任务说起。

德国教育哲学家雅斯贝尔斯认为：“教育最应关注的是，人的潜力如何最大限度地调动起来并加以实现以及人的内部灵性与可能性如何充分生成。”也就是说，教育的基本任务，就是要把人身上存在的具有可能性的潜力，变成具有现实性的能力。要完成这个基本任务的重要前提是，一个人身上的潜力必须适时地被发现。

一个人能力的发展主要是在成年以后，而潜能的发现则主要集中在未成年时期，也就是在校学习期间。所以，如何培养和提升自己对于学生发展潜能的专业的、独到的发现能力，应该成为教师基本的，也是最有教育本质意义的专业追求。

1. 确立正确的教育价值观

教师要把“育人”作为自己职业的基本追求，在日常的工作中把发现和发展学生的各项潜能作为基本任务。只有这样，教师的工作才会有真正的“教育价值”。

教师对待学生，要像父母对待自己的孩子一样，始终抱着一种欣赏和期待的心态，“心有所思，目有所见”，在师生交往的每一个场合、每一个细节中，随时发现学生身上可能存在的各种潜能。在这种欣赏和期待心态下的发现能力，正是教师职业区别于其他职业的专业性所在。

2. 用多元化的标准看待学生

“世上没有一模一样的两片树叶。”教师所面对的学生，都是有着独立的思想和感情的生命体，这决定了教师不能用同一个标准来衡量和看待每一个学生。

教师只要仔细观察、分析一下就会发现，现实生活中没有真正意义上的全面发展的“天才”，只有在一定程度上的学有专长的“专家”。所以，教师要学会用不同的标准和视角来看待不同的学生。多一种评价，就会多一个好学生。唯有如此，才能在不同学生身上，发现其可能存在的不同的潜能和特长。

3. 在教育教学过程中提高发现能力

教师要将研究和发现贯穿于每一次测验、每一次作业，甚至课堂上的每一次回答、试卷上的每一次解答过程中。教师要做一个有心人，带着欣赏和研究的心态，仔细关注学生的每一次学习反应，及时捕捉有价值的闪光点。

在课堂上，教师应时刻关注学生的课堂回答，随时抓住学生回答过程中有价值的东西并适当把它们放大，不仅让回答者本人加深印象，也给其他学生以感召和示范作用。

在作业批改中，教师要改变在学生的解答中“找错”的思维惯性，努力寻找和发现学生解答中的创造性火花，并通过鼓励性符号、评语，甚至面批、集体讲评的方式，强化学生个体和集体对于这些创新思想的关注和印象。

另外，教师在平时还要不断总结和反思自己的实践经验，提高发现学生学习潜能的专业敏感度。在非学科教学的交往过程中，教师应对学生的行为习惯、心理品质、意志毅力、价值取向等给予更多关注。

在这些问题上，教师要取得有价值的发现，首先，要求教师自身应具备良好的人文素养和人文情怀；其次，还要求教师要有一点社会心理学和社会人格学方面的基本知识。只有这样，教师才可能在与学生的日常交往中，随时从学生的行为习惯、心理品质等方面获得有价值的发现。

4. 将发现学生潜能转变成学生的自我发现

教育是“度人”的事业，而这项事业的至高境界应该是促进和帮助学生“自度”，也就是学生的自我要求和自主发展，这应该是学校教育的一个基本宗旨。

作为有思想、有选择、有意志力的人，学生的真正发展还是依托于个人的自我“觉醒”、自主选择、主动追求和持续努力来实现的，而其中的自我“觉醒”——个人萌发要求上进的愿望和冲动，是他实现个人发展的起点。所以，教师要把对于学生发展潜能的发现，通过情境设计、活动体验、评价强化等多种方式，转变成学生的自我发现。只有这样，才算是真正把学生送进了追求上进的“上升通道”。这应该成为教师追求专业、高效的一种至高境界。

（二）会发现课堂中生成的问题

叶澜教授曾作过这样精辟的论述：“课堂应是向未知方向挺进的旅程，随时都有可能发现意外的通道和美丽的图景，而不是一切都必须遵循固定线路而没有激情的行程。”也就是说，课堂教学不再是教师按照预设的教学方案机械、僵化地传授知识的线性的过程，而应是充分挖掘课堂资源、不断调整、动态发展的过程。

教学中，如果教师在不脱离文本的基础上，更关注学生的真实思想和道德需要，在变动不已的课堂教学中把握住教学中的生成资源，自觉地尊重、理解、接纳，并充分利用这些“生成资源”，才能激活学生主体的道德潜能，点燃学生思考的火花，拓展学生思维的空间，促进学生各方面的发展。反之，则可能错过很好的教育教学契机。

有教师在讲授完《未选择的路》一课后，提出一个问题：“请你说说关于路的一些名人名言。”

学生：“其实地上本没有路，走的人多了，也便成了路。——鲁迅”

学生：“行路难，行路难，多歧路，路安在？——李白”

学生：“书山有路勤为径，学海无涯苦作舟。”

应该说学生回答得都很不错，可见课外是做了精心准备的。这时，突然有一个学生站起来说：“追求真理的路，本是人类共同的理想。”

老师一听，觉得很陌生，于是就问：“这句话是谁说的？”学生一时回答不上来，下面一片哄笑声。这位老师既没有鼓励学生，也没有阻止其他学生的哄笑，而是立即示意那位学生坐下，不再提及此事。

案例中的教师没有意识到，一次问题生成的机会就这样白白丢失了。最后一位学生的回答显然是与众不同的，即使不敢肯定是自创的，但与众不同是可以肯定的。如果教师有一双善于发现的眼睛，就会引导和鼓励学生说出这句话是谁说的，并就此展开话题："如果说'是我说的!'那就更了不起了，没准儿我们班里将来会出一个或者几个名人，谁敢说我们这位同学将来一定不是名人呢？我们从小就应该有这种自信，应该为这种自信鼓掌!"这是一个多么有发挥价值的问题啊!

然而，案例中的教师没有及时对学生的哄笑加以制止，使之明显伤害了那位同学，打击了他的自信。课堂上，很多学生之所以不积极参与活动，不敢发表独特见解，很重要的一个原因是怕讲错了被同学耻笑，老师又不会及时加以制止，因此宁肯不说。

如果此时教学的是一位会发现的教师，他肯定会从保护学生的自信与发言的积极性出发，先设法阻止学生的哄笑，再引导讨论，让哄笑者明白回答问题的学生的可贵之处以及"哄笑"是不对的，这样会令课堂生成许多意外的惊喜。所以说，教师最可贵的是要善于及时发现课堂中生成的问题。

（三）善于从"错误"中发现教育教学契机

布鲁纳说："学生的错误都是有价值的。"而人们也经常有"垃圾是放错了地方的宝贝"的感叹。这些都在警示教师：错误不应该像垃圾、废物那样被弃置不用，只要善于发现，利用得当，错误也能出现"生命的第二春"。从错误中发现教育教学契机，教师应注意以下三点：

1. 不当机立断说"你错了"

当学生出现不该犯的错误时，即便很生气，教师也不要当机立断地说"你错了。"而应试着从另一个角度去"发现"这个错误中的正确因子，然后"将错就错"地引导学生从错误走向正确。

2. 将错就错，举一反三

学生每次学完新知识后，都有可能出现知识与经验的偏差。这时，教师要做的不是一直纠正学生的错误，而是针对学生练习中的错误将错就错，举一反三。这样既可以帮助学生丰富知识，加深他们对新知识的理解，又可以帮助他们拓展思路，而且还不会因过度纠错引起学生不必要的逆反心理。

3. 有原则地放弃

当课堂上出现不同的声音或出现与该堂课的教学目标背道而驰的情况时，教师不能直截了当地否定学生，也不能以所谓的预设目标换取学生对真理的追求，而应该学着包容、接纳他们，甚至鼓励、赞扬他们。因为学生的"错误"与异议，很可能蕴含着教师用其他方法怎么也教不会、教不好的思想与精神，作为一个高效能的教师应该学会发现这样的教育教学契机。

特级教师于永正曾说：“错误并不可怕，它也是一种宝贵的教学资源。”所以，作为教师应该具备一双善于发现的眼睛，练就一双变废为宝的妙手。

二、名师经典案例

（一）发现隐性误区，为学生扫除认知盲点

北京市崇文区教育研究中心副主任、特级教师赵景瑞善于发现教材中学生不易发现的关键处或认知错觉，并加以层层引导，进而激发学生思维，引导课堂走向高效。

在赵老师的一次作文课上，为了指导学生把内容写得更具体，他采取了现场观察一张纸，并写这张纸的训练。一上课，赵老师就发给每个学生一张白纸，是一张被裁成 4 份的 B5 纸。

赵老师说：“同学们，请观察每人手里的这张纸，说说你们观察的结果。”

学生开始议论纷纷，有的说：“这是一张纸。”也有的说：“这是一张什么也没有的纸。”还有的说：“这是一张上面没写字的纸。”

……

学生的发言出乎赵老师的预料，他发现一个问题：学生说得很不具体。赵老师思考后认为，这是学生不会观察，对观察存在认识上的误区所造成的。很可能学生对什么是观察还不清楚，存在认知上的盲区。于是赵老师就问：“你们认为什么叫观察？用一句话说说。”

“观察就是看东西。”

“观察是仔细地看事物。”

“观察是认真、细致地看事物。”

……

（学生各自发表了对“观察”的认识）

赵老师从学生的回答中进一步验证了他们对观察的认知确实存在着盲点。于是，赵老师决定以此为契机，帮学生开拓视野，让他们深入认知“观察”。他问道：“这几个同学都说了自己对观察的认识，他们几个人的回答中有哪一个字是相同的？”

学生回答："是'看'字。"

赵老师说："对，我再问问你们，什么叫'看'？"

学生回答："看就是'瞧'。"

赵老师追问："那用什么'瞧'？"

学生说："用眼睛瞧。"

赵老师说："我明白了，你们认为观察就是用眼睛仔细地瞧事物。大家同意吗？"

学生齐声回答："同意！"

赵老师觉得时机已到，便对学生的认知误区开始深入挖掘。他说："好，就用你们的观点，我们一起继续用眼睛观察手上的这张纸。这张纸是什么颜色的？是什么形状的？"

有学生回答："是一张白色的长方形的纸。"

赵老师继续引导："接着用眼睛仔细瞧，纸的四边一样吗？"学生回答："不一样。有两个边是齐的，另两个边是毛边。"

赵老师问："刚才的几个同学说到这些了吗？"

学生答："没有。"

赵老师问："你们把纸放在眼睛前平视，又看到了什么？"

学生答："这张纸成了一条线。"

赵老师问："这说明了什么？"

学生答："说明这张纸很薄。"

赵老师继续问："你们刚才也用眼睛看了，但为什么看不到这些？"

学生回答："因为看得不仔细。"

学生回答："因为没有平着看。"

赵老师说："就是啊！用眼睛看也要变换角度看，才能有新发现。请同学们拿起这张纸，用手摸一摸，发现了什么？用一个词表示。"

学生答："平整。"

学生答："平滑。"

学生答："柔滑。"

赵老师继续引导道："这些感觉是用眼睛看到的吗？"学生回答："是用手摸出来的。"赵老师继续问："你们再用手抖一抖这纸，听到了什么？"学生回答："听到'哗啦哗啦'的纸声。""这纸声是用眼睛看到的吗？"

"是用耳朵听到的。"

"你们闻一闻纸？"赵老师事先在纸上喷了点香水。

学生情不自禁地说道："啊！真香！"

"怎么香？用词句形容一下。"

"纸上有股清香。"

"一股茉莉花香扑鼻而来。"

……

赵老师追问："这香气是用眼睛看出来的吗？"

"是用鼻子闻出来的。"

赵老师再次抓住机会，让学生对"观察"的内涵加深理解："如此看来，观察只靠眼睛看吗？什么是观察？你们有什么新看法？"

学生："观察是用眼看、用手模、用耳听、用鼻闻事物。"

赵老师继续深入追问："有进步了！另外还须用脑想，有时还得用嘴尝、用脚踢呢。这眼、耳、鼻、嘴、手……都是什么？谁能用一个词概括？"

学生齐声回答："器官。"

"是的，那什么是观察？"

学生答："观察是用多种器官了解事物。"

赵老师最后总结说："人的器官不仅是生活的需要，也是观察、认识事物的有力武器。加上前面说的，多角度、多器官协同了解事物才是观察。大家明白了吗？"

……

案例中，赵老师敏锐地发现了学生对"观察"的认知盲点，于是立即调整教学方案，开始转向解决学生的认识误区。当赵老师发现学生普遍认为"观察"就是用眼睛看时，知道是他们的认知出了问题，并觉得这是好事，因为学生学习的过程就是不断犯错、改错的过程，教师的一个重要责任就是及时发现这些错误，并正视它、重视它、研究它、解决它。赵老师在发现学生的认知盲点后，利用这意料之外的可贵资源，去拨亮学生的认知盲点，引导其不断升华：用眼睛粗看——用眼睛多角度细看——用其他器官了解——用多种器官协同了解——多角度、多器官了解，四次升华，使得学生不断拓展视野，透彻理解了"观察"这个知识点。

当教师发现学生有认知盲点时，应迅速从以下三个环节着手加以解决：

首先，乐于发现盲点。在课堂上，教师心中有教案，眼中有学生，应乐于全神贯注地观察，乐于倾听学生的表现，及时发现新的教学契机。

其次，精于思考盲点。针对发现的情况，教师应迅速、准确究其原因，是教案不足，还是学生理解的偏差，并积极思考解决办法。

再次，善于解盲升华。教师应在思考后立即作出反应，调节教学结构，迅速评价，顺学而导。在师生互动中，循循善诱地消除知识盲点，让学生牢固掌握知识。

（二）发现问题背后的价值，激发学生养成探究能力

全国小学语文名师单永梅在教授法国作家布丰的《松鼠》一课时，在指导学生反复朗读课文的基础上，让他们提出自己的疑难问题或是自己感兴趣的问题。

“老师，我认为文章最后一个自然段的最后两句话，是这篇文章中一个不和谐的音符。”

单老师听了一愣，立即意识到这可能是一个不可多得的生成新的教学资源的机会，就笑着问：“为什么你会得出这样的结论呢?”

“我没有亲眼见过松鼠，但通过这篇文章，了解到松鼠是个漂亮、驯良、乖巧的小动物，我感觉自己很喜欢它。可是，文章最后却说：‘松鼠也是一种有用的小动物。它们的肉可以吃，尾毛可以制成画笔，皮可以制成皮衣。’我在读到此处时，感到很别扭。如果我们真心喜欢一个小动物，比如说小狗，我们在夸奖它一番后，会告诉别人它的肉可以吃、皮可以制成皮袄吗?”

或许，以前也有学生有过这种想法，只不过老师从来没有给他们畅所欲言的机会。单老师发现了这一问题的生成价值，于是，她进一步鼓励道：“你敢于向课本挑战，很了不起。同学们，你们当中有没有人同意这位同学的观点，认为这是不和谐的音符呢?”

（陆陆续续有几个学生举手）

“那就请你们继续说说你们的理由吧。”

学生回答：“本单元的单元主题中有这样几句话：‘你一定很喜欢动物吧? 动物和人类一样，是地球这个大家庭的成员……了解这些动物的外形、特点、习性，将唤起我们对动物世界生存状态的关注，激发我们关爱动物、保护动物的热情。’我认为课文的结尾与本单元的主题是不吻合的。”

又有学生回答：“布丰生于1707年，死于1788年。可能在18世纪人们还没有环保的意识。今天我们再读这篇文章的时候，读到松鼠可以吃，会感觉别扭，可能是我们在感情上已经把松鼠当作人类的朋友了。”

突然，一个学生把手高高举起。单老师问他：“你有话要说?”

该生：“我不同意以上几位同学的观点。刚开始上课的时候，老师就告

诉我们，这篇课文是一篇科学小品。科学小品属于说明文，说明文是给人以知识的。这样结尾，既照应开头的‘很讨人喜欢’，又点出松鼠的用途，加深人们对可爱的小松鼠的了解，首尾呼应，结构严密，介绍完整。”

生：“我想，有些同学认为这篇课文的结尾是不和谐的音符，可能是因为他们太喜欢小松鼠了，担心人们一旦知道松鼠的肉可以吃，就会去捕杀它们。如果仅仅是因为这个原因而不愿让作者说实话，那不是在搞愚民政策吗？其实，当我们了解到松鼠不仅漂亮、驯良、乖巧，而且它还是一种有用的小动物时，你不觉得更喜欢它们了吗?”

教室里安静下来，学生热切地望着单老师，他们在期盼着老师的答案。

单老师深知，在课堂上常常会遇到这种对同一个问题“公说公有理，婆说婆有理”的情形。大多数时候，到底谁说得更好，老师需要有一个明确的态度，对学生而言，老师的表态便是一个“权威”的答案。但单老师觉得学生能展开如此激烈的讨论，她的目的便已经达到，她需要的是发现问题背后能够引发学生探究的价值，提高学生的综合能力。这个问题本身并没有正确的答案。

面对学生热切的目光，单老师深情地说：“如果有一天，你们做了课本的编者，认为结尾是不和谐的音符，在编教材时，可以将最后几句话删掉；认为结尾是和谐的，就继续保留这种结尾吧。”

在实际生活中，人们一般不会在介绍小动物之后，说它的肉可以吃，皮可以制成皮袄。可是，在备课时，教师怎么会没有这种“别扭”的感觉呢？是怎么会没想到学生会有这种感觉呢？是因为这篇文章教师已经烂熟于心，对一切都熟视无睹的缘故吗？单老师正是及时发现了自己内心的这一感受，才看到了问题的探究价值。

作为教师，不仅要尊重学生读书的独特感受，自身也应该走出习惯思维的束缚，拥有自己的读书感受，这样才不至于忽视隐藏在熟悉背后的问题生成价值。案例中的问题虽然没有明确的答案，但有一点是可以肯定的，那就是无论是赞同的还是反对的，学生关心松鼠、喜欢松鼠的感情都溢于言表，而这不正是教学的情感目标吗？

在课堂教学中，教师不仅是学生学习活动的组织者，更应该是课堂信息的重组者，要不断地捕捉、判断、重组课堂教学中从学生那里涌现出来的各类信息，把有价值的新信息和新问题纳入教学过程，使之成为教学的亮点，成为点燃学生智慧的火种。而对价值不大的信息和问题，教师要及时地排除和处理，使课堂教学回到预设和有效的轨道上来，以保证教学的高效。

另外，教师还要有意识地对自己的课堂教学行为进行审视和反思，即时修订、更改、充实、完善自己的教学设计和方案，使教学活动成为生成教学智慧和增强实践能力的过程。对教师而言，课堂教学绝不是课前设计和教案展示的过程，而是不断思考、不断调节、不断更新的发现与生成的过程，这个过程也就是师生富有个性化的创造过程。

在课堂上，如何才能做一个会发现问题背后的生成价值的教师呢？

1. 以生成的随机性为导向，提高预设的开放性

有价值的精彩生成是师生的“即兴创造”，是“无法预约的美丽”，它犹如天马行空，不期而至。为此，教师的课前预设要有弹性和开放性，给生成腾出时间和空间。

在传统教学中，教师习惯把课堂上的一切都掌控在计划之内，把“意外情况”“节外生枝”都视为课堂异端而加以排除，自然这些具有生成价值的问题也就无立锥之地了。所以，教师先要确立生成的意识，深入思考课堂教学的大方向、大环节和关键性内容，把握课堂教学的整体思路和目标指向，为学生的自主活动提供必要的时间。目前许多优秀教师都倡导和实行粗线条的板块或设计，就是基于及时发现有价值问题生成的考虑。

如著名特级教师宁鸿彬教学《莫高窟》一课大体分三步：（1）学生自读课文。教师要求学生在文章标题前加修饰语，促使学生思考；（2）学生提出问题、讨论，教师提问、讨论；（3）练习。另一著名特级教师陈军关于《滴水石穿的启示》的教学与宁鸿彬的课有异曲同工之妙：（1）用 15 分钟读几遍课文，每个学生提出 5 个以上有价值的问题；（2）师生共同整理并解决其中的主要问题；（3）教师提出问题引导学生解决。这些课在教学过程中不断有新知火花的迸发，这些火花就是生成。

2. 以生成的动态性为导向，提高预设的可变性

强调生成的动态性，意味着上课不是执行教案而是教案再创造的过程；不是把心思放在教材、教参和教案上，而是放在观察学生、倾听学生、发现学生并与学生积极互动上。它要求教师在课堂教学活动中不能拘泥于课前的预设，而要根据实际情况，随时对设计作出有把握的调整、变更。

一位教师在教学“长方体和正方体的认识”时，先让学生以小组为单位，利用小棒和橡皮泥搭一个长方体、一个正方体。有些小组搭出了“漂亮”的长方体、正方体，可有的小组搭出的长方体、正方体就是不像样，还有的小组根本就没有搭成。

这简直出乎教师的意料，可他还是对学生说：“大家搭得很认真，但因

为时间有限，有的小组还没搭好，有的小组还没搭出最佳的长（正）方体，相信大家课后一定能搭好。下面请大家仔细观察老师搭的长方体和正方体，说说长方体有哪些特征？正方体又有哪些特征？”

从案例中不难发现，该教师并没有发现“出乎意料”背后隐藏的价值。当学生搭的结果出乎教师预设时，被老师的一句“大家搭得很认真，相信大家课后一定能搭好”给搪塞了，接着让学生仔细观察老师搭的长方体和正方体有哪些特征。这样的教学，只能使学习变得机械，缺乏生气和乐趣。而一位听课教师就具有一双善于发现生成价值的眼睛，他重新对这一新生成的教学资源进行了如下设计：

师：“大家搭得都很认真，可是为什么很多小组搭不好呢？我们一起来找找原因怎么样？”

学生你一言我一语地展开了讨论……

原来，不能搭好长（正）方体的小组，他们课前准备的小棒只有23根；搭得不“漂亮”的小组虽然准备了24根小棒，但是小棒的长短不一样。

在新的教学设计中，对于“搭不好长（正）方体”这一临时生成的问题，教师没有回避，而是通过“为什么”来引导学生分析原因、认识特征，营造了一个生动活泼的学习氛围，不仅促进了学生积极的学习态度，而且探究出了问题产生的原因。

3. 让生成服务于学生的发展

生成所重视和追求的是隐性的、过程性的、个性的、不可预知的目标。如果教师事先预设过度，必然挤占生成的时间和空间，导致难以在课堂中发现有价值的生成。但生成过多也会影响预设目标的实现以及教学计划的落实，所以教师要把握好度。

不少有价值的生成是对预设的背离、反叛和否定，还有一些则是随机的、偶发的神来之笔。但无论是怎样的生成，只要能服务于有效的教学、正确的价值导向和学生的健康发展，作为教师就应该加以重视。

在教学实践中，教师不能离开学生的发展机械地讨论在一节课中是预设多了还是生成多了的问题。有价值的生成即使影响了预设的安排，也不应该草草了事；有质量的预设也不应该为了顾及低层次的生成而放弃。教师一定要有发展和敏锐的眼光，从不断随机出现的课堂问题中发现那些有价值的生成问题，并引导学生加以积极探讨。

（三）发现优点，后进生也闪光

赵志祥老师是深圳市著名教师。在他的课堂上，气氛总是特别活跃，几乎没有一个学生思想开小差或搞小动作，更没有学生故意调皮捣蛋，因为学生的思想都在不停地跟着他转。赵老师常说，对于后进生不要“鸡蛋里挑骨头”，而要“骨头里挑肉”，善于发现他们的闪光点，并以此为契机，转化后进生。

在赵老师班里，曾有一个叫阿勇的学生，他是一个名副其实的调皮学生，不但学习成绩差，而且经常搞恶作剧，欺负同学。

片段一：

“老师，你看阿勇，我们跳皮筋，他又来捣乱！”几个女生向赵老师告状。

“老师，阿勇又在和阿平打架！”几个男生也来报告“军情”。

“老师，阿勇又……”

每逢课间，总有几起“案件”与阿勇有关。

片段二：

一天上课，在班长喊起立时，阿勇拿出一块尖石头迅速地放在前排女生小凤的凳子上，以报复其在同学面前说他没教养。同学问完“老师好”，赵老师让大家坐下。

小凤一坐下，“唉哟”一声，边叫边站了起来。小凤拿起尖石头向赵老师报告：“老师，这石头肯定是阿勇放的！”

许多同学都扭头看阿勇。阿勇把眼一瞪，同学就都不敢看他了。他心里很得意——同学们都怕我。

片段三：

“老师，阿勇上课总是吵我，我都没办法好好听课了。”下课后，有同学急匆匆地向赵老师汇报“情况”。

“怎么又这样了？你跟我出来一下。”赵老师走到阿勇面前，发现他低着头，似乎早料到会有同学告他的状。

阿勇可能知道老师要问他什么，用手指着自己的鼻子，向赵老师示意，是否是叫他。

“对，就是你！”赵老师向他点点头。

“是他先吵我的！”一走出教室，阿勇就“先发制人”。

“没有!”有个声音在反驳，赵老师一看，原来是报告的同学。

看来这“案子”一时半会还难以定断，赵老师决定先“按兵不动”。

对于阿勇的调皮，赵老师也曾私下找他谈过话，每次他都答应改正，但过不了多久，仍会有很多同学前来告他的状。正当赵老师为此苦恼时，一些偶然的“发现”，让他找到了突破口。

有一次，学校进行大扫除。在打扫厕所时，一位品学兼优、备受老师宠爱的学生，一进厕所门，就被腥臭的气味熏得跑了出来，再也“不敢越雷池一步”。

可阿勇呢，他拿起铁锹和扫帚，一口气清理了十几个粪坑。屎尿溅到他的身上、脸上，他也毫不在乎。在当今孩子都是“小皇帝”“小公主”的时代，像阿勇这样不怕脏、不怕苦的学生并不多见。赵老师当即给予阿勇公开表扬，同学们也为他热烈地鼓掌。对此，阿勇十分高兴。

还有一次，赵老师偶然得知阿勇在上学的路上遇到其他学校的一位同学得了急性阑尾炎，二话没说，便背着这位同学上了医院。

打铁要趁热，赵老师发现了阿勇这一不可多得的闪光点后，立刻去买了一束鲜花，带到了课堂上。上课后老师说：“在这里我要表扬我们班的一位同学。昨天上午某校一位学生突然肚子痛，并且痛得在地上打滚。是我们班的一位同学背着他上了医院，并打电话叫来了他的父母。经诊断他得的是急性阑尾炎。昨天上午我们班那位同学也因此迟到了，我不明情况，批评了他。直到刚才那位得急性阑尾炎的学生的家长给他送来了鲜花，我才知道了真相。在这里我向他道歉。同学们，你们猜这位同学是谁?”

同学们的目光“唰”的一下齐望向阿勇，因为昨天上午只有他迟到了。他的脸像着了火一样，一下子红了，不好意思地挠了挠头，傻呵呵地笑了，这是他第二次受到表扬。

赵老师接着说：“他就是阿勇!”说完，赵老师带头鼓掌，同学们也都跟着鼓掌。

当阿勇接过赵老师手里的鲜花时，同学们又热情地鼓起掌来，“噼里啪啦”的掌声响了很久。

赵老师说：“尽管阿勇同学身上有不少缺点，但我们也要看到他身上的优点。比如，他爱劳动，不怕脏不怕累，喜欢帮助同学。总的来说，阿勇是个好同学，我希望同学们多关心他、帮助他，帮他改掉那些小缺点。”

这时，阿勇的泪水再也忍不住了，一滴滴掉在手里的鲜花上。

放学后，赵老师让阿勇去办公室找他。就在阿勇走到办公室门外时，赵老师和曾经教过阿勇的李老师演了一幕很有意思的“戏”，他们说着已经商量好的台词：

李老师说：“阿勇这么调皮捣蛋的学生，我们就不应该管他，别让一粒老鼠屎坏了一锅汤。”

赵老师说：“我相信阿勇会成为好学生的。他的本质是好的，只是我们的教育方法不得当。他的母亲死得早，他从小缺少爱，我们要把他当成自己的孩子来爱。我们不能为了升学率和奖金只去关注那些成绩好、认真听课的学生，而不管那些更需要我们帮助的学生。世上没有最差的学生，只有最差的老师。”

李老师“生气”了，提高嗓门说：“反正阿勇是最差的，以前我就懒得管他！”台词说完后，赵老师拉开门，见到站在门外一脸泪水的阿勇。赵老师假装大吃一惊后，便把他拉到一旁鼓励了一番。

阿勇哭着对赵老师说：“赵老师，我一定不会让你失望的！”

赵老师抚摸着他的头说：“有你这句话，我特别高兴。”

从那以后，阿勇很少再调皮捣蛋，告他状的同学也越来越少了。后来，赵老师还发现阿勇有很强的模仿能力和表演能力。为了更好地促进阿勇的变化，赵老师让他参加了学校庆“五一”的文艺会演。而阿勇参加《三个和尚》的演出十分成功，他还因此荣获了“表演小明星”的称号，为班级争得了荣誉，同学们更加敬佩他了。

与此同时，阿勇在其他方面也有了很大的改变：上课再不调皮捣蛋，而是非常认真地听课；作业也按时完成，并且写得工整、正确；学习成绩有了很大提高。期末考试时，他竟然考了全年级第二名。

在每个班级都会有那么几个调皮的后进生，他们人数不多，但“作用”可不小。很多教师遇到这些调皮的后进生时，往往会变得束手无策，不是随意在学生面前大声批评他们，就是运用粗暴的方式进行“镇压”。但这样的做法非但没有把学生教好，反而给他们贴上了“坏孩子”的标签，使他们丧失了信心，越来越调皮。

作为教师，不能简单地看待学生调皮捣蛋这一问题，而是要以爱心、耐心来关注他们，了解他们的内心，发现他们的闪光点。同时以一颗宽容的心来包容他们，对他们进行深入细致的分析后，再做定论。具体方法，教师可以从以下几方面入手：

1. 心与心沟通，努力发现深层内因

课堂上总会有些学生爱捣乱，扰乱课堂秩序。该如何对待这些学生呢？

作为教师，万万不可对他们说“你们几个真让人讨厌”“你们再说话就出去”“你们是班上最差的”“以后上课不要再起哄”诸如此类的话。这只会让师生之间更难沟通，同时还会打击他们的自尊心，他们不仅不会改正，还会变本加厉，越来越不听话。

每个人都渴望被理解和尊重，后进生也不例外。所以，对于他们的行为，教师不能一味地采取批评、训斥的方法，而应该以理解、尊重的态度，用一颗爱心去接近他们。多与他们亲近、交谈，进而发现他们的所需、所感，然后有针对性地对他们进行教育。

2. 多一份理解和宽容

教师要试着理解学生。理解他们年龄特点下的言行举止，理解他们的烦恼和痛苦，理解他们的想法和观点，理解他们的无奈，理解他们的喜好。

作为教师，要给学生一定的思维空间和行动范围，把每个学生都看作有价值的、独特的人，并有自我发展，自我完善的能力，师生间的关系就能协调好，教师便能发现学生的闪光点，并借助这些闪光点对他们进行矫正。

3. 多给予赏识与鼓励

教师在平时生活中应多关注调皮捣蛋的后进生，多观察他们，一发现闪光点，就及时在全班同学面前给予表扬和鼓励，使他们建立起自信心，觉得“我能行”。有句话说得好：“赏识导致成功，抱怨导致失败!”学生正处于身心发展的阶段，他们的天性就是好动、爱说、对什么都感到好奇，即使再调皮捣蛋的后进生，也有其积极可贵的地方。

因此，教师应去掉“有色眼镜”，热诚地去发现学生在为人处世、学习生活等方面所表现出来的优点和进步，看到优点就表扬，发现长处就扶持，有了进步就鼓励。使学生在诚挚而恰如其分的表扬、扶持和鼓励中逐渐消除自卑、增强自信；在荣誉感与成功体验中发现自我价值，激发前进的动力。

4. 建立紧密的家校联系纽带

家校联系是搭起学校和家庭之间的桥梁，是加强家庭教育与学校教育联系的纽带，是提升教师威信、构筑教师人格魅力的主要途径。高效能教师都比较重视家校联系，因为他们懂得，后进生坏习惯的形成，很大一部分原因和家庭有关。

所以，教师平时可以通过电话和学生家长进行交流，以此来了解学生在家里的一些情况。必要的时候，还可以和家长当面交谈，或是到学生家里实地了解他们的成长环境和生活环境，以便更好地发现转化这些学生的教育契机。

三、如何做“会发现”的教师

教师不仅要在课堂上“会发现”课程资源，更要善于发现每个学生身上的闪光点。

魏书生说：“不管多调皮的孩子，他往你跟前一站，当班主任的就得学会钻到他的心灵世界中去，去真正地爱他，尊重他，理解他。”每个学生都有情绪，有时快乐，有时沮丧，有时愤怒，有时不安……这些情绪，他们有时会直接表现出来，但更多的时候他们会用间接的行为来表达。这就需要教师有敏锐的洞察力，去了解学生心中的点点滴滴。教师只要有一双会发现的眼睛，就会看到很多惊喜。

“发现”可以说是教师必备的一种能力。只有“会发现”才能做一个高水平、高效能的优秀教师。那么，如何做“会发现”的教师呢？

（一）有爱就会有发现

教师如果能把全班学生都当成自己的孩子去爱，就会发现他们有很多的优点，哪怕是最不听话、最调皮捣蛋的学生也有他的可爱之处。有付出就有回报，教师对学生付出了爱，学生也会以爱来回报教师。这样，学生的闪光点就会越来越多。

此外，教师还应该公平地对待每一个学生，不能因为他的成绩不好或犯过一些错误就给他贴上标签，使他成为同学眼中的“坏学生”。

（二）关注学生的生活实践，从中发现教育契机

学生品德的形成源于他们对生活的体验、认知和感悟。只有源于学生实际生活的教育活动才能引发他们内心的而非表面的道德情感、真实的而非虚假的道德体验和道德认知。因此，教师要善于从生活中捕捉有价值的课题，开展学生喜欢的活动，使他们在积极主动的参与中生活得到充实、情感得到熏陶、认知得到发展、价值判断得到初步的培养。如：

在学习《福利院的笑声》一课后，教师组织学生开展“走进福利院送温暖、献爱心”活动。在福利院，学生积极主动地帮老人梳头，打扫卫生，为

爷爷奶奶捶背，与老人话家常……学生清脆纯真的笑声在福利院回荡。老人们满是皱纹的脸上荡漾着灿烂的笑容，久久沉浸在充满着温暖爱意的幸福中。

通过活动体验，学生懂得了“只要人人都献出一点爱，世界就会变成美好的人间”。从整个教学过程来看，教师不是靠说教来完成教学目标的，而是努力为学生创设条件，让学生在现实生活中实践、体验、探究，从而汲取、获得、积累生活需要的知识、经验和技能，体现出了“道德存在于儿童生活”“回归生活、关注儿童现实生活”的课程理念。

（三）从日常小事中发现学生的优点

日常事务虽小，但它能折射出一个人的性格。班级里不可能每天都有大事或集体活动让学生去施展自己的才能，展示自我，这就需要教师做一个细心的人，通过日常的小事洞察学生的内心活动。

在日常小事中更能发现学生真实的内心，也更考验教师“会发现”的能力。

（四）善于发现“生活中的现象”，感悟道理

学生在生活中能懂得许多道理，但他们不能直接讲出道理，或者无法判别是与非，不过在教师或是其他人的引导下，他就会理解或感悟出来。所以在教学中，教师不要死搬教材来教学生，而是要结合教材的教学内容，善于发现学生的“生活现象”，用学生熟悉的生活现象作实例，来引发学生的学习动机和兴趣，从而激发学生参与的热情，增强学生对知识的亲近感，使学生明白书中的知识其实就在我们身边。如：

某学校大部分学生离家比较远，所以许多学生都在学校吃午饭。但教师却发现学生没有把家长给他们的午饭钱合理地购买午餐，而是买了一些没营养的零食或者玩具。针对这些实际情况，一位教师在教学《我想要，我能要》一课时，给学生创设了一个模拟消费的情境：请你用 2 元钱给自己设计一份经济合理的午餐。接着老师出示了部分商品的价格表，如盒饭 1 元、汽水 0.5 元……由于活动和学生生活紧密相连，大家顿时兴趣盎然。

有的学生说：“我买两个面包 1 元钱，一根火腿肠 0.5 元，再买一瓶汽水 0.5 元，正好 2 元钱。”面对诱人的食品，这位学生精打细算，买了两个

面包和一根火腿肠。显然，填饱肚子是没有问题的，而且该生还买了一瓶汽水来解渴，这当然是一份既经济又合理的购物清单。

有的学生说："我买两个烧饼 1 元钱，再买一杯牛奶 1 元钱。牛奶很有营养，而且我最爱喝牛奶了。"这位同学的午餐不但能让他吃饱，还让他买到了一杯自己最爱喝的牛奶，既是自己想要的，又很有营养，也是一份不错的购物清单。

还有的学生说："我买一盒盒饭 1 元钱，这就已经吃饱了，水不买了，因为早上我从家里带来了。还剩下 1 元钱，我准备买一本练习本 0.3 元。这样我可以节省 0.7 元，放进我的储蓄罐，留着以后用。"真是太棒了！这位同学不仅想到了从家里带水，还用余下的钱买了自己所需的练习本，甚至还知道把节省下来一些钱储存起来。一个小学三年级的学生就有了储蓄的意识，真是了不起，这是一份非常不错的购物清单。

这样一次尝试购物的活动，不但使学生进行了一次"合理消费"的体验，而且帮助他们树立了健康的消费意识和经济意识，让教育真正走向了学生的生活，增强了实效性和针对性。

又如教学《保护人类生存的环境》这一课时，某教师让学生针对日常生活中使用餐巾纸、一次性筷子等现象展开讨论，使学生明白餐巾纸和筷子的原料都是树木，我们在享受方便生活的同时，也在破坏森林资源，引导学生懂得了：只要我们平常不用餐巾纸、一次性筷子，就是在为保护森林资源尽一份力。由于问题来源于日常生活，学生容易置身于问题情境中，产生亲近感，并且通过讨论提出了各种各样的行动保护方案。这样既能让学生懂得如何保护环境，又能提高学生的学习兴趣。

这种发现"生活中的现象"的教学设计把单调的书本知识转化为学生感兴趣的学习素材，使学生从生活中悟出道理。

（五）拥有一双发现课程资源的眼睛

在教学过程中，无论教师课前做了多么充分的准备，总会不可避免地出现一些无法预料的事情。学生是天真的，有时可能会"口无遮拦"，使课堂出现"不太和谐"的音符；有时学生的兴奋点可能与预定的教学目标不一致。当教师在教学中面对这些问题时，是责怪学生多嘴呢，还是有其他"妙招"？这是新课程教学对教师提出的挑战。

课堂是一个无限的动态生成过程，课堂中学生是创造课程资源的宝库，教师要有强烈的课程资源意识和敏锐的、善发现的眼光。在课堂上，教材是教师最主要的课程资源，但不是唯一的，课堂中随时都会有非常奇特的课程资源涌现出来。作为课程的主导者——教师，关键是要有一双能发现课程资源的眼睛，随时去捕捉课堂中突如其来的课程资源。

但教师不能总等待课堂上能自发地产生所需要的课程资源，而是要主动地创设有利于激发学生思维的情境，让学生主动地参与课堂教学。教师通过巧妙的启发引导、敏锐的课程资源视觉，就能轻松自如地驾驭课堂。

为人师者的眼睛应是一面“魔镜”：时而如神奇的放大镜，及时发现并放大学生身上微小的闪光点，鼓励学生坚持下去，更深、更好地挖掘学生内在的潜能，帮助学生铸就精彩人生；时而是洞察一切的显微镜，敏锐地发现学生至真至纯的心灵底色中不应有的污点，小心翼翼地和学生一起擦去可能影响其美好人生画卷的点滴瑕疵，引领学生涂好他生命的最佳底色。

习惯5

会倾听

——“知音”知底，为学生提供贴心服务

倾听就是细心地听取。有了倾听，便在心灵上给予对方十分丰厚的精神馈赠。随着课堂主体性、自主性的增强，学生质疑、反驳、争论的机会逐渐增多，这就需要教师学会倾听，成为学生的忠实“听众”。

一、"会倾听"概述

教学是一个师生互动的过程，是教师和学生两个主体参与交往的过程；是师生进行交流和沟通，实现彼此精神的相遇和沟通，促进相互之间的理解、认同，从而凸现人的主体价值，弘扬人善的德性、美的心灵，最终共同获得生命的意义的过程。而要顺利实现这一过程，教师的会倾听在其中起着重要作用。

教师会倾听，指的不仅是思想上、观念上的倾听，更是实践上、行动中的倾听。是指教师要用全部的感官和潜能去听取学生的言语诉说，感悟学生的心灵独白，领会学生的动作创意，体验学生的情感流露，了解学生的困惑焦虑，应答学生的欲望和需求等。从某种意义上说，主动倾听、善于倾听、会倾听，是新形势下小学教师的一种教育能力。倾听是满足小学生情感上被接纳、受重视和被尊重的最为重要的手段。一旦教师对学生开始倾听，就意味着一种迎接和接纳，不是把学生作为学生来接纳，而是把学生作为一个鲜活的生命来接纳。

这种接纳也表明了一种真诚的平等和尊重，是一个生命对另一个生命的尊重。这是倾听作为一种高效教学手段的重要意义所在。

（一）认识倾听，走近倾听

教师只有认识倾听的规律和特点，才能更好地发挥倾听的作用。根据倾听主体、对象和空间等的不同，可把课堂倾听分成以下几类：

1. 倾听学生、倾听自己和倾听文本

在实际教学中，有些教师的倾听往往只针对学生，而忽略了对自己和文本的倾听，这是一种片面的倾听。一个会倾听的教师，应该不但善于用倾听和学生对话，还善于用倾听和自己、和文本对话。如在倾听学生时，教师的内心应该进行自我对话，对所听到的信息进行质疑和评判，对学生的情感进行体验，从而产生认知和情感的认同或冲突。

左拉说："在读者面前的不是一束印着黑字的白纸，而是一个人，一个读者可以听到他的头脑和心灵在字里行间跳跃着的人。”教师在阅读文本时，要做到与文本对话，倾听作者和文本的声音，从而设计出更好的课堂教学课件。

2. 课堂倾听和课外倾听

课堂倾听和课外倾听，这两种倾听的侧重点各不相同。它们不仅仅是倾听地点的不同，倾听内容和方法也不相同。很多教师重视的往往只是课堂倾听，而忽略了课外倾听。其实课外是课堂的延伸。教育呼唤回归生活，课外生活中蕴藏着丰富的课程资源，是生命成长的源泉，是学生运用所学知识的天地。

课外倾听对教师提出了更高的要求，它要求教师具备更敏锐的倾听能力，随时捕捉到有价值的信息。因为课外倾听的内容更具有情感性和生成性，教师要像新闻工作者一样，在对话和倾听中获取信息，使课堂与课外互为补充，以促进教学效率最大限度的提高。

作为一名世界闻名的教育家，苏霍姆林斯基就具有良好的倾听习惯。他不但善于在课堂上倾听，而且善于在课外倾听。走廊上、餐厅里、校园内外，都能成为他与师生交流、倾听师生心声的地方。正因为此，他走进了帕夫雷什中学每一位师生的心中，成为闻名于世的教育家。

3. 单向倾听和双向倾听

单向倾听是指教师和学生之间没有互动的倾听。教师不向学生反馈任何信息，学生自由地表达自己的观点。这种倾听，由于缺乏交流，教师往往会误解学生的言说所传达的信息，学生也因得不到老师的反馈而可能产生错误的判断。

双向倾听则是教师和学生之间进行积极的信息交流。教师不但向学生积极反馈言语和非言语的信息，而且真诚地体验学生的经历或情感，并对这些情感作出反应。在倾听的过程中，双方引起思维的共振和情感的共鸣，使信息得到正确的理解、问题得到更深入的探讨。

4. 获取信息式倾听、批判式倾听和情感移入式倾听

获取信息式倾听是为事实而倾听。在这种倾听中，教师要善于识别学生言说的中心思想，并把它从学生言说的主要观点中区分出来。

批判式倾听需要教师识别学生的主题和观点，并对听到的内容进行评价和质疑。

情感移入式倾听是为了情感而倾听的最好方式，是师生之间进行沟通、建立和谐民主关系的有效途径。情感移入式倾听要求教师暂时忘记自我意

识，使自己完全沉浸在学生的言说之中。教师只有这样做，才能进入学生的情感之中。

在教学过程中，教师要灵活地选择这几种倾听方法，也可以多种倾听方法相结合，使倾听在教学中变得更具影响力。

5. 倾听言语信息和非言语信息

在日常教学中，很多教师往往更重视对言语信息的倾听而忽视对非言语信息的倾听。其实，学生的大部分信息包含在非言语信息中，因此，教师更要善于用眼睛"倾听"。

课堂上，学生的一个眼神、一次微笑、一次皱眉、一声叹息、一个点头都可能饱含着丰富的思想和情感。教师善于"倾听"这些非言语信息，可以大大地提高教学的效果。

6. 课前倾听、课堂倾听和课后倾听

从课堂教学的时间上，可以把教师的倾听分为课前倾听、课堂倾听和课后倾听。教师的倾听应该贯穿于整个课堂教学过程中，特别是课前倾听和课后倾听，对于高效教学具有非常重要的作用。

课前倾听主要是为课堂教学做准备。作为教师，要和教材、学生以及自己进行对话，认真倾听来自各方的声音，特别是来自学生的声音，然后，根据倾听到的信息制订和修改教案，为课堂教学做好更充分的准备。

而课后倾听主要是有利于教学的反思。下课并不意味着教学的结束，师生都会对课堂教学进行反思。在反思时，教师要认真倾听学生的反馈和自我的声音，把问题的思维过程上升到更高的高度，以促进教学效率的最大发展。

(二)"会倾听"的特点

教师会倾听具有其特定的职业特点，了解这些特点，有助于教师在教学中更好地养成倾听习惯，使其成为一种有效的教育力，从而更好地展现出倾听艺术的教学魅力。

1. 创造性

倾听是一个复杂的生理活动和心理活动过程，人的大脑需要有高度的注意力、记忆力、思维力、想象力等多方面智力因素的支持，才能把听到的信息内化为自己的知识结构，从而形成新的知识结构。这是倾听者的一种创造性的劳动，能促进倾听者心智的发展，丰富其情感。

倾听习惯凝聚着教师创造性的思维劳动。教师需要对外在的信息、知识、文化进行吸收，这是一个内敛的、指向人内心的思维过程。教师应积极捕捉学生的思想和观点，并从自己的视角进行分析和思考，创造性地理解学生话语背后的含义及感受，并以简洁和多元化的措辞提出反馈意见。

倾听习惯的创造性还在于培养创造型人才。现代社会需要具有创造力的人才，这是社会对教育提出的要求。所以，教育要培养学生的创造能力和创造精神，而学生的创造性可以在倾听中得到发现和培养。

倾听，是一种教学理念，意味着民主、平等和尊重。它能给学生一种安全感和融洽感，从而唤醒学生的创新意识，让学生的个性自由发展，有利于培养学生的创造性。教师在倾听过程中，敏锐地判断学生的思维，并及时地向学生反馈，便能够更好地引导学生发挥其创造性。

2. 情感性

师生之间的对话应是一种人与人之间的平等交往，而倾听可以使师生之间建立起一种和谐的交往关系，使课堂充满情感的互动和交融，让师生的情感得到升华。安顿在《绝对隐私》里这样描述："希望有一个人的双手和一对耳朵以及一颗富于同情的心，能够倾听他们，倾听之后，能够告诉他们：我替你收藏记忆，请你从我这里开始新的生活。"可见，真诚的情感是倾听的必要条件。

教师的倾听要把学生作为有个性、有情感、有思想的生命来接纳，深入他们的内心世界与思维过程。教师在倾听过程中投入真诚的情感，可以促使学生以真实的自我与教师进行交流，让他们在毫无顾忌的情感宣泄中发现和认识真正的自己。

教师的倾听，不但要倾听学生的认知信息，还要倾听学生的情感信息（主要包括心理感受、情绪、情感等）。要倾听到学生思维抽穗、知识拔节、情感裂变的声音，倾听出学生的谬误中蕴含着的新奇，在琐碎中寄予真情，在否定中包含肯定，和学生产生情感共振，这样才能使学生感受到自己得到了老师的理解，进而对自己充满信心。

当教师的倾听具备情感后，在听到学生与自己的意见一致时，会以赞同的微笑、肯定的点头作出积极的反应；在听到学生与自己的观点不一致时，会以凝神沉思或略带有惊奇的表情等对学生作出善意的回应。

3. 互补性

倾听习惯的互补性是指，听与观察相配合，听与说及身体语言相配合。在倾听过程中，教师不但要倾听学生的言语信息，还要倾听学生的非言语信息；不但要倾听，还要采取多种方式积极地和学生互动，引导学生把自己的观点、思想、情感等完全表达出来，最大限度地激发出学生的思维与情感，使倾听展现出最高效的教育力。

教师正确的倾听习惯应该做到听与身体语言紧密配合，自然地表达出兴趣，传达出专注倾听的态度。如教师的身体要前倾，睁大眼睛注视着学生，与学生保持着眼神的接触（眼神接触是兴趣和投入最重要的标志之一），面部表情也要表现得很感兴趣或产生同感，并且不时地随着学生所说的内容而改变。

心理学家阿尔波特研究发现，日常生活中，55%的信息是靠非语言表情传递的，38%的信息是靠语言表情传递的，只有7%的信息是靠语言传递的。不难看出，表情等非语言信息在沟通中起到极大的作用。所以，让表情等肢体语言伴随着倾听，能对倾听进行必要的补充、丰富、修正和完善，从而提高倾听对学生情感的影响力，以便学生能更深刻地感受到老师对自己的尊重。

在教学中，教师可以停止有声的言说，进行默默地倾听，但不能停止发出无声的信息。在倾听时可以让非言语行为继续着——不断用眼睛与学生进行交流，或点头表示赞同等。

倾听并不是一味地听，在适当的时候，教师还可以提出一些问题，或赞许，或疑问，既有利于传达对学生言说的理解，又可以使学生的言说更深入地进行下去，进而促进学生的表达，拓宽学生的思路，激发学生的思考，有时甚至可以使学生产生智慧的火花和新的创意。

4. 审美性

倾听具有特定的审美性，它比说话的意义更丰富、更高雅、更具有魅力。教师的倾听习惯是课堂走向完美、高效的标志。

教师倾听习惯的审美性来自于师生之间精神上的平等相遇。这种平等的相遇，意味着教师对每个学生主体的个性和内在自由的承认，对每个学生的内心世界的关注，对每个学生生命的呵护。

教师倾听习惯的审美性还来自于倾听的和谐美。对话是课堂交往的重要形式，它通过言说和倾听进行双向沟通，实现精神的相遇和相通。通过倾听，师生间可以建立和谐的师生关系，使双方的思维处处呼应、时时合拍、步调一致、达成共识。由于思维共振，师生在思想上互相感应，从而启迪智慧、激发灵感，实现课堂教学的和谐美。

5. 生成性

课堂中，由于认知结构、思维方式、情感意志、价值观念等方面各不相同，导致了学生在认识、理解方面的不确定性，使得意外生成随时都有可能发生。因此，作为教师，只有善于倾听，才能发现随时出现的有价值、有创见的问题或观点，并及时调整或改变原先的教学设计，使课堂教学更适宜开发学生的潜能、激发学生的思考、展现学生的个性。

学生不仅是教育的对象，而且是教育最重要的资源。学生有着各自独特的真实的生活体验，这些体验具有动态生成性，可能转瞬即逝，但它们却能够在瞬间把握生命永恒的意义，为个体所深刻记忆。所以，教师要善于通过倾听获得学生的这种体验、感受或情感，并以此为契机实现教学的生成，达到更高的教学目标。

如一位老师执教《林海》一课时，有学生把课文中说大兴安岭的“岭”与秦岭的“岭”“大不一样”错读成“不大一样”。这仅仅是两个字顺序的颠倒，但没有被老师的倾听所疏忽。于是教师以此为契机，当堂生成了一个新教学环节，并付诸实施：

师：课文中写的是“不大一样”吗？

生：（齐答）是“大不一样”！

师：“大不一样”与“不大一样”有什么不一样呢？

生：“不大一样”是只有一点儿不一样，“大不一样”是非常不一样。这里的区别可大了！

师：说得好，“大不一样”是十分不一样，那么大兴安岭的“岭”与秦岭的“岭”“大不一样”表现在哪些方面？请大家从课文中找出具体的根据，再说说自己的体会。

于是，围绕大兴安岭的“岭”与秦岭的“岭”“大不一样”的探究便热烈地展开了。

案例中，教师通过倾听发现了具有很大教学价值的问题，并把它作为宝贵的教学资源及时转化成一个随机生成的教学环节，既丰富了教材内容，又生成了教学资源，还挖掘了学生的潜力。这就是倾听习惯中精彩的生成性特点。

6. 伦理性

教育追求的目标是：把一个人的体力、智力、情绪、伦理各方面的因素综合起来，使他成为一个完善的人。教师倾听习惯的伦理性就是在教学过程中，教师通过倾听，对学生进行智力、伦理和审美上的教育，以此激发学生的生命活力，完善学生的道德人格的艺术。

现代教学伦理要求在教学过程中要建立新型的师生关系和民主的课堂氛围，教师不再是知识的权威，而是“平等中的首席”，是学生学习的引导者和促进者。因此，教师只有会倾听，才能更好地尊重学生的人格，关注学生的差异，把学生作为一个生命的存在，而不是物质和观念的存在。

会倾听是教学理念的折射，体现了以学生为本的思想。教师在倾听中可以实现教育的民主与公平，使师生共同进入一种和谐优美的人文环境。

（三）“会倾听”的价值和意义

古诗有云：“风流不在谈锋胜，袖手无言味最长。”倾听本身是一种教育，即使没有给对方什么指点或帮助，有了倾听，便在心灵上给予对方十分丰厚的精神馈赠。因此，在教育教学中，教师的倾听习惯有着特别重要的价值。

1. 尊重学生生命个体

教育不能把学生当作“一块白板”或“一张白纸”，随心所欲地“做成什么样式”或“画上什么图画”，而应顺其势加以引导、培养。在强调学生的“自主性”“主体性”的教学改革中，要求教师要了解学生，了解他们已有的经验和基础，了解他们的兴趣和需要，了解他们的个性特点和认知风格。而倾听正是了解的重要途径和方式。

如果教师不善于倾听，甚至拒绝倾听，就会失去了解学生的机会，失去教育教学的前提和根基，教育教学就会变得虚无缥缈，成为无的放矢的无意义行为。所以，完全可以这样认为：倾听是教师对学生价值观的把握，对教育教学要义的领悟。这也正是教师的倾听习惯在尊重学生生命个体上的价值所在。

2. 体现在对话教育教学上的价值

人类社会正逐渐步入一个对话的时代。作为对时代精神的回应，教育领域里也正孕育着全新的“对话”与“倾听”的意识。李政涛先生在《倾听着的教育——论教师对学生的倾听》一文中写道：“教育的过程是教育者与受教育者相互倾听与应答的过程。”对话，不仅仅是对话双方的言谈，还包括双方内心世界的敞开，是对对方真诚的倾听和接纳，在相互接受和倾听的过程中实现智慧的共享和情感的交融。

由此可见，倾听在对话教育教学上的价值是显而易见的。倾听可以使师生处在相互尊重、信任和平等的立场，通过言谈和倾听实现双向沟通。

3. 折射出教育品质的价值

倾听不是教学的某一个环节，而是自始至终贯穿于教学的全过程。从某种意义上说，教学的过程就是倾听和探究的过程。而倾听使这个过程折射出了教育品质的价值：

价值之一是尊重。教师的倾听，能给学生以尊重、鼓励和赞许。以学生发展为本的教育理念，首要任务就是尊重学生，而尊重不妨从倾听学生的倾诉开始。

价值之二是期待。学生在发言时可能结结巴巴不够流畅，或表述的意义不够明确，甚至会出现错误。这就需要教师耐心地、专注地倾听，用期待的目光和神情去感染学生、感动学生。这是一种乐观的期待。

价值之三是互动。倾听是接收和输出相融合、相交替的过程，倾诉者在倾听者情绪的感染下也会成为倾听者。这种倾听、倾诉的互置，形成了互动的平台，这个平台是用民主、平等的砖石搭建的，它使教师更像是学生的知心朋友、可信赖的伙伴、值得尊敬的长者。

4. 凸显教师的智慧

倾听的核心是思考。在倾听时，常伴随着观察、辨别、判断和选择。

在倾听中，教师的举止应该是从容的，脑海里是在不断思索判别的，并能在最短的时间内，甚至在瞬间作出决定——或给予学生肯定后的点拨，或以此展开议论，或片刻沉静后回味、思索，或借景抒情，或借题发挥……总之，倾听时刻闪现着教师的教育敏感、教育机智和教育艺术的光彩。

（四）让倾听成为不可忽视的教育力

随着课堂主体性、自主性的增强，学生质疑、反驳、争论的机会逐渐增多，这就需要教师学会倾听，成为学生的忠实“听众”。课堂上，不管是优秀生还是后进生，无论是说对了还是说错了，无论是说得清楚明白还是语无伦次，教师都要专注地倾听，不能有半点不耐烦，更不能打断学生的言说。教师在倾听的过程中还要善于发现学生困惑的焦点、理解力的偏差、观点的创意和批评的价值。

然而，有些教师已经习惯于自己肆意地言说，并要求学生虔诚地倾听，整个教学过程中只有命令与服从，只有授予与接受，只有安排与执行，没有理解，没有宽容，没有平等，没有自由。在这种教育环境下成长起来的学生，永远也无法获得言说的主动权，他们的创新和锐气在教师的惊诧中慢慢消失。

很多时候不是学生游离于课堂之外，而是因为教师没有认识到倾听的重要性，只是一味说教，从而挫伤了学生的学习热情。比如，学生的话还没说完，就被教师武断地打断；学生在兴致勃勃地发表言说，教师却神游九霄，目光游离；还有的教师没有听清学生的话，就迫不及待地发表自己的见解和意见……试问，如此种种如何让学生全神贯注地投入课堂中？

1. 拒绝倾听，扼杀的不仅是一次灵性的想法

在一节数学公开课上，有位教师讲授一年级的“图画应用题”时出示了一幅图画：有5只小兔子，3只头向左，2只头向右。让学生列式计算。

经过片刻思考后，一名男生高高地举起了手，当老师点到他名字的时候，他骄傲地站起来大声地回答：“5－5＝0。”老师一愣，继而不再面带微笑地看着这个学生，而是转向其他同学很严肃地问：“他的解法对吗？”学生异口同声地回答：“不对！”“那这道题究竟怎样列式才对呢？”老师接着问。一名乖巧的女生回答：“5－2＝3或5－3＝2。”这时老师的脸上才重新露出了笑容，说：“好，那你能给他（指那位男同学）讲讲这样列式的道理吗？”……那个男生低着头慢慢坐下，这节课再也没有看见这只高高举起的、充满自信的小手了。

课后，有人问那位男生为什么那么列式，他说：“原来有5只小兔子，向左走了3只，向右走了2只，一只都没有剩下，所以5－5＝0。”

多有新意的回答呀！可惜，教师全然不顾学生的感受，迫不及待地打断学生的发言并将目光投向其他学生，拒绝倾听下去，将学生的创新思维扼杀在了“摇篮”之中。

师道尊严从一开始便让一些教师失去了耐性，总是迫不及待地打断学生的话语与思想，但或许就在教师那嗤之以鼻的“傲慢与偏见”中，或许在教鞭一挥的断喝里，一个充满创意的想法被扼杀了，一个充满诗意的天才的念头被摧毁了，一颗纯真善良的童心开始布满伤痕并从此染上世俗的灰尘。

为什么不能抛开心中的成见与成人世俗规则的判断呢？为什么不能用一种信任与理解的眼神来注视可爱、善良的小学生呢？为什么不能认真地倾听他们的“智慧”，让他们把想说的话说完呢？有些教师一方面喜欢追求整齐划一，责怪学生竞争力差、知识面窄、缺少创新能力，另一方面又拒绝倾听学生的心声，关闭与学生心灵相约的通道。试问，在这样的教学氛围下，学生怎么能闪烁出求异的、创新的光芒？

倾听与拒绝倾听，两种截然不同的态度，必然得到两种截然不同的结果。其实，只要稍作尝试就会发现，教育有时简单得只需一次充满理解与信任的静静倾听。

2. 虚应其事，流失了难得的教学生成“资源”

一位教师在执教“梯形的认识”时，请学生举出生活中见过的梯形的例子。

一名学生回答：“爬楼的梯子是梯形。”而老师此时脑中正在暗暗想下一个教学环节或提问，想教具或多媒体的操作，想自己的表现，等等，对学生的发言听而不闻，漠然处之，于是随意敷衍学生的回答：“嗯，好，还有谁来说一说？”

又一名学生回答：“车前盖是梯形。”而老师可能自己都没有见过或没有认真思考过什么是车前盖，又怕学生的发言影响课堂教学的顺畅，于是又随意应付：“哦，你还知道‘车前盖’，我都不知道，还有吗？”

案例中，教师只是闻而不思，虚应其事，煞有介事地作“嗯、哦、好”等空洞的鼓励，而学生的回答是不严谨，甚至是错误的——梯子的形状是梯形，而不能说梯子是梯形；“车前盖”是立体的不是平面，也没有一组对边是平行的，因此，更不能说车前盖是梯形。可就是因为教师的听而不闻，仅仅摆出一种虚假的姿态，打开了一只耳朵接纳学生的声音，却让它从另一只耳朵悄然流出，未能让这声音在内心激起任何涟漪，未能使言行和态度发生任何与倾听有关的改变，不仅使学生错误地理解数学概念，也白白错过了引导学生思考、探究的大好时机。

试想，如果教师能倾听出学生的错误，并引导学生在错误中吸取教训、展示个性、获得成功，学生的错误就很可能成为课堂中难得一遇的教学“活资源”，很可能转化成一个个随机生成的教学细节，推动课堂教学向高效、纵深发展。

3. 只听自己想听到的，造成学生“生命的缺席”

一位教师执教“角的认识”。课堂引入时，老师在黑板上写了一个大大的“角”字。然后提问：“同学们知道哪些角呀？”学生纷纷举手回答，有的说三角板的角，有的说墙角，还有的说牛角、羊角。

老师点评道：“同学们说得真有意思！今天，我们继续认识角（指着黑板上的‘角’字）。”学生们小声议论道：“今天可能是元角分的角。”“不对，可能学藏羚羊的角。”

案例中，教师虽然听了也想了，但没有倾听出学生发言的观点与要害、错误与精彩。数学上的角是一个平面图形，和生活中的角有着本质上的区别。当学生说出牛角、羊角时，教师一句“真有意思”就一带而过，没有对学生的回答进行评点、甄别，造成了学生的误解。

再如，教学“百分数的意义和读写法”时，老师让学生说一说这节课有什么收获。一位学生站起来说：“我最大的收获是知道该帮爸爸买什么样的酒了……”话未说完，全班哄堂大笑。老师随即问全班同学：“这能算收获吗?”同学们答：“不算。”老师说：“对，这不能算是这节课的收获。”那位学生心有不甘地坐下了。

案例中的教师也在听，可是他只听得进去自己想要的答案，对学生貌似脱离轨道的回答加以简单否定，使学生心有不甘。这种缺乏思维的倾听就失去了倾听的意义，最终成了空壳和形式。

上述两个案例中的教师关注的只是自我的存在和声音，作为“生命”的教育对象的纯粹存在被遗忘，导致教育过程中“生命的缺席”，即当教育进行时，生命不在场，学生的声音因而被拒斥、遗忘和漏听，教师对回荡在他四周的生命之音充耳不闻。

4. 个人偏见令倾听失去公平公正

人们习惯按照自己的尺度看待别人，这样就会出现偏见。对那些听话的、具有很强自理能力或是具有某种特长的学生，有些教师会不可避免地表现出个人喜好。与之相反的学生，则有可能得不到教师的青睐。这种喜恶必然会导致教师倾听态度的不同。

5. 时间不足使倾听草率了事

时间不足是教师与学生沟通的障碍之一。一节课只有 40 分钟，又有预设的教学任务，有时提出的问题学生不能在短时间内说清楚，教师担心完不成教学任务，就容易在学生还未说完的时候迫不及待地打断，或者心里早已不耐烦了，还未把学生的意思听懂、听全就草草地作出回应。

6. 恶劣情绪造成倾听障碍

有时教师会因一些个人的事情而感到焦躁不安，这也会造成倾听障碍。常会出现教师因自身情绪不稳定而无法倾听学生的发言，或在学生发言的时候，教师因烦躁而四处环顾，心不在焉。

由此可见，造成教师不能成为主动倾听者的原因有很多，甚至还包括一定的社会文化制度、教育教学管理制度等，但教师不能因为这些就可以不去倾听。因为教师的倾听是对学生的一种人文关怀，是对自身教育观念的一种转变。它是一种不容忽视的教育力，是课堂教学得以高效运转的助推剂。因此，认清不倾听的危害，养成主动倾听的习惯，应该成为教师作为教育者的道德责任，成为教师基本素养的体现。

做一个会倾听的教师应该倾听什么，怎么倾听？根据名师的经验应该注重两点：一是观察课堂学习氛围，倾听学生的回答、提问与讨论；二是观察学生的神态表情，倾听学生的思想、需求与情感。教师要做到有效地观察与倾听，真正为学生营造一种可接纳的、宽容的课堂氛围，创设出一个展示自我、适于探究的空间。

二、名师经典案例

（一）倾听“童话”，让“童心”生发奇趣课堂

在数学特级教师黄爱华教学“百分数的意义”的时候，有学生问：“生活中有没有千分数呢?”黄老师说：“生活中也有千分数的。百分数有百分号，千分数也有千分号，千分号‘长’得怎么样呢？请同学们发挥想象，设计一个千分号。”

在黄老师的鼓励下，学生开始自己设计千分号。等黑板上写满了各种各样的“千分号”后，黄老师开始聆听设计者充满个性的解说：

一个学生说：“我想百分号有两个圈，那么千分号应该有三个圈。第三个圈没地方放，就放在斜线上了。”黄老师欣赏地点了点头：“有意思!”

一个学生说：“我原来也打算画三个圆圈，但是看起来不对称，我觉得还是再加一个美观。”黄老师鼓励道：“与众不同，有创见!”

一个学生接着回答：“老师，我画‘糖葫芦’也是有讲究的。第一个圈比第二个小些，第三个比第二个大些，颜色也不一样，串起来像个糖葫芦，记忆起来很方便。又因为10后面只有一个零，比100小，1000后面有三个零，比100大，所以斜线上的圈一个比一个大。”

另一个学生又说：“我画的千分号，斜线方向和其他同学不一样，三个圈在斜线的右边，记忆起来也很方便。三个圈就好像从山坡上滚下来一样，我想从山坡上滚下来一定很爽。”

黄老师又一次鼓励大家：“刚才同学们都说出了自己的设计意图，也很有道理，非常棒！如果大家的这些作品都采用就不统一了，不统一肯定不方便。百分数和千分数的内在含义还是比较接近的，只不过把一个量平均分的

份数不同而已，人们设计千分号的确是在百分号的基础上增加了一个圈，这个圈加在了哪里呢？请注意看——”

出示：邳州市的人口增长幅度逐年下降，人口的自然增长率为5.36‰。

（指一名学生读）

“这句话里就有一个千分号，和黑板上哪一个设计一样？”

（学生指第四个）

“这个千分号是谁设计的？”

（该生站起来）

“送点掌声给他！”

“再送点掌声给在这里设计许多图案的其他同学。”（掌声）

……

这个案例让人深深体会到了课堂倾听的根本目的是倾听生命和呼应生命。这里的生命是学生鲜活的生命，教师只有尊重生命，才会蹲下来看学生的童心世界，并以自己未泯的童心相待，发自内心地欣赏学生的成长，为学生的进步喝彩，创造出支持性的课堂环境，共同分享成功的快乐，使学生的个性得到充分的宣泄和释放。

在学生展示、汇报自己“杰作”的过程中，黄老师不断赞赏学生，并用富有个性化的理解和表达让学生拥有和体验着做人的全部尊严，享受着被认可和被欣赏的快乐，让那些奇妙的情趣、思维、想象，得以淋漓尽致地发挥，师生之间弥漫、充盈着一种和谐的精神氛围。师生的共识、共享、共进，形成了一个真正的“学习共同体”，使课堂成了学生放飞心灵的天空。

（二）倾听“微言”，关注“弱势”背后的情绪与希求

特级教师霍懋征的座右铭是：“没有爱就没有教育；只有不会教的老师，没有教不好的学生。”当了60多年的小学教师，霍老师没有放弃过任何一个学生。这对于一个教过成千上万学生的老师，是多么不容易的事情！霍老师能做出如此受人尊敬的成绩与她“会倾听”的习惯是分不开，特别是倾听“弱势”学生背后的“需要”。

霍老师曾经教过一个班，班上有个女生上作文课时总是用手捂着耳朵。

第一次见到以这种奇怪方式听课的学生，霍老师既没有发脾气，也没有表示惊讶，而是装作不经意地看了这个学生一眼。接触到霍老师提醒的目光后，女生虽然赶紧把手放了下来，但是依然心不在焉地听课。

霍老师不想让这个学生继续这样下去，就去找该生的前任语文老师了解情况。

那位老师说她也不知道为什么这个学生那么怕写作文。每到讲评作文时，她听都不愿意听。这是为什么啊？霍老师一肚子的疑问。

连着几次翻看这个女生的作文，霍老师不禁皱起了眉头。因为她的文章写得实在太差了。

霍老师知道，学生需要的是老师的鼓励，而不是打击或置之不理。于是在批改作文时，霍老师开始仔细地寻找这个女生的进步与优点。

终于，在批改了十几次她的作文后，霍老师发现她作文中有了几句比以前写得有进步的话，便马上在作文本上勾画出来，然后写上："这几句非常好，表达了当时的想法。"

霍老师很希望这个女生知道老师一直都在关注着她，并且已经倾听到了她内心的需求。于是在第二天上课时，她专门挑出女生的作文，用饱含深情的声音读了那几句话，然后认真地讲给其他学生听。

慢慢地，这个女生的作文有了起色，写得越来越好了，甚至还得过几次最高分，而且还经常被贴到班级里的《作文园地》上。一学期过后，霍老师推荐她当了《作文园地》的编委。

大多数情况下，老师看到学生在自己的课上捂着耳朵，肯定会很生气，常会以训斥来管束学生使其好好听课。可是这样一来，学生就乖乖地听话了吗？好像极少有学生因为教师的训斥而转变，更多的学生会恨老师没给自己留面子，甚至会"以其人之道，还治其人之身"——我也不给你面子，故意不好好上你的课。当学生产生这种想法，做出更多让教师生气的事时，教师就更讨厌他们、更不想管他们了，而且还会怪学生不体谅自己的一片苦心。

可是，教师是否体谅过学生，站在他们的立场看待问题呢？教师应像霍老师那样，如果发现有学生不认真听自己的课，就试着去了解一下原因，用责任心和爱心去倾听学生内心的需求，并试着用爱感化学生，使其向着好的方向发展。

由于学生知识背景、思维方式、智力水平等存在差异，往往会出现一些"弱势群体"，这就要求教师要将目光多投射在这些学生身上，去倾听他们哪怕是微乎其微的声音。一个具有倾听意识的教师不仅会听到学生的言辞，还善于听到言辞背后的情绪和需求，并对此加以热情的呵护和细心的引导。

教师不仅要有良好的倾听习惯，还必须具备敏锐的分辨能力、细致入微的观察能力和丰富的教学资源积累，这样才能捕捉到教学过程中稍纵即逝的、极有开发价值和利用价值的动态生成资源，并在学生困惑、烦躁或欲言不发时用自己积累的教学经验和资源给予学生帮助。

（三）倾听“求异”，尊重青春的“标新立异”

在教学“商不变的规律”时，特级教师华应龙采用讲故事的方式来总结商不变的规律。他绘声绘色地给学生讲了这样一个故事：猴子王国运来一批桃子，老猴让小猴拿 6 个桃子去分给 3 只猴子，小猴连连摇头。老猴便让它拿 60 个桃子去分给 30 只猴子，小猴得寸进尺，挠挠脑袋，请求老猴再多给一点。最后，老猴慷慨地让它拿 600 个桃子去分给 300 只猴子，这次小猴开心地笑了，老猴也笑了。

讲到这里，华老师问学生谁的笑是聪明的笑。全班大多数学生都说老猴的笑是聪明的笑，因为它懂得商不变的规律。这时坐在墙角的一位很不起眼的学生突然站起来说：“我认为小猴的笑是聪明的笑。”华老师一愣，赶紧问：“为什么？”那个学生大声说：“因为小猴想到了其他的猴子。如果只拿 6 个桃子去分给 3 只猴子，其他的猴子一定会过来争夺，猴子们就会打架的。”

其他学生听了他的回答都哈哈大笑，以为华老师会很快否定他的答案，因为大家都明白，这节课讲的是“商不变的规律”，和猴子们打架没有任何关系。然而出乎大家意料的是，华老师耐心地听完学生的回答后，并没有简单、粗暴地否决，反而觉得这个答案非常难能可贵，表现出了学生的求异思维。华老师马上说：“你真了不起，能有与众不同的想法。同学们，你们认为他讲的有道理吗？我们来讨论讨论吧！”

于是全班同学你一言我一语地讨论起来，教室里充满了研究探讨的气氛。有的学生认为没有道理，因为小猴不懂商不变的道理；有的学生认为有道理，因为他看见过动物园的猴子们为了一个苹果你争我夺、打成一团的情景；还有的学生认为既有道理又没有道理，如果从商不变的规律来看，小猴不懂，所以老猴的笑是聪明的笑，如果从实际来看，小猴能为别的猴子着想，它的笑才是聪明的笑……

这时，华老师顺势一转：“同学们说得太好了，老猴、小猴的笑都可能是聪明的笑，就看我们站在什么角度来看了。”

这个案例带来的启示是：思维的空间本来就是无限广阔的，科学探索的兴趣往往是在所谓的离经叛道的答案中培养出来的。当学生的答案和预想的答案不同甚至离题万里时，作为教师应该首先想到这可能是学生创造性的思维之光。

教师只有营造和谐、自主的课堂氛围，学生才能大胆地表现自己的好奇心、挑战心和想象力，除却一些离经叛道的奇异思想，还可能发现一些极具创新思维的解题方法。这就需要教师倾听课堂的全部，及时捕捉稍纵即逝的机会，了解和尊重学生的想法，并在肯定和鼓励的基础上培养学生的创新思维。

（四）倾听“错误”，捕捉“错误”里的教学价值

教学“平行四边形的面积计算”时，教师首先出示了一个长方形，要求学生说出其面积计算的方法。接着教师在长方形的图旁出示了一个平行四边形，让学生思考这个平行四边形的面积该怎样计算。

学生有两种答案：一种是用数小方格的方法来计算面积；另一种是和长方形面积计算的方法一样。很显然，第二种想法是错误的。但教师没有评判对错，去讲平行四边形面积计算公式的推导，而是先肯定了这位学生运用了“类推”的数学思考方法，然后从这位学生的错误想法出发，师生共同探讨，得出结论。

教师巧妙地将平行四边形移到长方形的图上，引导学生比较、发现图中两个图形的面积并不是一样大，证明刚才那位同学的想法是错误的。之后教师继续引导：“那么平行四边形的面积应该怎样计算呢？”多数学生都能说出将长方形外的小直角三角形平移进来，然后根据长方形面积的计算方法推导平行四边形面积的计算公式。

课堂中，教师除了要倾听那些准确无误的回答，更要耐心倾听学生的错误回答。如果教师能够机智地从伴随着教学过程出现的错误想法出发，抓住错误进行引导、点拨、延伸，诱发学生思维，开启学生心智，这样得出的结论会让学生印象更加深刻。

课堂学习过程是一种再创造的过程，学生是这一过程的主体。在学习过程中，学生获得的结果可能会受原有知识或理解偏差等情况的影响出现错误。作为学习的引导者，教师应通过倾听发现这些问题并分析问题的原因所在，及时给予学生帮助和引导。

此外，教师要学会耐心地等待，热忱地帮助每个学生，让每个学生都体验到成功的喜悦。也唯有这样，课堂教学才是成功的、高效的。

（五）倾听“异想”，捕捉“奇思”中的教学智慧

在教学“角的认识”时，教师引导学生在本子上画一个角。

一位学生画好后，突然冒出一句：“要是再画一条线，就变成一个有三个角的图形了！”这位同学的发现引起了其他同学的兴趣。

老师听到这位学生有些奇特的想法后，马上改变了原来的教学方案，转而引导学生试一试，并让学生把画出的三个角的图形展示出来。学生开拓了思路，依次展示了各种不同的图形。（如下图）

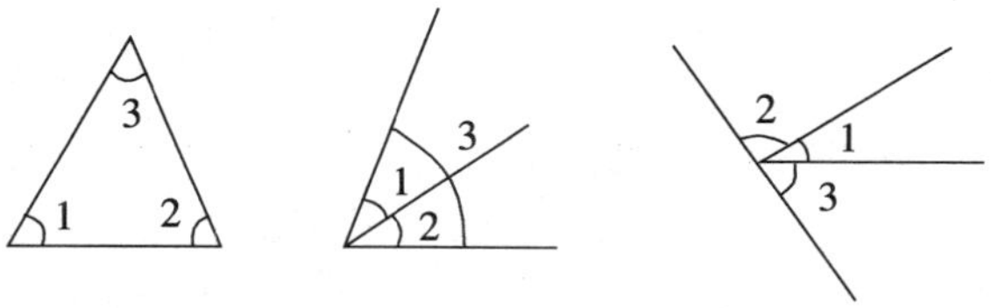

面对学生在课堂上的奇思异想，案例中的教师没有墨守成规、按部就班地继续自己的教案，更没有为学生的奇思异想大动肝火，而是不失时机地捕捉学生的想法和创见，因势利导，为学生创设了探究性的问题情境和机会，让学生头脑中的“奇思异想”变成智慧。正是因为教师能够主动地倾听，才可以将一节普通的数学课上得活灵活现、高潮迭起，才可以把每一个学生的积极性都调动起来，很好地体现了学生的主体地位。

课堂教学有交流才有价值。有时学生在阐述见解时会不经意带出一些很有探讨价值的“副产品”，这时，作为说者的学生可能是“无心”的，但作为听者的教师一定要“有意”。因此，在课堂上教师要时刻认真倾听学生的讨论发言，从错中见对，从无中见有，要“于无声处”谛听即将响起的“惊雷”。

教师要给学生营造一个开放而自由的空间，倾听学生的异想天开，为学生哪怕是稚拙的、愚劣的想法而喝彩，鼓励学生另辟蹊径去思考、解答。教师要倾听出那些易被简单否定或被“立马裁决”的平凡问题或建议中的价值，并利用其调整教学方向，让课堂起伏有致，精彩纷呈。

（六）倾听“只”字，让“秋毫”生成大课堂

在教学“梯形的认识”时，老师让学生通过观察说说什么是梯形。一名

学生说道："有一组对边平行的四边形是梯形。"这个答案与标准答案只有一字之差，但是数学学习强调的是严谨，哪怕只有一字之差，概念也是不准确的。

老师没有急于说出正确答案，而是若有所思地看着黑板上的定义，自言自语地说："是这样的吗？"老师半信半疑的神态让学生也产生了怀疑，学生继续观察梯形的四条边，终于有了新的发现。

一位学生站起来说："老师，我发现刚才那位同学说得不准确，应该是一组对边平行、另一组对边不平行的四边形就是梯形。"这种说法可以，但语言不够简洁。老师肯定了这位同学观察得很仔细，并把她说的话写在黑板上。

但是老师边写边说："这句话太长了，老师要写很久，同学们记的时候也不好记，谁来帮我们用比较简练的语言表达出来？"有了刚才的交流，同学们的发言更加踊跃了。

一位平时比较胆小的同学鼓起勇气站起来说："只有一组对边平行的四边形是梯形。"老师兴奋地肯定了他的回答，并把这句话写到黑板上。就这样，在大家不断补充、修改和完善下得出了梯形的准确定义，并且学生对这个"只"字的含义理解得尤为深刻。

虽然只是一个字，但是教师通过侧耳倾听，抓住了这个关键字，并引发学生之间的争论，让学生自己去发现、探讨、补充，自己去解决问题。在不断地怀疑、补充和完善中，加强了学生之间高水平思维的沟通，让学生体会到数学学习令人如此回味无穷。

试想，如果案例中的教师仅仅听出少了一个字，并用简单的一句话把它纠正过来，便会错失一个极好的教学契机，倾听的功能也就会受到极大的局限。

在教材中常有一些容易与其他内容混淆的概念，还有一些是在正常思维中不容易被注意到的问题。如何才能准确掌握学生知识上的盲点呢？这自然要依靠教师的倾听了。当教师从学生的发言中倾听到这些模糊点和盲点时，就可设计对比问题，使学生在比较中分清差异，找到容易混淆的知识点。这也是课堂教学高效的一个基本保障。

三、如何做“会倾听”的教师

倾听小学生的言说是新课程标准的要求，也是小学教师的责任和义务。首先，小学教师应该从思想观念上高度重视倾听的作用，深刻认识到学生言说的价值和意义，认识到倾听是一种不容忽视的教育力；其次，小学教师要掌握一定的倾听技巧，以获得积极有效的课堂倾听效果，使其真正成为课堂高效的助推剂。

（一）遵循“四到”原则

1. 耳到，即聆听。其要领是：（1）细心地听，不仅要听懂学生言说的大意，而且要听清楚学生所举的例子、所用的词语；（2）耐心地听，做到不厌其烦，尤其是面对少数学生的“长篇大论”或断断续续时，千万不要中途打断，否则可能会伤害学生的自尊心；（3）用心地听，一边听，一边想，力求准确把握学生谈话的内容、意图及应答的策略。

2. 眼到。俗话说眼睛是心灵的窗户，许多东西单凭直观的语言和直接的耳听是体味不出来的，还需要“眉目传情”。教师在倾听时，目光应是慈爱的、睿智的、富有激情的，它不只是注视着言说学生的表情，还要注视其情感的反应。同时，教师要透过学生的目光倾听出学生的焦虑与困惑、渴望与需求、满足与信心等。

3. 口到。倾听也包含着对学生提出的问题的应答。教师的应答主要有三种类型：一是对学生言说内容的肯定或提示，此时，教师的语言要简明并具有启发性，如“很好，接着说”“能不能从自身方面谈谈”等；二是引申话题时教师的语气应是商量性的，如“后来怎样了”“你有什么新建议”等；三是学生思维零乱需要整理时，教师要及时给予点拨，特别要防止学生的认知偏差，此时教师的语言要具有概括性。

4. 心到。这是倾听的最高境界，也是教师“会倾听”的终极表现，即用心灵去体会学生。师生交往是心灵的撞击，一位爱学生的教师能从学生的一个细微动作中窥视出其心理活动。同样，教师的一个微笑、一个眼神、一个手势，对学生来说就是一种暗示、一种感召、一种鼓励。“心到”是互通的，是建立在相互尊重和赏识的基础上的，只要教师献上自己深沉的、无私的爱，师生之间的倾听就能达到“心有灵犀一点通”的境界。

（二）激发学生的言说欲望

教师要想获得理想的倾听效果，必须先激发学生的言说欲望，调动学生发言的积极性。一个沉寂的课堂是不可能获得理想的倾听效果的，所以教师要想听有所得，就要先让学生说起来，说下去，说得有内容、有条理。

虽说学生言说的主动性掌握在自己手里，但在课堂中教师的调动还是起着决定性作用的。比如，一些名师到异地上课，师生从未谋面，彼此之间完全是陌生的，但名师往往三言两语就可以把一个班级带动起来，学生像受到了什么额外的刺激，一下子就全变样了，即便是原先那些在班中寡言少语的学生也可以变得滔滔不绝。这便是名师调动学生言说欲望的手段。他们在倾听前都会先考虑：学生心里最想说的可能是什么；口头上最可能怎么说；学生会期望教师怎样的评价；等等。

（三）抓住学生的话语中心

倾听时，教师应该抓住学生的话语中心，进入学生的话语世界。课堂上，有的学生表达能力强，有的学生表达能力弱；有的学生思维敏捷、思路清晰，有的学生却可能反应迟钝、思绪混乱，甚至可能会语无伦次……无论是碰上哪一种情形，教师都应尽量跟上学生发言的思路，抓住他们的话语中心。而抓住学生话语中心的技巧，主要应掌握以下几点：

（1）对学生了解多一些，就能更快速地理解学生言说的内容。可以根据学生日常生活中的表现来推断其表述的意思，这就需要教师平时多注意与学生打成一片，不仅做他们学习上的导师，更要做他们生活中的导师。

（2）放下不必要的师道尊严，适时插话询问学生自己不清楚、不明白的地方。

（3）恰当地回应学生的话语，如“你说的是这个意思吗?”“你是这样想的吗?”等来确认自己的理解。

（四）掌握、引导学生的言说技巧

小学生的言说不一定总是非常顺利的，有些学生没被提问到时是清清楚楚的，一问到自己头脑就一片空白，什么都想不起来了；还有的学生在言说时思绪混乱，甚至可能语无伦次，很难把自己心中所想有条理地表达出来。面对这些情况，教师应积极地作出回应，帮助学生把话说下去。

学生在言说时很在乎倾听者的反应，尤其是教师的反应。因此，教师在倾听时要针对学生的言说作出不同的言语和非言语的反应，来回应、诱导学生把话说清楚、说下去。教师也可以在学生沉默不能言说时，说一些鼓励的话。比如，“你说得很有启发性，继续说”“你的想法还有别的理由吧？你是怎么想到的呢”等，把学生的思维拉到他所熟悉的地方。教师也可以用体态语言，如微笑、眼睛注视等表明自己对学生言说的在意。

有时学生的言说可能有明显的错误，需要教师及时地纠正，此时教师应该把学生的言说往相反或相对的方向引导，如可以追问学生“你这样说，有没有想到事情的另外一方面呢”“你看我这样说是不是也有道理”等。

总之，教师的引导有时是为了鼓励学生，有时是为了纠正学生，有时是为了把问题引向深处，应针对不同情况选择对待。但当发现学生的言说与理想中的答案有距离，甚至可能完全相左时，教师要注意不应粗暴地打断学生的言说，而是要耐心地倾听完学生的言说，分析清楚学生之所以这样想、这样说的原因后，再合理地进行纠偏。

（五）在沉默中等待，还学生以信心

小学生在言说中可能会因为思维没跟上或未组织好话语逻辑等暂时停止说话。在这种情况下，教师不要轻易让学生坐下，而要有足够的耐心和执着的精神，等待学生重新开始言说。不仅是言说，课堂气氛的活跃与热闹也是有度的，有时短暂的沉默之后，可能会绽放出更精彩的智慧火花和创新光芒。因此，教师在倾听时要留给学生一些思考的时间、一些发展的空间，留一些“空白”，让学生充分表达自己的意见。

教师耐心地倾听学生发言并加以适当引导，可以保护学生丰富的想象力。也唯有如此，教师才能从倾听中判断出学生的实际学习情况，并根据实际情况作出积极的导向性评价，适时地调节自己的教学活动，让自己的教学时刻“贴近”学生。

教师如果能够时刻体谅学生的思考方式，认真耐心地听完学生的发言，给学生多一点欣赏、多一点鼓励，增强学生的信心，无疑会对学生素质的培养起到重要的作用。教师在等待的过程中要善于将自己放在学生的位置加以

思考，理解学生言说停顿的内因，让学生感受到教师善意的温暖，增强继续言说的自信。

（六）作出积极有效的评价

教师在倾听过程中应适时地对学生的言说作出积极有效的评价。教师不仅要理解学生所表述的内容、观点，还要透过学生的话语去评价其中所蕴含的价值和思想，如内容是否真实可靠，信息是否有价值，是否围绕中心，其他同学对他的回答反应如何，讲话人的技巧怎样，对说话人的总体印象如何，等等。作为一个积极、主动的倾听者，教师应当学会全面、公正、客观、中肯地评价学生。

当然，这也是教师尊重学生、爱学生的具体表现。积极的评价也可以鼓励学生继续主动地发言，养成积极发言的习惯。教师评价学生的言说时，应注意以下几点：

(1) 及时。课堂中，学生的某些言说是瞬时发生的，一旦错过就可能难再遇上，所以教师要及时地对学生的言说加以评价。

(2) 到位。评价要力求准确无误，如果学生的言说中有值得肯定之处，教师就一定要把这个亮点突出出来，让学生感受到老师的评价并不是敷衍了事。

(3) 尽量不要喧宾夺主。如果学生的发言已经很精彩，教师就不必再发一通议论。教师应该明白，有时学生的言说比教师的言说更重要。

教师倾听习惯的养成是一个循序渐进的过程，它有待于教师积极地进行教学实践，留心师生交往的“细枝末节”，同时向有经验的教师请教。更为重要的是教师要与学生打成一片，在与学生交朋友、向学生学习的过程中，读懂“学生”这本书。会倾听的最终目的是为了彻底解放学生——解放学生的头脑、双手、嘴巴、空间和时间。而这一切的目的就是为了实现课堂的高效率。

习惯6 会提问

——让学生学得深、学得透的法宝

教育心理学表明：小学生的思维过程往往从问题开始。课堂中，好的问题的提出能起到使学生集中注意力，产生学习兴趣；启发思维，发展智力；提供参与机会，发展表达能力的作用。因此，教师深入挖掘提问的内涵是有必要也是很重要的。

一、“会提问”概述

随着教学改革的不断深入，爱因斯坦“提出一个问题比解决一个问题更重要”的思想越来越受到重视，探索性教学也越来越普遍，并日益深入。

而一些小学教师却经常抱怨自己课上的提问无人呼应，提问效果不明显。出现这种情况，究其原因，除了学生自身准备不足、复习不全面外，还与教师有密切关系。有些问题是因为教师高估了小学生的能力，难度太高不够合理。还有些问题是因为教师的提问方式过于僵化，提问内容多是“对不对”“好不好”“是不是”等，这样的提问怎能激发学生的思考兴趣，怎能引导学生深入思考？因为这种问题学生可以随便猜，不用动脑也能答对不少，所以即使学生知道答案，也往往不会有多少回答的热情，从而造成课堂的冷场。

在课堂上，要想充分调动学生学习的积极性，教师就应积极深入地挖掘课程资源，努力营造和谐共进的教学环境，把在课堂上进行高质量、有内容的提问从偶然的行为转变为日常习惯，让“会提问”成为促进教学质量提升的法宝，成为教师提高教学效果的好习惯。

要形成“会提问”的习惯，教师首先应对提问有一个全面的了解。

（一）提问的作用

1. 集中注意力，激发学习兴趣

注意力的稳定性与年龄相关，8 岁左右的小学生注意力集中时间一般不超过 20 分钟。要保证 40 分钟课堂教学的质量，不仅要求学生认真学，更重要的是教师要会教。

听课时，小学生的注意力通常不会长久地保持在教师的讲述上，而课堂提问则会唤醒心智、激发兴趣，学生在好奇心的支配下，能很快把注意力定向地集中在某个特定的概念和观点上，进而进行积极的思考。

2. 启发学生思维，发展学生智力

“发明千千万，起点是一问。”思维是从问题开始的。提问可以引导学生的思考方向，扩大思维广度，提高思考层次。

教学时，教师提问等于给学生制造问题。教师提问一次，就给学生提供一次思考的机会。只有不断地提出问题、解决问题，学生的思维才能得到启迪，智力才能得到发展。而且，学生思考问题的能力和方法深受教师课堂提问的内容和方式的影响。

另外，在讲授新课时穿插提问学生或教师自问自答，都能调动学生思维的积极性，其刺激程度和方式远远超出一般讲解。因为教师运用学生已学过的知识或他们的社会、生活实践体验来诱导启迪学生，使教材与学生已有的知识产生了关联，使新旧知识发生了相互作用，让学生看到了已学知识的价值，从而产生了学习的兴趣与动机，进而乐意去学，乐意更新知识。

3. 反馈评价，调控教学

讲授新课之后进行巩固性提问，是反馈教学的一种渠道。教学过程不是直线式的，由于学生的“课堂接受”不同，新课之后进行检查提问是必要的。

通过提问与回答，教师可以了解学生对新授知识的理解、掌握和运用程度，了解学生思维的条理性、逻辑性及创造性，并能根据获得的信息及时对本节课的教学内容进行调整或补救。而学生通过反应与回答，可以获得教师的反馈与帮助，建立起积极的自我观念。

教与学的双方以此来调整、补充甚至推翻原先的课堂设计，弥补不足，自然会取得更好的教学效果。

4. 提供参与机会，发展表达能力

在课堂提问中，教师不仅为学生学习知识提供了一个标准的示范，还使学生获得了一个表达观点、流露情感、锻炼胆量的机会。因为一个问题可以为几个甚至十几个学生发表意见创造机会，可以壮大学生回答问题的胆量，从而十分有助于学生表达能力的提高。

明确提问的作用可以提高教师的问题意识，让教师高度重视问题对课堂成败的影响。这对于教师形成会提问的好习惯，对于提高学生分析问题和解决问题的能力，都具有重要作用。

（二）有效提问的特点

好的提问能帮助学生提高能力，能促进教师提高专业素质，而且只有经常提出好的问题并形成提问习惯，才能从根本上提高教学效果。那么，什么样的问题才算好问题呢？

1. 表述语言通俗易懂

有时，教师的课堂提问会让学生张口结舌。之所以出现这种情况，并不是问题本身过于深、过于难，而是教师对问题的表述不够恰当，即教师提问时表述不准确或使用了过多专业术语，而学生对问题表述中模棱两可的语言或专业术语又难以准确理解，所以答题时往往也就无所适从、答非所问了。

2. 具有一定的开放性

有些问题的答案是明确的，并且是唯一的，这种问题只要有一个学生作出正确回答，其他学生就再也没有发言机会了，这对那些特别想发言而又没有得到发言机会的学生，就不能说不是一个打击。教学过程中，如果教师这种问题提得比较多，就会导致多数学生对课堂发言失去兴趣。

相反，如果教师的问题具有一定的开放性，不仅可以大大增加学生的发言机会，还有利于激活学生的发散思维，调动学生思考和发言的积极性。

3. 符合学生的认知水平

学生的生活阅历和知识经验与教师相比自然相差太多。但一些教师设计问题时较多地“参考”了自己的人生体验，忽略了学生的年龄特点和认知水平，结果导致许多在教师看来能轻而易举解决的问题，学生却无从下手。于是，为了回答教师的问题，一些学生就开始说“假大空套”话了，还有一些学生甚至干脆不回答。这就需要教师设计问题时站在学生的角度，多考虑一下小学生的年龄特点、知识水平和生活阅历。

4. 密切联系所学内容

教师所提问题，如果与本节课的教学内容联系不紧密，学生即便回答得再好、答题积极性再高，也没有多少实际意义。另外，在设计问题时，教师还应充分考虑不同层次学生的学习需求，同一节课所提的问题要尽量针对全体学生，这样，绝大多数学生才能真正积极地、充满热情地参与进来。

（三）问题的分类

1. 形式上的分类

（1）辐射式问题

即以某一知识为中心向外扩展，引导学生从不同方向、途径、角度，去发现、寻找与此中心有密切联系的、尽可能多的问题。

(2) 引发式问题

即把一个大问题分解成若干个小问题，小问题之间互相并不直接牵连，但分别与大问题相扣合。

(3) 台阶式问题

即将几个连续性的问题按由易到难的顺序提出，前一个问题是后一个问题的基础，后一个问题是前一个问题的深化，引导学生从现象到本质、从具体到抽象，一步一步地深入思考和探究，作出科学的推理和正确的判断，最终找出事物的本质特征。

(4) 连环式问题

即根据知识的内在联系，设计出以疑引疑、环环相扣的一系列问题，达到由此及彼、由表及里地拓宽思路、解决问题的目的。

2. 目的上的分类

(1) 应用性问题

为考查学生学以致用的情况而设置的问题。

(2) 知识记忆性问题

为考查学生对学科的基本知识和常识性知识的记忆情况而设置的问题。

(3) 理解性问题

为考查学生对学科基本知识和常识性信息知识的掌握情况而设置的问题，其建立在知识记忆性问题基础之上。

(4) 分析性问题

为全面考查学生对知识的加工、重组、再造的逻辑能力，看其是否能将知识结构化、形成知识图表、建立知识关联、领悟到表层知识下面的隐性含义等而设置的问题。

(5) 综合归纳性问题

为考查学生能否依据所掌握的知识对所学内容进行概括综合、判断推理以及创新而设置的问题。

(四) 熟悉提问方式

教师应根据不同的情境和目的采取不同的提问方法，只有这样，提问才会真正成为促进课堂教学效果提高的方法。

1. 直问

即开门见山、直截了当地提出问题。这种提问方式目标明确，直指主题，可以在发挥教师主导作用的同时很好地发挥学生的主体作用，使学生迅速进入思考状态。

2. 曲问

即针对学生的疏漏处、模糊处，抓住关键词进行突破性提问。曲问会使学生幡然醒悟，从而加深对正确结论的理解。

3. 正问

即从事物的正面提出问题，引导学生从正面考虑问题。通常大部分问题都属于正问。

4. 反问

即从问题的反面提出设问，制造矛盾。反问更能引发学生的好奇心，激发学生的联想，提高学生的逆向思维和创新思维能力。

5. 单问

即集中提一个问题，然后集中释疑。单问一般以一个或几个问题为线索贯穿整个教学活动。

6. 重问

即重叠提问，在较短的时间内多次提问。重问可以由宽到窄，逐一分解演绎；也可以由窄到宽，逐层深入归纳。

7. 实问

即针对教学内容和知识点间的内在联系进行提问。实问一般用于难度较大或较抽象的新知识学习的过程中。

8. 虚问

即似问非问，巧设迷雾，但要虚中有实，一般用来活跃课堂气氛。虚问有替换式、延伸式、删削式等多种形式，可以激发学生的创新意识。

万丈高楼平地起。要形成良好的“会提问”习惯，教师就极有必要熟悉并掌握这些关于课堂提问的基本知识。这样在具体提问时，问题才会提得更有质量。

二、名师经典案例

因为心理、生理因素的影响，小学生对老师的提问会产生各种各样的困惑，以至于不知道怎样回答，甚至会因此转移注意力，出现“身在曹营心在汉”的情况。对此，小学教师有必要在“会提问”上下功夫，把问题提到点子上，让学生能够听得明白，答得清晰、透彻。

（一）趣味提问，抛砖引玉

教师千篇一律的“为什么”，让学生“头都大了”。这样的提问，让语文的魅力大大减少，使小学生逐渐失去了对语文的兴趣。怎样让提问富有趣味性，让学生对问题产生兴趣？浙江余姚市东风小学的特级教师周仁康认为，作为小学语文教师，可以试着研究一种趣味提问法——抛砖引玉法。下面是周仁康老师利用抛砖引玉法提问的几个精彩教学片段：

片段1：

在教学《赠汪伦》时，周老师为了让学生更好地理解“深千尺”的用法，问道：“李白是怎么知道桃花潭水深一千尺的呢？是他自己拿着皮尺潜到水里边量出来的吗？”

学生一听，都笑着说：“不是。”

周老师又问：“既然他不知道桃花潭水到底有多深，那为什么要说‘桃花潭水深千尺’呢？他这不是乱说吗？”

学生一听，立刻开始为李白辩护。这一辩护，夸张的修辞手法就再也无法藏身了。

片段2：

在教学《倔强的小红军》一文时，为了更好地凸现人物性格，周老师就用了很多趣味性极强的问题：

原文：小红军摆出一副满不在乎的样子……

问：“他为什么一副‘满不在乎’的样子呢？他嫌骑马不够气派，想坐‘奔驰’吗？”

学生一听就笑了，纷纷回答说：“不是的，是因为他想把马让给陈赓同志骑，所以他故意摆出一副满不在乎的样子。”

原文：陈赓同志用命令的口吻说：“上去，骑一段路再说！”

问：“陈赓同志是一个高高在上、耍弄权威的领导，所以他‘用命令的口吻说’，对吗？”

学生们迅速反应过来，着急地说：“不是的，他用命令的口吻是为了让小红军骑上这匹马。”

原文：“不！你先走，我还要等我的同伴呢。”

问：“他说要等自己的同伴，是因为他觉得同这个‘老家伙’一起走没什么乐趣，所以他想和自己的同伴一起走好玩一些吗？”

原文：“不对，我受骗了！”陈赓同志突然喊了一声，立刻调转马头，狠踢了几下马肚子，向来的路奔跑起来。

问：“他立刻调转马头，是去找小红军算账吗？他准备打‘110’把小红军抓起来吗？”

听了上面的一些提问，学生们的兴趣越来越大。回答问题也始终异口同声，并作出了自己正确的判断。

原文：陈赓同志一把搂住小红军，狠狠地打了自己一个嘴巴。

问：“他为什么要打自己一个嘴巴呢？是因为骗他的人已经死了，他没办法算账了，所以很懊恼吗？”

学生在否定这个问题的同时，对陈赓同志的深深的自责也就不难理解了。

讲完了这些，周老师趁热打铁，说：“读了这篇文章，我认为小红军是一个喜欢撒谎、喜欢吹牛的坏小孩。”

学生们一听这话，纷纷为小红军辩护。在这个过程中，学生们对小红军的品格自然就心领神会了。

片段3：

在《登山》一文中，周老师是这样问的：

原文：“回去不用着急了，”巴果茨基说，“我们不必走那条险路了。”“可是我，”列宁说，“我打算仍旧走那条小路。”

问：“列宁为什么在回去的时候还要走那条小路呢？现在又不需要赶时间，难道是因为走那条危险的小路不需要交养路费吗？”

听见这么有趣的提问，学生们立刻笑了，兴致越来越高，对列宁走小路的原因也就立刻明了了。

运用趣味提问抛砖引玉，可以使学生不再对问题视而不见，当周老师的问题一提出来，学生就争先恐后地举起手来，性子急的已经叽里呱啦地说起来了，真是“想寂寞都不行”。

孔子说过“不愤不启、不悱不发”之后，《学记》发展了这一思想，提出“道而弗牵、强而弗抑、开而弗达”等宝贵思想。

教师的提问就是为了打开学生的思路，让学生通过自己的思考获得知识。所以在教学中，教师应从学生实际出发，采取各种有效的提问方式，去调动和维持学生学习的积极性、主动性和独立性，引导学生通过自己积极的智力活动掌握知识、发展认知能力。

案例中，周老师充满趣味的提问就是为了“抛砖”，以激发学生积极参与的热情，从而打开学生的思维，使他们进行更深入的探讨。

可见，课堂上教师一个“抛砖引玉”的趣味问题，不但能促使学生主动表达自己的想法，提出不同的观点，还能在探讨过程中开阔学生的视野和思维，引导他们从不同角度去进一步探究问题更深入的一面。

（二）借助反问，打破学生的思维定式

作文课上，叶圣陶先生问道：“同学们，你们谁能说一说‘飞蛾扑火’的意思呢？”

（这个问题太简单了，学生都争着回答）

“老师，这个问题太简单了。‘飞蛾扑火’就是自取灭亡的意思。”

“‘飞蛾扑火’也可以理解成不自量力，或者说就是‘明知山有虎，偏向虎山行’的意思。”

“就是自寻死路。”

……

（学生你一言我一语的回答，让课堂气氛活跃了许多）

叶老听后微微一笑：“大家都说对了。但是，我们能不能从另外一个角度来解释这个成语呢？”

教室里一下就安静了下来。学生面面相觑，不知如何回答。更有学生一脸疑惑地看了看叶老，小声地说：“另外一个角度？什么是另外一个角度？”

有的学生则不解地和同学讨论：“从另外一个角度怎么解释啊？”

看着学生疑惑的表情，叶老不急不忙地说：“我给大家一个提示，就是从另外一个相反的角度去考虑，也可以说是换位思考。”

教室里仍然一片寂静，还是没有学生举手。

叶老继续耐心地说道：“‘飞蛾扑火’这个典故出自《心地观经·离世间品第六》中的：‘过去有佛，欲令众生厌舍五欲，而说偈言：譬如飞蛾见火光，以爱火故而竞入，不知焰炷烧然力，委命火中甘自焚；世间凡夫亦如是，贪爱好色而追求，不知色欲染着人，还被火烧来众苦……’这段话的意思是说，过去有佛，想要众生不要贪恋于五欲、迷恋享乐，便说了偈言。其中劝化众生不要过分沉迷于色欲的那部分的大意是说，如飞蛾见到了火光，由于非常喜爱火的原因而竞相飞向火内，却不知道火会伤害自己，从而自取灭亡；世间贪图色欲的人们也是这样，他们不知道色欲会侵害人的身心，从

而被欲火烧伤，引来众多苦恼。现在这个成语用来比喻自寻死路、自取灭亡，明明知道没有什么好的下场，却还是不顾一切地错下去。这是从字面意思来理解的。而我刚才听到有同学在解释‘飞蛾扑火’时，说了‘明知山有虎，偏向虎山行’，我觉得这个解释非常好。现在你们再想一想，这只飞蛾明明知道前方有危险，但还是勇敢地冲了上去，这又是一种什么样的精神呢?”

听了老师的讲解，学生恍然大悟：“啊，‘飞蛾扑火’也可以理解成‘不怕牺牲，舍生取义’。”

叶老吁了一口气，说道：“回答得非常正确，你们真是太聪明了。”

这时，学生都找到了感觉，争先恐后地说道：“原来就是从反意的角度去考虑考虑啊!”

“那么老师，这个成语还可以理解成‘不畏牺牲，勇敢地追求光明’，对吗?”

“也就是说，‘飞蛾扑火’并不单单只是贬义词，它还隐藏着一种迎难而上的积极的精神?”

……

（通过叶老师的反向提问，学生的思维已经拓展得越来越宽了）

叶老高兴地说道：“‘飞蛾扑火’本来是一个贬义词，但我们却利用逆向思维，通过反向的客观分析，把它变成了褒义词。这就是我们今天要讲的‘在作文写作中，如何打破已有的思维定式，运用逆向思维进行分析’的内容。”

利用反问打破学生的思维定式，让学生从问题的反方向进行逆向思考，有种柳暗花明、豁然开朗之感。

每当思维进入死角时，逆向思维总能引导我们开辟出新的道路，使我们走入一个更宽广、意想不到的世界。可是，定向思维是人们的习惯性思维，往往会束缚思维的展开，而且人的思维往往是以人们已有的知识经验为基础的。当两个人有着相似的经历，如被同一位教师以同样的教学方法教，那么他们对知识的记忆就不会有太大差别，而当他们遇到类似的问题时，往往会以十分类似的方式去解决。而且，不管以何种形式去解决，只要总体思路不变，凡事都换汤不换药，其结果自然也就不会有太大变化。可是，如果写作文也总是局限在以往的思维定式里无法摆脱，那么全班学生的作文就很难出现“与众不同”了。

为此，叶老在提问时就巧妙地运用了“反向”提问法，帮助学生解决了这一难题。

所以在教学中，为了防止学生被定式思维所束缚，不妨多引导学生从事物的反面进行思考，鼓励学生进行另类的遐想，努力将学生的思维引入一个崭新的空间，让它在其中得到升华。

（三）实施检查式提问，让学生都参与进来

语文特级教师庞光辉，是这样检查学生的知识掌握情况的：

他向学生问道："咱们班有同学去过北京吗？"

（有少数学生举起了手）

庞老师看了看，继续说："没有去过北京的同学也应该去一去。为什么一定要去呢？小明，你来说一说。"

小明说："听去过北京的同学说，那里很漂亮，很繁华，我想亲自去看看。"

"北京是我国的首都，是政治文化中心，是一个非常美丽的城市。昨天我让大家收集北京的相关资料，现在老师来检查一下。"说完，庞老师开始巡回检查学生查到的资料，并表扬、展示了比较好的作业。

"同学们都非常用心，收集了这么多资料。现在，老师要检查一下你们的收集效果了。请把课本和资料都合起来，回答老师的问题。希望大家都积极参与进来，看谁回答得最好，谁就是'今日之星'，好不好？"

"好。"学生都迫不及待地要参与回答了。

"你们知道北京都有哪些名胜古迹吗？"庞老师抛出第一个问题。

学生都开始兴奋起来，争先恐后地说道："圆明园、颐和园、故宫、天坛、天安门……"

"那么，最有名的古迹是什么？"

"万里长城。"

庞老师点了点头，继续问："除了名胜古迹，你们还知道有关北京其他方面的资料吗？大家要积极地参与进来，大胆地说。"

一名学生站起来果断地说："北京的市花是菊花。"

（学生又争先恐后地说了起来，还会不时地互相讨论一下，唯恐把自己落下）

庞老师欣慰地笑了："太棒了，大家都非常用心。课后，大家可以把查到的资料相互传着看看。只有参与的人多了，大家拥有的知识才能更多。现

在，我们回忆一下昨天所学的关于北京的高楼大厦的知识，课文里描写的只是北京现代化建设的一小部分，所以老师让大家回去查找关于北京的资料。而且，昨天好像还出现了一些多音字的问题，是什么来着……”

（庞老师一边“沉思”，一边看着学生）

“老师，好像是‘柏油马路’的‘柏’字。”一名学生提醒道。

庞老师一拍额头，“恍然大悟”地说道：“是的，你记性真好。那么，大家还记得应该读什么吗？”

“柏——油——马——路——”学生的学习热情全都被调动了起来。

庞老师欣慰极了，继续问：“还有吗？你们能不能找到更多的好词？大家不要害羞，都要积极地参与进来。看看今天谁能当我的‘小老师’。”

（听了庞老师的话，大家都争着要当“小老师”）

“老师川流不息！”一名学生兴奋地喊道。

庞老师纠正道：“是‘川流不息’，可不是‘老师川流不息’哦！要真的变成‘老师川流不息’的话，那我们岂不是要到大马路上去上课了吗？”

（庞老师幽默的话语又引来学生一阵欢乐的笑声，课堂气氛非常活跃）

“什么时候可以说‘川流不息’呢？”

学生都争着举手回答，有的说：“表示人多的时候可以用。”有的说：“表示车多的时候可以用。”

……

参与的人多了，答案便没完没了地涌出，最后庞老师不得不赶紧提问：“还有什么好词？”

于是学生回答出“绿树成荫”“名胜古迹”“风景优美”……

“同学们真的太棒了，找到这么多好词。好是好，可是它们都是什么意思呢？”

话音未落，就有学生回答道：“‘绿树成荫’就是树绿且非常茂盛。”

庞老师一边在黑板上书写“绿树成荫”，一边说：“帮我看一下，这个‘荫’字怎么写？”

“上面一个‘艹’，下面的左边是一个‘阝’，右边是一个‘月’，就是‘月亮’的‘月’字。”另外一个学生回答。

“如果用一个词来告诉我，应该是什么‘荫’？”

“‘绿荫’的‘荫’，‘荫凉’的‘荫’。”学生又给出了两个答案。

“那么，‘名胜古迹’又是什么意思呢？”庞老师问。

“古老的东西。”

庞老师赞赏地点了点头："说得非常对。是古代的人创造出来的留给后人的非常古老的、有价值的东西。那么，'风景优美'是什么意思呢？"

同学们早已经都举起了手，迫不及待地向老师汇报上节课所掌握的内容了……

以往，检查学生的学习掌握情况时，教师往往是先提问，然后点名让学生以默背或默写等形式回答。此时被叫到名字的学生，精神就会极度紧张，害怕自己答错了被教师批评，或被其他同学嘲笑；而那些没有被叫到名字的学生则截然相反，一方面庆幸自己的"幸运"，另一方面又一副事不关己的心态，精神极度放松，有时甚至都不会去听老师的问题、同学的回答，就更别说是随着老师或同学的思路回忆、思考了。这样的提问，对提高全班学生的学习效率益处不大。

而庞老师这种检查式提问吸引了更多的学生参与进来，从根本上解决了上述弊端，从检查一个学生的学习情况变成了检查所有参与进来的学生的学习情况，在节省了时间的同时，又让学生更深刻地重新记忆了一遍所检查的内容，快速而有效地提高了学习效率。

（四）在细节处提问，以小见大

全国著名特级教师王崧舟是一位幽默而严谨的人，作为我国"诗意语文"教学流派的领军人物，他的课上得优美而生动，并且总能让学生从细节处得到启发，使课堂变得精致而有趣。听他的课，总能让人眼前一亮，感叹知识的神奇与细节所蕴含的无穷奥秘。下面一起来欣赏一下王崧舟老师在细节处提问的经典案例：

在教学《小珊迪》一课时，王老师微笑着走进教室，他并没有马上进入主题，而是先为学生讲了一个故事，从侧面引导学生注意细节的重要性。

"同学们，这是一个真实的故事。一个在德国留学的中国留学生，在获得博士学位之后决定留在德国发展。他找了第一家公司，没有被录取，又找到第二家，人家也拒绝了他……他先后找了25家大公司，结果都没有被录用。于是，他去了一家小公司。他想：凭我这样的学历和才能，在小公司工作肯定是不成问题的。但是，那家小公司居然也照样拒绝了他。"

说完，王老师看了一眼学生们惊讶的表情，问道："同学们想一想，他为什么会被拒绝呢？"

一阵小声的讨论过后，一名学生说："我想，是不是因为德国是一个排外的民族，所以他们不喜欢用外国人呢？”

第二个学生说：“可能是那些公司的经理认为他没有实际工作经验，所以才不用他吧。”

又有一名学生说：“也许是那个人高分低能。”他的话引起了同学们一片笑声。

王老师听后也笑了，说：“你们的想法也有道理。后来，那个留学生就愤怒地问那个老板：‘我是一个博士，难道在你这样的小公司干还不够资格吗？你们凭什么这样对待我？’那个老板就回答说：‘对不起，先生。我们从网上资料查到你在德国乘坐公共汽车时曾逃过三次票。一个不讲诚信、连蝇头小利也不放过的人，又怎么可以让人信任呢？’听了这个故事，你们有什么问题？”

一名学生颇感不解地问：“为什么那个老板对这样的小事也要斤斤计较呢？”

另一名学生问：“那个经理为什么不给他一个改正的机会呢？”

王老师说：“因为德国人是非常注重细节的，他们深知细节对一切事物的重要性。这样吧，就让我们先去看看小珊迪，去问问小珊迪，从他那里找找答案。”说完，王老师请学生自由朗读课文，边读边在自己的头脑中形成影像。

学生读完后，王老师说：“看到大家读得这样投入，说明同学们已经被这个故事感动了。那么，你们看到小珊迪了吗？看到了一个怎样的小珊迪？”

一名学生回答：“我看到小珊迪身上只穿一件又薄又破的单衣，瘦瘦的小脸冻得发青，一双赤脚又红又肿，非常可怜，还在卖火柴。”

“哦，看得出来，你是一个富有同情心的孩子。”王老师对他肯定地点了点头，“这位同学看到了小珊迪的外貌，请大家注意一些细节描写，如‘一件’‘瘦瘦’‘赤脚’等，从这些细节描写中，大家体会到了些什么？”

一阵沉思后，一名学生说：“小珊迪的家境贫寒，在寒冷的冬天都没有鞋穿，而且应该是一直都很贫穷，‘瘦瘦的小脸’不可能是一天饿的。”

另一名学生说：“小珊迪已经这样穷、这样可怜了，但他仍然信守承诺，更说明了他高尚的品质。”

这时，王老师说：“刚才同学们说了这么多，与其说是看到的，不如说是感受到的。有时细节的地方更能体现出作者的情感和想要表达的意境。读课文不能光有感受，还要通过读把感受表达出来。”

学生们再一次自由朗读，王老师一边巡视一边仔细地听。等学生都朗读完之后，王老师说道："仔细听了同学们的朗读之后，我有一种感动。我知道，有些同学对小珊迪有一种最真切、最直接的感受。哪位同学愿意有感情地为大家来朗读一下小珊迪说的那些话呢？"

一名学生自告奋勇地读道："先生，请买盒火柴吧……"

刚读到这里，王老师突然打断了他的话："请停一停，当时的天气非常寒冷，而小珊迪又穿得那么单薄，寒冷更是可想而知了。请你先感受一下寒冷，然后再来读一遍。"

于是，这名学生又继续读道："买一盒火柴只要一个便士呀！"声音里隐约透着一丝颤抖。

读罢，教室里响起了热烈的掌声。王老师欣慰地说："你读得真是太好了！真实地抓住了小珊迪的感受。现在请同学们思考一下，如果用几个字概括一下刚才'小珊迪'说话的特点，大家觉得应该是什么？"

学生答道："颤抖、乞求地说、真诚、善良……"

"非常好，大家都听得非常仔细，也感受到了小珊迪的真诚、守信与善良。最后，小珊迪就那样死了，为了那小小的火柴，为了那四个便士，除了'我'，除了他的弟弟，谁也不知道他就那样死去了。小珊迪的品格深深地感动了作者，也深深地打动了每一位读者的心。但是，'我'却也怀疑过善良的小珊迪。课文中哪句话是描写'我'的怀疑的？"

一名学生回答道："等了很久也不见他回来，我猜想可能上当了。但是当我想到孩子那诚恳的面容，想到他那使人信任的神情，我断定他不是那种人。"

学生读罢，王老师说："请同学们注意'断定'这个词。这是一个非常肯定的词，在还没有看到结果之前，'我'又从何断定小珊迪不是那种人呢？"

一名学生回答说："是从小珊迪那诚恳的面容和他那使人信任的神情断定小珊迪不是那种人的。我觉得文中的'我'也是一个善良的人，要不然他也就不会等小珊迪给他找零钱，并在没有结果之前就断定小珊迪不是那种人。"

王老师补充道："是啊，其实当时'我'猜想得非常合情合理。小珊迪需要钱吗？答案是肯定的。他非常需要用钱来买食物，需要用钱来御寒，需要用钱来照顾他的弟弟，需要用钱做更大的生意来维持生计。他非常需要钱，而当时的社会，见钱眼开、见利忘义的事情很多很多，所以'我'一想到这些，就觉得自己上当了。可是，后来想到孩子那诚恳的面容和使人信任的眼神，‘我’便断定他不是那种人。不是哪种人呢?”

“无信无义、见钱眼开、见利忘义、不守承诺……”学生争先恐后地回答。

王老师又问道：“那么，后来‘我’看到的结果是什么呢?”

一名学生回答道：“可怜的小珊迪躺在一张破床上，一看见我就难过地说：‘我换好零钱往回跑的时候，被马车撞了。我的两条腿全断了，就要死了。小比利，我可怜的弟弟！我死了你怎么办呢？谁来照顾你呢?’”

读完后，王老师请学生们注意这是一个贫穷的、断了两条腿、快要死了的孩子说的话，这是一个到临死前还只担心自己的弟弟、挂念着弟弟的孩子说的话。学生听了，都陷入深思之中……

王老师通过巧妙地在课文的细节处提问，使学生在探究细节的过程中更深刻地理解了社会的冷漠与小珊迪的可贵品质。

这样的提问，使学生在被课文的细节深深打动的同时，更深刻地体会到了作者创作时的感受和对真诚、善良、互相信任、遵守承诺等高尚品质的呼唤，进而对课文有了更加深刻的理解。

王老师就是这样一位善于抓住细节提问的老师，通过引导学生对细节的探究，使他们更深刻地感受到作者的用意，引发对小珊迪悲惨遭遇的同情。

在课程开始部分的导入中，王老师先以《逃过三次票》的故事引入本节课的中心——诚信的重要意义，并初步在学生的头脑中埋下了“细节的重要性”的种子，提高了学生对细节的重视，同时也为后面对文章的深入理解做好了铺垫。

“一般的细节”虽然也起到了重要的作用，但由于只作为辅助或为突出重点而刻意安排，所以用于细节刻画的篇幅就会比较小，容易被学生忽略。为此，王老师刻意在“乞求”“颤抖”“一件”“赤脚”“瘦瘦”等重点描写小珊迪处境的细节处提问，让学生通过一步步解答、探究，达到真正理解小珊迪最珍贵的品质的目的，并在解答的过程中激发了学生的同情心和正义感，使他们更深刻地明白了小珊迪诚信品质的难能可贵，由此树立自己正确的道德观和世界观。

细节在文章中占有非常大的作用，它是文中构成人物形象、故事情节、环境特征等一系列最小的组成单位，也就是表现事物本质的各种具体而细小的刻画部分。

可以说，在任何文学作品中，都离不开真实而生动的细节刻画。一个好的细节刻画如同画龙点睛，可以极大地增强作品的真实感和艺术感染力，可以把事物的真实本质鲜明而逼真地呈现出来，引领人们走出迷雾、豁然开朗。

（五）在重点处提问，加深印象

在上公开课《晏子使楚》时，语文特级教师窦桂梅说："今天，我们要学习《晏子使楚》。同学们不要急于打开课本，先试着回答老师的一个问题。通过预习，你们认为晏子是一个什么样的人呢？"

"晏子是齐国的大夫，非常聪明，而且口才很好。他在楚国为国家挣回了面子，为齐国作出了很大的贡献，深受百姓的爱戴。"

"非常好。晏子是一个非常了不起的人物。那么，他在出使楚国时，用什么为齐国赢得了尊重，并让楚王'再也不敢不尊重晏子了'呢？"

"用他的聪明才智和优秀的口才。"

"那么，课文又是从哪几件事来突出表现晏子的聪明与优秀的口才的呢？"

生说："晏子作为使节出使楚国，理应受到尊重，但是楚王看晏子身材矮小，便乘机侮辱晏子，让他钻狗洞。"

"结果楚王让晏子难堪了吗？"窦老师问道。

"当然没有。"生继续答。

"你回答时用了'当然'两个字，很显然楚王是不会得逞的。那么，晏子究竟是怎样用自己的聪明才智和优秀的口才来维护自己和国家的尊严的？"

"晏子说，出使狗国才钻狗洞，让迎接的官员问清楚，自己此次出使的到底是人国还是狗国。于是，楚王不得不下令打开城门迎接晏子。"

"非常好，这件事正充分地表现了晏子的聪明才智与优秀的口才。"顿了顿，窦老师又继续问道，"还有其他事例吗？"

生说："晏子见到楚王后，楚王瞧不起他，问晏子齐国是不是没人了，怎么让晏子这种人来了。"

"那么晏子又是怎样用自己的聪明才智应对的呢？"

"晏子拱拱手对楚王说：'敝国有个规矩：访问上等的国家，就派上等人去；访问下等的国家，就派下等人去。我最不中用，所以派到这儿来了。'说着，他故意笑了笑，楚王也只好陪着笑。"

"为什么晏子的这些话能表明他的聪明才智与优秀的口才？"

生解释道："一开始，楚王先侮辱晏子的国家，楚王问他：'为什么要派你来呢?’晏子说因为齐国有这样一个规定，可是，事实上齐国并没有这样的一个规矩，晏子是故意这样说的。他用贬低自己的话语来回答楚王、羞辱楚王，暗指楚国是下等的国家，但表面上又没有直接说出来，乍看之下还以为晏子是说自己呢。楚王只能自己生气，也说不了晏子什么。晏子用他优秀的口才不仅维护了自己国家的尊严，还打击了楚王的傲气。所以说，晏子非常聪明、口才很好。”

“那么，还有其他事例吗?”

生说：“第三次楚王说齐国人没有出息，但最终还是没有羞辱到晏子以及齐国人，晏子只引用了一个典故就把楚王说得哑口无言了。”

窦老师赞同地点点头，说：“楚王一次次地羞辱晏子，但最终结果又是怎样的呢?”

这时，学生异口同声地说：“从此以后，楚王再也不敢不尊重晏子了。”

“同学们的声音真洪亮，看来大家都在为晏子的胜利而高兴，老师也为晏子的胜利感到高兴。”窦老师接着问，“开始时，楚王的气焰十分嚣张，到后来他就再也不敢不尊重晏子了。这便是晏子使楚的最终结果了。请大家思考一下，为什么作者要用‘不敢不’这个词语呢?”

“就是不能不尊重晏子，必须得尊重晏子。”

窦老师又问：“那么，楚王不能不尊重晏子的什么呢?”

“晏子的口才和聪明才智。”

“非常好。这便是我们本课所要理解的重点，晏子的聪明才智和他优秀的口才。现在请大家再仔细地、大声地读一遍课文，更深刻地感受晏子语言的精辟以及语言中所表现出来的聪明才智。”

一些教师习惯在课上由自己总结重点、分析难点，让学生亦步亦趋地跟着自己的思路走。这看上去似乎把难点、重点都解决了，可是，当教师把这一切都大包大揽之后，就相当于在学生还没发现问题时教师就已经将问题的答案抛了出来，那么，这些重点知识对学生来讲，何难之有？又怎能引起他们的重视、加深他们的印象呢？

课堂知识的重点往往也是学生学习的难点、疑点，甚至还有可能是兴趣点。因为在一步步攻克困难的过程中，学生会充满快乐、满足与自豪感。如果教师在知识的重点处提问，就可以帮助学生加深对重点处的印象，引导学生主动理解、分析知识的重点，并能逐步培养学生学会找寻重点。

皮亚杰说过：“一切真理都要学生自己获得，或者由他重新发现，至少由他重建，而不是简单地传递给他。”攻克了重点知识，学习的阻力自然也会随之减弱或消失，学生更会信心百倍地去学习。而且学生只有掌握了知识的重点，才能更好地理解知识，才能将有限的知识无限地延伸，才能真正锻炼发散思维，在深刻理解的基础上不断创新。

所以，教师应尽可能地在教学内容的重点处给学生设置问题障碍，让学生通过思考自己去攻克难关。事实上，教师只需给予适当的引导和提醒，学生就能一步步地自己把重点消化。

（六）开放式提问，让学生的思维发散出去

江苏省小学语文特级教师薛法根在教授《桥》这一课时，先引导学生看了一段洪水波涛汹涌的视频，然后问："你们刚才看到了什么？"

"水。"

"不对，是洪水。"

"气势汹涌的洪水，非常凶猛。"

（学生纷纷举手发言）

"对，大家说得非常好，是汹涌的洪水。今天我们就来学一篇与洪水有关的文章——《桥》。"薛老师对同学们的回答给予了肯定，并转身在黑板上板书文章题目。

接下来，薛老师引导学生朗读课文，当读到"老汉清瘦的脸上淌着雨水，他不说话，盯着乱哄哄的人们，他像一座山"这一句时，他问道："读完这句，你们感受到了什么？从哪里感受到的？"

这个问题一提出，学生开始认真地思考起来，当无法思考出答案时，他们又仔细去读课文，并进行更深入的思考。

薛老师没有打断同学们的思考，而是给予他们充足的思考时间。几分钟过后，学生开始积极地发言，诉说自己的感受，课堂气氛十分热烈。

在薛老师的课堂上，你不难感受到思维的深度。因为他提的问题没有唯一答案，学生可以根据自己的理解从各个角度来回答，从而从内心深处生发出学习的乐趣。

在《桥》这一课的教学中，薛老师引导学生看完洪水波涛汹涌的视频后，问"你们看到了什么"，而不是问"你们有没有看到波涛汹涌的洪水？"很明显，前者会让学生拓展思维，进行充分的想象，而后者则不能。

接下来，在引导学生读完"老汉清瘦的脸上淌着雨水，他不说话，盯着乱哄哄的人们，他像一座山"这句话后，薛老师又问："你感受到了什么？

从哪里感受到的?”这种追根问底的问题一提出，学生的思维就进一步打开了，他们就会去读，去进行深入的思考，而不至于停留在表面上。

就这样，薛老师用开放的问题拓展了学生思维的广度和深度，用开放的问题满足了课堂中学生个性化的需求、展示了语文教学的开放性。

所以，在课堂教学中，教师要像薛老师一样，多运用开放式的提问，为学生提供广阔的思维空间，满足不同层次学生的思维需求，尽可能让每位学生的潜能和才华得以释放，确保人人获得成功，人人都有成功的体验，使学生的主体地位完全凸显出来。

(七) 提问有度，便于学生抓主题

在教学《一张珍贵的照片》时，为了让学生对课文有更深入的理解，上海浦明师范附小的校长、特级教师贾志敏，在文章重点处直接设问。

贾老师先提出一个引导性问题：“周总理来到小桂花家，小桂花的爹为什么要用‘袖子’抹凳子?”

(学生思考片刻，纷纷举手，跃跃欲试)

“因为他一时找不到抹布。”

“小桂花的爹知道来的是总理，太激动、太高兴了！没想太多，只是想尽快擦干净，好让总理坐下歇歇。”

“小桂花爹的行为，完全出于一片真诚之心，表现出了农民对总理的爱戴和崇敬。”

……

听完学生的发言，贾老师进行了一番归纳，但并未就此止步，而是拿出一个“又”字让学生分析讨论：“小桂花的爹用袖子把一条长凳‘抹了又抹’，句中的‘又’字能不能去掉?”

“不能。”学生齐声回答。

“为什么不能?”

这一个“为什么”把讨论引向了深处，课堂气氛变得更加活跃。

“去掉‘又’字，意思全变了。‘抹了抹’可以说是漫不经心、随随便便地擦一下，哪能擦干净?”

“有了‘又’字，则表现出小桂花的爹是仔细地擦了一遍又一遍，把凳子擦得干干净净。”

“嗯，不错，很好。”贾老师边听边点头，最后风趣地总结道：“同学们说得对，不能小看一个字嘛，一字值千金！”

“哈哈……”学生笑了。在笑声中，大家深刻地理解了文章的核心内容。

每节课都有一定的目的和要求，因此教师的提问不能太宽泛，也不能太琐碎，而应适时适度，将学生的思维理正，引向主要的目标。这是每位教师在提问前都需要深思熟虑的问题。

此外，教师更不能是“满堂问”，因为“满堂问”不一定能启发学生，反而可能分散学生的注意力，造成学生对学习的厌倦，甚至形成逆反心理，出现启而不发的情况。

提问就贵在一个“精”字，所以教师应力避繁琐。

上述案例中，贾老师的问题就很精简、恰当。为了突出教材的重点，他先提出了一个导入性问题——“周总理来到小桂花家，小桂花的爹为什么要用‘袖子’抹凳子？”然后，又提出了一个核心性问题——“小桂花的爹用袖子把一条长凳‘抹了又抹’，句中的‘又’字能不能去掉？”

虽然学生给出的答案不尽一致，但都紧扣主题，于是在不同的理由中，学生逐渐找到了文章的中心和主题。

三、如何做“会提问”的教师

教育心理学表明：小学生的思维过程往往从问题开始。学起于思，思源于疑。教学就是不断引导学生生疑、解疑的过程。所以，教师在课堂上的提问，不应仅仅是一种教育行为，而应提高到教学习惯的高度，让富有艺术性的课堂提问帮助学生顺利实现学习目标，提高教学质量，帮助、激发和提高学生的创造性思维能力。

因此，教师深入挖掘提问的内涵，是有必要也是很重要的。当前，越来越多的教师已经注意到这一点，并努力把“问题”作为课堂教学的纽带。

（一）提问应遵循的原则

1. 问题要难易有度

教师所设计的课堂提问要能激发学生的积极思维，所提的问题应符合学生的生活经验和实际认识水平。

某教师在科学探索活动“锁”中提了这样一个问题：“你们知道为什么

一把钥匙只能开一把锁吗?”从问题的本身看，似乎没有什么不对，但对于小学生而言，这是一个深奥的问题，并非三言两语就能回答的。结果，学生有的无言以对，有的说了半天也没有说出个所以然，而教师自己解释了半天也没说清楚原因，活动一度显得很沉闷。

这一问题的提出显然失去了它的意义和价值。所以，提问时教师不但要考虑学生的生活经验和发展水平，还要保证自己可以很清晰地、用学生可以理解的话对问题进行解释或解答。

“要把知识的果实放在让学生跳一跳才能够得着的位置”这个比喻告诉教师：提问既不能让学生觉得高不可攀，也不能让学生觉得唾手可得，而应该让他们跳一跳——开动大脑经过积极思考后获得正确的结论。学生只有通过自己的思维劳动取得成果，才能真正感受到成功的喜悦，才会提高参与活动的积极性和主动性。

2. 问题要有质量

教师的提问要有明确的出发点和针对性，这样才能让学生通过思考问题、解答问题学到真知。这就需要教师精心设计每一个问题，力求做到精、准、活。

“精”是指教师的提问语言要精练，避免出现提重复问题的现象；“准”是指提问的语言要准确，不能模棱两可，给学生造成错觉；“活”是指教师的问题应具有创造性。

在教学过程中，教师设计的问题的质量是影响学生进行感知、发现、联想和创造的关键，所以，教师一定要努力设计一些含金量高的、开放性大的、难易适度的问题，给学生一个多角度思考的机会，让学生围绕问题展开讨论。

3. 问题要目的明确

课堂教学提问不应是随意的，而应紧紧围绕课堂教学中心来进行。在授课前，教师要精心设计提问的内容和形式，尽量做到问题少而精，且具有典型性，否则很容易偏离课堂教学中心，使所提问题达不到应有的效果。

教学《小英雄雨来》一课时，教师想让学生找出文章的中心以领悟作者表达的思想感情，于是就设计了这样一个问题：“‘我们是中国人，我们爱自己的祖国’这句话在课文中一共出现了几次？分别是在什么情况下出现的？作者为什么要多次强调这句话?”

这些问题的目的性很明确，都是为了落实教学的重、难点。学生只要解答了教师的问题，就掌握了课文的重、难点，而教学质量也会随之提高。

4. 问题要新颖有趣

课堂提问时要注意内容的新颖性，使学生听后能产生浓厚的兴趣，继而能主动进行积极的思考，产生探究的欲望。对于那些学生熟知的内容，教师还应变换角度，使学生听后有新鲜感。

人类的进步与发展都是从问题开始的。教师要善于让学生在感知中观察、思考，帮助学生建立问题意识，启发学生进行积极的思考、探究，并想方设法引导学生在学习中发现问题、提出问题，在尝试解决问题中学到方式和方法，把学生的自主性、积极性、主动性调动起来，使课堂教学充满生机和活力。

5. 多角度评价

某教师提过这样一个问题："夏天的树冠像什么？"这个问题引发了学生思维的火花，有的说像花，有的说像伞。对这样的回答，教师给予了肯定。

可是，有个学生却突然站起来说："树冠像怪物。"

顿时教师的表情变得尴尬起来："树冠像怪物？你坐下吧！"

对这个学生的回答，教师没作任何评价，而是接着说："树冠这么大，像天上的什么啊？"

在教师的引导下，学生立刻说出："像天上的云！"

"对！像天上的云。"教师露出了微笑，并对这一答案表示肯定。

很显然，这种答案才是教师所需要的。

从教师前后截然不同的态度和评价，可以看出他并没有意识到自己对学生评价的失误。但是，敏感的学生却感觉到了，并可能会产生一些想法，甚至是消极的想法。所以，教师要鼓励学生大胆、清楚地表达自己的想法和感受，并对学生的回答作出正面的、积极的评价。

教师对学生进行的积极评价是鼓励学生大胆讲述的重要条件，如果教师明了这一点，就不会让学生出现尴尬、失落的情况。如果案例中的教师明白这一点，肯定会就"树冠像怪物"这个特别的想法给学生一个机会，让他阐述一下"树冠哪里像怪物？为什么？"而学生肯定会积极地说出自己独特的理由。教师不是学生，学生眼中的世界不是教师从表面就可以看清楚的，而需要教师深入地去了解、去倾听。

因此，在教学活动中教师要尊重学生。当学生的言语或行为与众不同时，不仅要予以肯定，还要善于抓住时机，引导学生说出自己的想法。因为学生那些超乎寻常的想法和举措，往往是他智慧的火花、创新的萌芽。而这正是教师提问的重要目的所在。

（二）精心设计问题

教师精心设计的问题，不仅要能“吹皱一池春水”，激发学生的学习兴趣，还应能“击起千层浪”，增强学生的思维能力，最终优化课堂结构，提高教学效果。

具体操作时，教师需要做到：

1. 注重问题源头的寻找

一些教师提出的问题往往零碎单一、脱离实际、没有价值，很难激起学生兴趣。这都是因为教师不注重从问题源头提问造成的。所以，教师设计问题时，既要引起学生的兴趣和注意，又要“润物细无声”，让学生主动参与探索。

（1）从阅读素材中寻找问题

即从教材中知识的衔接点、生长点、概念易混点、关键字等方面寻找问题。

（2）从实验现象中寻找问题

即根据实验过程中观察到的现象提出“如何解释现象”“说明了什么”等问题，让学生透过现象去思考问题的实质。

（3）从知识的产生过程中寻找问题

在对概念和规律的了解过程中，学生总会有些疑惑，教师要善于从知识的形成条件和形成过程中提出问题，加深学生的理解。

（4）从现实生活中寻找问题

问题如果脱离了生活，就失去了情趣，失去了意义。所以，课堂问题的创设，要为学生提供一个反映现实生活的虚拟环境，以激励学生积极主动、有滋有味地进行探究性的学习活动。

（5）从重点、难点中寻找问题

教学中的重点、难点具有牵一发而动全身的作用。教师要围绕这些点，提出一些能打开重点、难点的小问题。

（6）从学生质疑中寻找问题

问题是学生的问题，所以教师的问题不能“先行”，应在学生的疑惑中分类筛选并提出。

2. 防止“滑过现象”

在谈到思维训练时，英国学者爱德华·德·波诺提出了一个有趣的“滑过现象”理论：“当我们驱车从 A 地到 B 地欣赏美景时，往往由于车速太快，忽略了途中风景更美的 C 地；从 A 地到 B 地的路越顺畅，C 地被忽略的可能性就越大。”

课堂教学也是如此。如果教师把教学任务设计得面面俱到、自然流畅，问题坡度太小，使学生无需多少时间即可轻松解决，那么许多有价值的内容往往就会在不经意间滑过。所以，教师的课堂问题要有一定的坡度，以防“滑过现象”产生。

但是，这并不意味着教师提出的要求、设计的问题就应是恶意的“刻薄”，是高不可攀的，而应是善意的“刁难”，是要经过一番奋力攀登才能登上的小山。这就要求教师的提问要控制在学生的“最近发展区”，稍高于学生现有的知识水平，让他们跳一跳就能够得到“果实”。否则，问题太深，学生无法回答，很容易挫伤其学习积极性，从此失去信心，形成一潭死水；而问题太浅，则往往容易出现课堂只是表面上活跃，学生疲于应付、懒于思考，出现流于形式、走过场的情况。

总之，教师应根据教学需要，针对学生的实际情况，设计先易后难、由表及里、循序渐进的问题，一步步地激起学生的内心活动。

（三）提问要面向全体，注意层次

成功的课堂提问必须引起全体学生的思考，如果只是个别学生参与，那便达不到最佳效果。要实现成功的课堂提问，教师应该注意以下几点：

首先，教师每次提出一个问题，最好给学生适当的思考时间。如果教师只给学生几秒的思考时间，学生还未想好就请另一位学生回答，或重新组织问题，这种做法看似节省时间，实际上会使学生失去回答的信心，或形成懒于思考的习惯，会大大降低学生的学习积极性。

其次，教师应先提问题，再请学生回答。如果先选学生，再提问题，往往会只有一个学生思考而其他学生出现“事不关己高高挂起”的现象。所以，设计问题和提问时都应面向全体学生。

再次，教师提出的问题必须从学生的实际情况出发，注重学生年龄特征，对成绩好的学生合理“提高”，对一般学生逐步“升级”，对后进生则适当“降低”。要根据问题的难易程度选择相应层次的学生作答，尽可能使全体学生都可获取知识营养，满足自身需要。

（四）提问要把握时机，具有时效性

首先，课堂提问应根据学生在学习过程中显示出的心理状态来把握。通常，比较好的课堂提问时机主要集中在：当学生思维困于一个小天地无法突围时，当学生受旧知识的影响无法顺利向新知识迁移时，当学生疑惑不解、一筹莫展时，当学生胡思乱想、精力分散时，当学生心情振奋、跃跃欲试时……

其次，要在教学进程中把握提问的最佳时机。比如，讲到知识的重点时，讲到知识的难点时，讲到知识的关键点时，讲到知识的疑点时，讲到知识的规律时，讲到知识之间的内在联系时，讲到考点时，讲到热点时……

总之，教师要掌握课堂提问的火候，找准发问的契机和角度，张弛有度、恰如其分地进行提问，这样，学生的思维才能积极活跃起来。

（五）提问后不妨适当“留白”

在课堂提问中，教师需要养成的好习惯就是留给学生一定的思考时间，一方面要注意发问的间隔时间，另一方面要注意提出问题后与学生回答问题之间的间隔时间。

一些教师在学生对问题作出回答之前等待的时间非常短，只给学生很短的思考时间，如一两秒钟，这是远远不够的。如果教师把这个间隔时间延长三四秒，学生的参与人数往往会有所增加，学生回答问题的质量也会有所提高。

事实上，能激发学生思考的提问，通常需要教师有意识地给予等待时间。所以，与其等学生产生错误后再纠正，不如让学生自己稍加思考后说出正确的答案。教师完全可以通过控制提问后的间隔时间来提高学生回答问题的质量。

（六）提问要体现激励性

在课堂提问中，无论学生回答得正确与否，教师都要注意保护好学生的自尊心。教师善意亲切的微笑、充满期待的眼神、激励鞭策的手势和劝勉温暖的言语，都会给学生信心和力量。为此，教师要善于在学生答题时捕捉其

"闪光点"，给每个学生创造成功的机会，让不同层次的学生都品尝到成功的喜悦。

作为一种课堂教学手段，提问能及时鼓励和督促学生对所学内容进行消化。所以在整个提问过程中，教师对答题学生的每一句话都应给予合理的评价，让学生随时感受到教师的态度。比如，对表现好的学生，教师要多用赞扬的语气予以鼓励，如"你真棒!""答得真好!"学生会在第一时间看到自己的进步，明了自己对知识的理解、掌握和运用程度。而对那些回答错了的学生，教师则不要轻视、鄙视、嘲笑他们，而应予以安慰，如"不要急！下次认真听讲，好好想想，肯定就能想出来。"

总之，在课堂提问中，教师只有保护好学生回答问题的积极性，才能进一步调动其学习的积极性。所以，在评价学生时，教师应尽可能做到以表扬为主，即使批评也要体现爱心，如果遇到"会说不敢说，不会说抢着说"的现象，教师也不应"怒形于色"，而应循循善诱。

（七）课后提问，让思考延伸到课外

在每堂课结束之前，在总结归纳本节课内容之后，教师还可以给学生布置一个问题，让他们在课下思考。但布置的问题不宜太难、不宜太宏观，尽量具体一点，只需学生通过课后查资料、看书简单分析就可找到答案。

在下次课开始时，教师对所布置的作业进行检查式提问，并对回答较好的学生给予必要的鼓励和表扬，以激起学生的学习积极性。

课堂提问是艺术性很强的教学手段之一，也是课堂教学中不可缺少的一种重要手段。教师恰到好处的提问，不仅可以激发学生的学习兴趣、启迪学生的思维、检查学生获得知识的情况，还可以调节课堂气氛、沟通师生感情、吸引学生的注意力，更会让提高教学效率不再是空话。

所以，教师要在提问上发掘学生的潜力，让学生在问题中找到学习的思路和方向，在问题中提高自己的能力，得到综合发展。

习惯7 善调动

——言语激趣，活动激情，激发高效大课堂

学生积极的学习情绪是提高学习效率的前提和保障。教师要充分认识到这一点，善于利用学生的心理特点，运用多种科学方法，努力创设各种条件，调动起学生的学习积极性，营造良好的课堂氛围，提高课堂教学效率，达到有效教学的目的。

一、“善调动”概述

小学课堂教学是一种多层次、多功能、综合运用各种感官的活动，是教与学双向作用的复杂而又细致的过程。在这个过程中，如何激发学生的学习兴趣，调动学生的学习积极性，是每一个小学教师应该考虑也必须解决好的问题。要解决这一问题，会不会调动学生的学习情绪、营造良好的课堂氛围就显得特别重要。“善调动”的教师会找到合理的方法轻松调动起学生学习的积极性。

小学教学的主要目的是培养学生使用知识的能力，而不是单纯的知识积累。这就要求教师在教学过程中注意培养学生学习的自觉性，让学生走向独立学习之路，为其终身学习打下良好的基础。所以，每一个小学教师都应尽快适应一种信息量大、任务性强、教学节奏快、教学形式多样、气氛活跃、互动式的小学课堂教学模式，用灵活多变的教学形式努力调动起小学生学习的积极性。

“教师就是演员，表演好的时候学生看看你，表演不好的时候学生不理你!”这是一位教师的慨叹。从学生的角度考虑似乎情有可原。作为学生，一天要连续上七八节课，是难以保证每节课都能聚精会神、全神贯注地投入课堂学习中去的。

有些学生由于基础不好，上课时思维跟不上老师的讲课，显得很疲惫，因而容易开小差，可能一节课上完了，他们也不知道学了些什么。有时候，或许由于课程太难，或许由于天气问题，学生上课的精神状态普遍不佳，整节课都很沉闷，只有老师在唱独角戏，学生要么心不在焉，要么昏昏欲睡，这样的课堂效率不会理想。

所以，如果教师不会调动、不能充分调动学生学习的积极性，调节好课堂气氛，一堂精心备好的课就会白白浪费掉。那么，教师如何使学生在疲惫中也能有较高的课堂学习效率呢？答案是：做一个“善调动”的教师。

(一)“善调动”的体现

教师的“善调动”体现在哪些方面呢?

1. 激发学生的学习兴趣

爱因斯坦说过:“兴趣是最好的老师。”浓厚的学习兴趣、强烈的求知欲望,是刺激学生学习的最有力的因素。

兴趣有直接和间接之分,直接兴趣指向过程本身,间接兴趣指向活动结果。学生有学习兴趣,特别是直接兴趣,就会越学越想学、越学越爱学,学习会事半功倍;相反,如果学生对学习不感兴趣,在被逼迫的状态下被动地学习,学习的效果必定是事倍功半的。此所谓“好之者不如乐之者”。

课堂教学追求有“趣”是一种境界,有“趣”才能调动学生的学习积极性,有“趣”才能在教学中不断形成高潮。乌申斯基指出,没有任何兴趣,被迫地进行学习,会泯灭学生掌握知识的意愿。因为只有学生对学习本身产生浓厚的兴趣时,他才能积极地思考问题、探索问题,兴趣可以使整个认识活动积极化。

学生能在兴趣的影响下,积极主动地去感知事物,对事物的观察变得敏锐,逻辑记忆力加强,想象力丰富,情绪高涨,克服困难的意志力增强。学习兴趣是推动学生学习的一种最实际的动力,它能促使学生兴趣盎然地去学习,并且从中得到很大的满足。研究表明,具有学习兴趣的学生,其求知欲不会减弱或消失,而求知欲的满足反过来又会丰富和深化学习兴趣,使学生产生与更高层次的认识水平相适应的新的学习兴趣。

杨振宁曾说:“成功的真正秘诀是兴趣。”可见,培养学生的学习兴趣,对于提高教育教学效果、培养学生的创新能力、增强学生的自信心和全面提高教育教学质量都起着巨大作用,同时也是一个教师会不会进行课堂调动的重要体现。

2. 给学生更多的空间

也许是因为教师对学生有太高的期望,也许是因为当前社会上的竞争太激烈,使得许多无形的压力加在了学生身上。假如这些压力真的来源于日趋发展的世界,则无可厚非,但事实并非如此,许多压力是教师造成的。

主观上情愿做的事情往往会做得更好。假如一个人对一件事很感兴趣,很乐意去做,他便会付出很大的努力去完成;但如果感觉这件事很枯燥但又不得不做,便只会应付了事,不会在上面下功夫。

学生的学习也是如此，被动的、不自觉的学习是不会取得很好的效果的。而且这种被动和不自觉会逐渐让学生丧失对学习的兴趣，认为学习是一件很枯燥的事情，这也是为什么看管下的学生“贪玩”的原因。

有些教师总是对学生提出这样的期望：你们要主动地学习。但期望归期望，这些教师还是经常给学生留很多作业，测试学生的学习情况，甚至“监视”学生的课余生活，等等。这样做，不但不会使学生的学习变得主动，反而会使他们更加反感。因为对学生过分的要求和看管本身就会使学习变得被动，而被动和主动这两个互相矛盾的状态是不会共存的，当被动存在时主动很难存在。这就像在奴隶社会，奴隶主举着鞭子对奴隶们说：“你们要主动去干活!”

而“善调动”的教师，往往不会过多地去“管”学生，而会让学生做自己想做的事情，让学生得到“自由”。在“自由”的基础上，调动起学生主动学习的意识。那些学习比较好的学生往往是很少需要“看管”的学生，是特别让人“省心”的学生。道理就在这里：被动不如主动，只有主动学习的知识，才是记忆深刻的，才能有所探究、有所生发，才会具备创造性。

当然，给学生更多空间并不是说就可以放手不管。当学生在学习上遇到困难或者有一些错误的想法时，教师还应该多与他们沟通。这种沟通不应该是训斥，而应该像朋友一样帮助他们解决问题。

3. 让学生“唱主角”

把课堂提问的权力下放给学生，就是多让学生提问多让学生回答。教学时，教师可以把学生每两个人分成一组，让他们互相提问、回答，每节课可抽查3～4组，并规定他们提出的问题不能重复，每次抽查可以按学习稍差的学生、中等学生、优秀学生的顺序进行。就像做试卷一样，先易后难，很有艺术性地使每一位学生都顺利通过抽查复习。这种做法的积极调动作用表现在以下三个方面：

(1) 提高学生的心理素质。让学生提问，学生自己掌握了主动权，就等于为其创设了心理安全和心理自由的精神环境，能够促使学生大胆地去做。

(2) 创造成功感，增强学生的信心。传统的课堂提问，教师问学生答，学生容易紧张，怕被批评，被同学嘲笑，情绪不稳定，缺乏勇气、胆量和信心。把主动权让给学生，让学生相互提问、回答，能够调动起学生思考问题的积极性，从而能更顺利地进行回答，使自信在成就感中逐步建立，打消胆怯心理。

(3) 使学生不断进步、成才。分层次抽查，可以使学生在自然和谐的环境中学习知识，在轻松的氛围中受到教育，使他们重新认识自我：后进生开始起步，步入知识的殿堂；中等生更加奋进，努力提高自我；优秀生则更加优秀，从而使全体学生都能逐步走上成才之路。

实践也证明：分层次抽查、学生互问互答，可以使课堂提问充满艺术性、灵活性，能真正地处理好教师与学生、学生与学生等多边关系，调动起学生的主动性、创新性和参与性。而学生的主体作用一经发挥，便会使教与学和谐发展、学生积极主动地学习。

4. 激发学生的质疑能力

调查表明：课后能向老师质疑的学生占40%，课堂敢于向老师质疑的学生占15%，而课上敢于当面指出老师讲解错误的学生不足3%。难道学生真的把教学内容全都理解了，没有任何疑难问题可问了吗？回答是否定的。学生思维活跃，他们头脑中弄不懂的问题很多。那么，他们为什么不向老师质疑呢？主要有以下几个方面的原因：

一是有些学生出于爱面子的虚荣心理，即使有问题也不敢质疑，害怕问错了会引起同学的讥笑，对质疑有后顾之忧。

二是有些学生不善于质疑。他们只是虔诚而认真地接受老师传授的现成知识，不善于思索和怀疑，因而也就感到无问题和无疑问。

三是不会质疑。有的学生受应试教育和学习上的功利主义的驱使，平时很少与老师探讨一些知识性、学术性的问题，而是经常询问诸如考什么、怎么考等与考试有关的非知识、非学术问题。

四是有的教师不鼓励、不支持学生质疑。出于狭隘的师道尊严观念，有的教师怕被学生问住，面子上不好看，因而不喜欢那些“打破砂锅问到底”的学生。还有的教师甚至错误地认为，学生与老师争辩问题，是对老师权威的冒犯和不尊重，会降低自己的威信，久而久之，便限制了学生质疑和创新思维能力的发展。

俗话说：“学问学问，一学二问。”人们很早就注意到了质疑对学习和学术研究的重要意义：“学贵有疑，小疑则小进，大疑则大进。”爱因斯坦在回答他为什么可以做出创造时说：“我没有什么特别的才能，不过喜欢寻根刨底地追究问题罢了。”他甚至认为，提出问题比解决问题更重要。学就是学习问问题以及怎样问问题。毋庸置疑，调动学生的质疑能力，不仅是教学方法、教学技巧问题，还是教学原则、教育观念问题。

因此，作为教师必须更新教育观念，与师道尊严的传统教育观念彻底决裂，确立学生主体观念、师生平等观念、学术和教学民主观念，倡导创造宽松和谐的教学和学术探讨氛围，支持和鼓励学生对不明白的问题大胆质疑、争论，使学生不但会质疑、敢于质疑，而且善于质疑、习惯质疑，把质疑当作治学的一项基本功。只有这样，教师才能调动起学生学习的积极性。

（二）“善调动”的三个关键：动机、思维、情感

在学生学习知识的过程中，很多人认为智力是影响学生学习的重要因素，它随着年龄的发展而发生变化。虽然智力的个别差异很大程度上决定了学生学习的准备状态，影响了学生学习的速度和学习质量，但教师同样不能忽略非智力因素的影响力，即学生的学习动机、思维和情感，这是教师“善调动”的三个关键。

综合比较各种非智力因素，“动机”处于核心地位。在智力因素已经形成的基础上，教师多花时间在调动学生的学习动机上是十分必要和重要的。因为人的一切活动都是由一定的动机所引起的。动机是一切活动的原动力和源泉。

在教学过程中，教师如果能正确了解、培养、激发学生的学习动机、思维和情感，使其充分发挥潜在能力，那么，学生一定能在学习成绩和学习能力上有一个质的飞跃。这对于学生和教师来说都是极具诱惑力的事情，它是实现高效课堂非常可行的方式和方法。

1. 如何调动学生的学习动机

学习动机的培养是指学生把社会、学校和家庭的需要变为自己内在的学习需要的过程。学习动机培养是一个非常独特的过程，是一个从无到有的过程，是一个从一片空白到书写出美妙篇章的过程。而学习动机的激发则是指将学生形成的需要调动起来，以提高学习积极性的过程。它是一个潜存在学生心里的东西，教师要将它调动起来，使其发挥有效的作用。这是一个从静到动的过程。

由此可见，教师首先需要培养学生好的学习动机，在此基础上，再激发学生更强的学习动机。下面就从以下几个方面谈谈调动学生学习动机的方法：

（1）激发和维持学生的求知欲和好奇心。

动机中最重要和最重点的部分是“求知欲”和“好奇心”，它们是培养和激发学生学习动机的奠基石，只要把学生的求知欲和好奇心培养和激发出来，他们就会主动地去学习和发现问题。而要激发和维持学生的求知欲和好

奇心，创设问题情境是一个非常有效的方法。

创设问题情境是指教师提供学习材料和学习条件来创设问题情境，在创设的问题情境中埋设学生的好奇点，引起他们的疑惑、惊讶，从而引发学生的求知欲和学习兴趣，产生学习的愿望。

(2) 设置适合的目标定向，使学生获得成功体验。

从学生的心理来说，对于知识他们都希望能很快学会，并能很快达到要求。但在实践中常常会遇到很多困难，学生面对困难的方式各不相同，在通常情况下，分为两种类型：学习目标定向的学生和成就目标定向的学生。

学习目标定向的学生是把学习当成掌握知识、获得某种能力的方式；而成就目标定向的学生则是把学习当成为了获得对其能力的积极评价或避免否定评价的方式。

可以看出，学习目标定向的学生更有努力解决困难的思想准备，他们一般会勇于挑战，迎难而上，有不把困难拿下不罢休的气势，所以教师应努力调动学生成为学习目标定向的学生。而成就目标定向的学生喜欢选择较容易解决的问题，回避具有挑战性的问题，这种学生学习时毅力较差，遇到困难易失去信心，其成绩往往处于班级的中等或中等偏下。在教学过程中，教师要经常赞扬和鼓励这些学生，多用启发式教学，先建立他们的自信心，再一步一步调动他们的目标定向，使他们从在意成就走向在意学习。

(3) 训练学生对学习结果有一个积极乐观的、现实的态度。

在学习过程中，学生的学习结果不是一成不变的，时好时坏是很正常的事。但有些学生看到自己的成绩高了，就得意扬扬，喜上眉梢；一旦成绩有所下降，就万念俱灰，很泄气。这样的心态对于学生身心的健康和成长都是很不利的，所以教师应该努力培养学生正确面对学习结果的心态，这样才能调动学生正确的学习动机，使其健康成长。

影响学生学习结果的因素有很多，其主要因素有能力、努力、任务难度、他人的帮助、情绪、环境等，所以教师在帮助学生分析原因的时候，应多种因素一起考虑。

隋光远提出的“积极归因训练”模式很有实用性，它是改变学生不正确的归因、调动学生学习动机的一条很有效的途径。隋光远首先强调的是努力的因素，他认为成功与失败都是与努力直接联系在一起的。如果学生在学习中有失败的话，把原因归于自己不努力，认为更努力的话就不会失败，就会有更好的结果。教师如果能帮助学生这样来理解失败，则不会打击学生学习的积极性，破坏其良好的内部学习动机。

另外，他认为还有现实因素存在。每个人所处的现实情况都是不同的，比如，在学习的过程中，就会受自身的智力基础、所掌握的学习方法、所处班级的学习情况和学习氛围、教师的整体素质以及家庭的影响。教师应该教育学生正确对待这些现实因素，尽量将影响降到最低。

2. 如何调动学生的学习思维

课堂上经常有这样一幕：老师提问的时候，学生把头扎得很低，生怕叫自己回答问题。等到某一同学被叫起来之后，其他同学马上把头抬起，眼神中写满了“还好不是我”的庆幸之意。学生怕发言是因为他们对学习缺乏兴趣，缺乏思考的习惯，有着很强的思维惰性。

但学生的思维惰性不是天生的，是长期不良的学习方式——老师讲，学生只管听、记的结果。学生不良学习方式的形成与教师的教育理念、教学意识息息相关。那么，如何在教学中调动学生的创造性思维呢?

(1) 教师要有创造性思维品质。

要鼓励学生创新，教师自己就要有创新精神。教学应该让学生体会到独特的感受，教学方法、策略应该别具一格，教学语言要有个性。课堂上，教师应根据教学内容和学情，灵活地处理各种问题，从容应对不和谐之音，巧妙化解学生的疑惑。

什么是创造性课堂?创造性课堂就是要让学生在课堂上闪耀着创新思维的火花。而要调动起学生学习的思维，首先，教师要注意创设民主、和谐、平等的课堂氛围，以促使学生放下拘谨、羞涩和胆怯，积极思维，大胆发言，习惯交流和对话；其次，教师要留出足够的时间让学生自主学习，为接下去的思考做铺垫；此外，教师设计的问题要适合学生的思维层次，避免过于高深，使课堂成为“尖子生”的天下。

(2) 调动学生创造性思维的关键：发展想象力。

想象是人们认识客观世界的一种能力。在教学过程中，教师可以充分利用教材所具备的联想、想象训练，设计一些新颖巧妙、联系性强的内容，以激发学生张开想象的翅膀，讨论动笔，活跃思维，从而培养他们枝而不蔓、丰富新奇的想象力。比如，在诗歌阅读鉴赏中可以让学生创设情境，再现画面，还可以从文本出发，加强迁移训练。

然而，“一言堂”“满堂灌”的教学模式在教学实践中还时时出现，有些教师不自觉地霸占课堂，重视了知识的传授，却忽略了学生创造性思维的培养。学生正处在血气方刚、思维情感最为活跃的年龄，经常开展有价值的课堂讨论交流，能够让他们更深入地把握文本中最本质的内容，训练他们的想象力和发散思维，进而提高其创造性思维能力。

3. 如何调动学生的学习情感

刘勰在《文心雕龙》中说：“情以物迁，辞以情发。”“境非独谓景物也，喜怒哀乐亦人心中之一境界。”可以说，情境是调动学生学习情感的重要手段。教师可以依据教学内容和学生的心理发展特征来创设教学需要的特定情境。教学情境可以帮助师生有效地、全面地完成教学任务，是“乐学”教学的基本方法之一。

随着多媒体的发展，运用电教媒体进行教学，可以在形象的大小、远近、虚实、动静、抽象与具体之间实现转换，而且能突破时空限制，有利于实现其他教学媒体难以实现的“形真”。电化教学过程中形、声、色、光的运用与结合，能够有效地渲染气氛、制造氛围，激发学生的学习情感，走向“情深”，使教师、学生与文本之间产生强烈的共鸣。

（1）创设真实感极强的文本情境。

调动情感的情境讲究意境深远，讲求意象，所以教师应该在教学时努力使文本意境和意象得到整体展现，以达到情境调动学生学习情感的最佳境界。如在教学《卖火柴的小女孩》一课时，教师可以把幻想世界再现在学生面前，让学生感受到幻想中的情境是幸福的，从而衬托出现实生活的冷酷悲惨，使学生的情感在强烈的对比中得到升华。

（2）展示事物的整个变化过程。

教育学与心理学研究表明，展示事物的变化过程有助于调动学生的学习情感。教师应从实际出发，适当运用多媒体手段展现使学生“乐学”的情境，积极调动学生的学习情感。如《海上日出》一课记叙了海上日出的过程及在不同情况下的日出奇观。教师可以制作精美的投影片，对于日出前、日出时的情景，可用重叠的投影片改变颜色和亮度；太阳完全跳出海面，放射出一片耀眼的金光的场面，可以通过太阳的移动上升，用鲜艳夺目的光彩来表现。这种用活动的画面展示日出的过程及景象的方法可以极大地调动学生的学习情感。

（3）课堂变得有形有声、有滋有味。

知识如同一个个符号，有着丰富生活阅历的人浏览这些符号时，脑海里立即会出现丰富多彩的形象，从而能较轻松地理解、体会知识的内涵；但对缺乏生活经验的学生来说，要他们根据一大堆抽象的符号去理解、体会知识的内涵，是件难事。怎样才能使学生对这些知识符号产生直观的印象，进而调动他们的学习情感呢？教师可以尝试用多媒体手段让抽象的知识语言活起来，让课堂变得有形有声、有滋有味。

如《观潮》是一篇阅读课文，课文内容浅显易懂，层次分明，是篇很好的朗读教材。在教学中，教师可以借助“钱塘江大潮”的实景来刺激学生的语言表达，以达到教学目的，而不是只枯燥地讲解朗读技巧。学生观看了《钱塘江大潮》的录像后，汹涌澎湃的钱塘江大潮奔腾而来的景象会让他们有身临其境之感，接着再让学生当小导游，给《钱塘江大潮》配上解说词。学生都有一种自我表现的欲望，这一举措会积极调动他们想参与的情感，使他们争先恐后地想做小导游。由于有了感性认识，又有生动、形象的画面作提示，学生对语言的把握就会变得比较准确。朗读时，他们能读出潮来之时的气势，体会到潮来之时的壮观。

（4）让学生感受美的情境。

人能感知生活范畴中事物的美，辨别生活中和艺术作品中主人公在行为上的真、善、美和假、恶、丑，这是审美知觉，它是建立在感性知觉之上的。所以，在教学中，教师应把美表现得更为直观和丰富，以此来调动学生对美的追求。具体地，教师可以通过绘画和录音、录像技术等手段，把凝固在教材中的各种静态美以形象的画面和富有感染力的语言、音乐等形式充分表现出来，将其活化为耳闻目睹的视、听觉符号，使学生更容易体会和感受美。

如在教学《美丽的小兴安岭》一课时，教师可以以配乐朗读导入课题，让学生对小兴安岭的“美丽”先有一个浅层感知；然后结合课文讲解分别出示小兴安岭四季景物的投影片，使学生从较深的层次上把握小兴安岭四季的特色，加深对课文词、句的理解；最后用形声并茂的电视录像强化学生对小兴安岭是一片“绿色的海洋”“四季都是美丽的”这一总论的整体认识。这样不仅可以顺利地完成教学任务，而且训练了学生的审美能力，拓展了他们认识美、热爱美、创造美的思想境界，使他们的学习情感得以充分调动。

二、名师经典案例

（一）充分调动学生情绪，增强课堂情感体验

北京清华大学附属小学副校长、全国特级教师窦桂梅的课堂总是能调动学生的情绪，让学生不由自主地被吸引着走入教学内容中，很多时候，甚至

连听公开课的教师都会被感染。由此可见，“会调动”学生的学习情绪对教学效果是多么的重要。

教学《难忘的一课》时，在完成了对课文重点的研读后，窦老师放了一段《思乡曲》。在这悠扬婉转的乐曲中，窦老师动情地说道：“同学们，让我们一起来朗诵台湾著名诗人余光中先生的《乡愁四韵》吧。”

于是，在窦老师深情的导读下，师生共同朗诵起这首描写思乡之情的诗：“小时候，乡愁是一枚小小的邮票。我在这头，母亲在那头。长大后，乡愁是一张窄窄的船票。我在这头，新娘在那头。后来呀，乡愁是一方矮矮的坟墓。我在外头，母亲在里头。而现在，乡愁是一湾浅浅的海峡。我在这头，大陆在那头。”

读完后，乐曲也结束了。窦老师望着已沉醉于诗中的学生，激动地说道：“看得出，此时此刻，大家的心已经沸腾了，还有什么话能表达我们那份心情呢？只有那一句——”她停顿了一下，望了一眼全班学生，学生立刻领悟，自豪地回答：“我是中国人，我爱中国！”声音铿锵有力。

“对，放声朗诵，来表达你此时的心情吧！”窦老师动情地挥了一下手臂。

早已被窦老师情绪感染的学生再次大声喊道：“我是中国人，我爱中国！”洪亮的声音一遍一遍在教室里响起。

“下面，请大家拿起笔，写一写这句话，并将这句话永远地镌刻在你心灵的深处。”窦老师用红笔用力在黑板上写下了这句话。学生也一个个凝重地、庄严地、神圣地、满含热情地随着老师写下了这句话，并铭记于心中。

“想读就读吧！”窦老师指着黑板上的这句话，情绪激昂地说道。

“我是中国人，我爱中国！”

“我是中国人，我爱中国！”

……

（学生一个个满怀着高昂的情绪一遍遍读着这句话）

“很好，语气虽然不同，但感受和认识却是一样的深刻！”窦老师大力夸赞，然后又深情地说，“同学们，通过这堂课，相信你一定记住了‘我是中国人，我爱中国’这句话。或许有一天，你身在国外，请你也别忘了今天的这堂课，更不能忘了这堂课里你记住的‘我是中国人，我爱中国！’我们大家再读一读这句话吧！”

受到强烈感染的学生又铿锵有力地读起了这句振奋人心的话：“我是中国人，我爱中国！”

"读得太好了！同学们，咱们今天上的不是一节普通的语文课，而是一堂人生感悟课，因此，这也就称得上是——"

学生马上接口："难忘的一课！"窦老师在课题后加上感叹号。至此，一堂充满激情的课结束。

可以想象，课虽然结束了，但学生在经历了这样一次刻骨铭心的情感体验后，心灵深处一定烙上了鲜红的"中国印"。这就是调动情绪带来的高效的教育教学过程。

在窦老师的课堂上，我们可以随时随地感受到她的教学激情。如在教学古诗《小池》一课时，窦老师抑扬顿挫地朗读诗文，而且反复朗读最后一句"早有蜻蜓立上头"。在激情声中，窦老师读出了蜻蜓的可爱和俏皮，学生也很快随着老师有感情的朗读进入古诗意境之中，并随着老师的朗读开始非常投入地轻读，想象着蜻蜓飞到荷叶上的样子。

这时，窦老师趁机问道："同学们想象一下，蜻蜓飞到荷叶上来干什么呢？"问题一出，更激发了学生的探究情绪。大家争相发言，表达想法："蜻蜓飞累了，到荷叶上休息一会儿。"有一个学生更有想象力，他说："蜻蜓在空中飞呀飞，它看见新长出来的荷叶一个人太寂寞了，便飞下来和它交个朋友，聊聊天。"此时，课堂气氛活跃，学习情绪高涨。

讲授《再见了，亲人》一课时，由于文章是一篇感人肺腑、催人泪下的抒情散文，因此，窦老师在朗读时，一字一句读得缓慢而低沉，字字有声，声声有情，使学生受到了很大的感染，深刻体会到主人公小金花内心的沉痛，仿佛听到小金花用充满愤怒的声音喊道："妈妈，这个仇我一定要报！"

在充满想象的情感中，学生也都全身心地投入课堂学习中。

窦老师认为激情应该成为教师为师品格的重要追求，因为教师的激情能点燃学生的情绪、照亮学生的心灵，并从外在表象化为内在的精神气质。

教学《宿新市徐公店》时，窦桂梅老师用充满诗意的语言问学生："稀疏的篱笆下，一条幽静的小路伸向远方，看见了吗？"

学生一副沉醉的样子回答："看见了！"

窦老师又问："什么样子？"

学生回答："篱落疏疏一径深。"

窦老师问："树上的花落了，叶子还没长大，还没形成树荫呢！"

学生应声抢着回答："树头花落未成阴。"

窦老师说道："小朋友们急忙跑过来抓蝴蝶啦！"

学生立刻回答："儿童急走追黄蝶。"

窦老师又问："抓到没有？"

学生："飞入菜花无处寻。"

这时，一个叫宗文的学生大声喊："老师，请等一等，我马上就要抓到它了！"大家都静静地等着他。过了一会儿，宗文睁开眼睛兴奋地说："终于抓住了，嗯，真难逮呢！菜花是黄色的，蝴蝶也是黄色的。"一边说着，一边还做着手捏蝴蝶翅膀的姿势，再看表情更是一脸的喜悦……

这个动人的教学片段就发生在窦老师的阅读教学课堂上。当时，师生一起诵读《宿新市徐公店》一诗，窦老师激情地描绘着诗意，而学生在老师激情的描述下，一边想象一边概括描绘的是哪一个句子。在闭着眼睛想象画面的过程中，学生的灵魂在诗歌的世界里自由翱翔，个人的审美体验与教材文本实现了"无缝对接"，使学生享受着精神自由的快乐与幸福。

窦老师善于调动学生情绪进行教学的艺术可说是到了登峰造极的地步，她仅仅凭着语言的描述就能让学生进入诗的意境当中，甚至那个叫宗文的学生闭着眼睛喊："老师，请等一等，我马上就要抓住它了！"可见窦老师的语言有多大的感染力！它激起了学生学习的全部热情。像这样的课堂，学生会不全情投入，课堂能不高效吗？

为了全面领略窦老师"善调动"的高效能激情课堂，让我们再来看看她在教学《圆明园的毁灭》一课时的精彩片段：

为了让学生深刻体会到圆明园"不可估量的损失"，窦老师满怀情感地引读课文："然而1860年，10月6日——"

学生马上接读："英法联军侵入北京，闯入圆明园。"

窦老师继续："结果——"

学生接读："圆明园的毁灭是祖国文化史上不可估量的损失，也是世界文化史上不可估量的损失！"

但由于历史久远，很多学生并不能真正体会到"不可估量"的意义，因此读起来没有什么感情，尽管学生也想尽力读出感情，但可以听得出那不是发自内心的。于是窦老师展示了一段真实的资料，并请学生读一读。

"参与劫掠的英法军官回忆——军官和士兵，英国人和法国人，为了夺取财宝，从四面八方冲进圆明园。有的搬走景泰兰瓷瓶，有的抢走绣花长袍，有的挑选高级皮大衣，有的去拿镶嵌珠玉的挂钟。有的背负大口袋，装满了各色各样的珍宝；有的在宽大的口袋里装进金条和金叶；有的半身缠着织锦绸缎；有的帽子里放满了红蓝石、珍珠和水晶石；有的脖子上挂着翡翠项圈……"学生大声读着。

“把感情带到课文中再朗读这句话。”窦老师要求。

学生个个表情严肃地读：“他们把园内凡是能拿走的东西，统统掠走……”

窦老师引导学生的感情：“‘实在运不走的，就任意破坏毁掉。’他们是怎么‘毁’的？”

学生愤慨地答：“拿不走的东西就砸、摔。拿不走也不给中国留着，都给弄坏。”

学生答：“我知道他们用枪捣毁大镜子，把上好的花瓶、瓷器等随便往地下扔……”

“现在有感受了吗？”

学生纷纷点头。“好，再带着你的感受朗读‘不可估量’这句话。”窦老师再次要求。学生朗读起来，这次感情明显有了不同。但窦老师并没有就此打住，而是继续挖掘学生的情感，以使他们能真正地、发自内心地与作者所要表达的感情产生共鸣。

“一天多少个小时？”

“24 个小时。”

“三天三夜有多少个小时？”

“72 个小时。”

“一小时多少分钟？”

“60 分钟。”

“三天三夜是多少分钟？”

学生经过计算后答：“4320 分钟。”

“4320 分钟是多少个半分钟？”

“8640 个半分钟。”

“那么，会烧掉些什么？烧掉一幅历史名画只用几秒钟，烧掉一个建筑，如‘平湖秋月’只需几分钟。（放无声录像，大火焚烧圆明园的镜头）‘火烧’半分钟，会烧掉什么？”

（看着烈火熊熊、浓烟滚滚的画面，听着窦老师沉痛的表述，教室里安静了下来）

“这半分钟，感觉长吗？”窦老师打破沉默。

“长。”学生应道。

“想象一下，在 16 万平方米的地方同时燃烧 8640 个半分钟，会烧掉多少东西啊！”窦老师激动地说道。

“圆明园本来是在北京西北郊，可烟云笼罩了整个北京城！所以，可以想象出圆明园这不可估量的文化价值是怎样化为灰烬的。”一学生发出感慨。

“那就把这种感受带到课文中再读!”

于是，全体学生再次有感情地朗读：“1860年，10月6日……”

“至此，圆明园所拥有的一切，现在都‘没有了’——”窦老师给黑板上的连接词加上“没”“了”，并且一边添加一边让学生跟读。比如，圆明园中，“没有了”金碧辉煌的殿堂，“也没有了”玲珑剔透的亭台楼阁……；没有了……也没有了……；没有了……还没有了……然后让学生用变化了的连接词再读。

“圆明园中，没有了金碧辉煌的殿堂，也没有了玲珑剔透的亭台楼阁；没有了象征着热闹街市的‘买卖街’，也没有了象征着田园风光的山乡村野。”学生以低沉的声音读道。

“带着这样的感受再来读全篇课文!”窦老师带头引领学生有感情地朗读课文。“让我们永远记住这一天——1860年10月6日。就是从这以后，圆明园化为一片灰烬，什么都没有了。”说完后，窦老师慢慢擦拭黑板，最后只留下课题，其余都擦去，稍留残迹，全场再次沉默。

“现在圆明园什么都没有了，那么，留给你的是什么?”窦老师指着课题问。

学生纷纷发表着自己的意见：“这样宏伟的建筑毁于一旦，我只有难过!”

“留给我的是愤恨!”

“那就把你的愤恨表达出来吧。”窦老师充满激情地说。

学生用不同的语气开始朗读。其中有无奈的语气，有痛苦的语气，有叹息的语气，也有愤慨的语气，等等。此时学生已完全融入课文意境当中，眼前仿佛看到八国联军火烧圆明园的情景。

窦老师趁机说道：“圆明园的大火早已熄灭，可是我们思考的脚步不能停止。有着五千年文明的中国为什么会被几千个强盗杀到京城?圆明园烧掉的究竟是什么?毁灭的究竟是什么?永远也毁灭不了的是什么?——也许，今天的学习只是给同学们打开了一扇小小的门，希望大家从这扇门出发，怀着更多的思考走向未来的人生。这才是这节课学习的真正目的。”

窦老师不愧是激情大师，她不但善于激情讲解，而且善于以情激情，每当学生难以通过读来表达自己的情感时，窦老师总是起到一名教师应有的引导作用。她说：“如果我感到愤怒，我一定会这样读……”“如果我感到可惜，我一定会这样读……”她那时而激昂、时而深沉的朗读，将作者的情感，更恰当地说，应该是每个中国人的情感表现得淋漓尽致。在她的感染下，学生的情绪被充分地调动起来，表现也越来越出色。

这样的情绪体验，让学生感受到了圆明园被毁的无奈；这样的情绪体验，让学生看到了圆明园无法毁灭的历史；这样的情绪体验，更让学生感受到了圆明园永远毁灭不了的精神。窦老师注重突出语文课“以读为本，以读代讲，熟读成诵，在读中感悟”的特点，课堂上利用不同的引导语言，一遍又一遍地引导学生带着感情朗读。

窦老师还利用补充材料，让学生的内心受到最强烈的震撼，迅速点燃他们心中对侵略者的贪婪和野蛮的仇恨之火，并在此基础上，让他们表达出此时的心声，从而使课堂教学达到高潮，引起学生的情感共鸣。

窦老师的成功，在于善于调动学生情绪，让学生在学习中产生强烈的情感体验。为什么有些教师也很努力这样做，却并不能得到学生的情绪反应呢？对此，教师首先要理解什么是激情。

激情，就是指强烈冲动的情感。一个有激情的人，对生活充满了乐观，充满了憧憬，充满了许多美好的遐想。一个有激情的人，工作就能投入，创意就能不断，诗意就能彰显，个性就能飞扬。激情是乐观向上的动力，是喷薄涌动的冲劲，是闪烁着灵感的火花。

一个有激情的教师必定是热爱学生的人，而且是发自内心地热爱。就像窦桂梅老师说的，激情是装不出来的。学生之所以喜欢窦老师，是因为她的眼睛里有光、有韵、有神，因为她的眼光能“抓人”。这样的教师，才会感染学生，从而调动起学生的情绪，让他们充满激情地投入学习中。

窦老师曾一再提醒年轻教师，激情不是表现在动作上的张牙舞爪和优美姿势上的“孔雀开屏”——千万不要这样！因为学生注意的是你的眼睛，手势不过是起辅助的作用，不能喧宾夺主。有的教师也微笑，可就是不美——因为那不是发自内心的。

学习窦老师高效的“善调动”技能，调动学生学习情绪，不能简单地模仿，而应该像她一样“戏里戏外”都有真情实感，不能伪装。如教学《秋天的怀念》一课时，窦老师一声声饱含深情地呼喊“好好儿活”，情到深处眼角还流出了眼泪。课堂上，同学们被感染了，甚至连听课的老师也被感染了！如此投入的“演绎”，如此深情的呼唤，谁能不感动？谁能不震撼？在她那一声声“好好儿活”中，学生领会了生活的真谛，明白了生活的内涵！这就是“会调动”，有激情地调动，她浑身上下洋溢着一种叫激情的火焰，学生的情绪怎能不被感染？

课堂上，浓浓的情感就是教师与学生心灵之间的桥，唯有情感撞击，方能心灵对话。学生情绪被调动起来的课堂，就是用心灵感动心灵、用生命点燃生命、用灵魂塑造灵魂的课堂！下面我们来看其他“善调动”的教师是怎样调动学生情绪的。

1. 激情范读，调动情绪

在执教《周总理，你在哪里》一文时，上海市实验学校语文特级教师徐红，怀着无限深情范读了这篇课文。徐老师感情真挚、情意盎然的朗读，让学生潸然泪下，思绪万千地回到对周总理的深切怀念之中。学生在徐老师的范读中，仿佛看到周总理在祖国的千山万水、大江南北视察，在工厂、农村、军营辛勤奔忙，在中南海日理万机。

没有只言片语的讲析，学生的情绪就被教师的范读所感染，从而领悟到诗歌所表达的对总理的深切怀念和热情赞颂之情。试想一下，如果没有范读的感染，只是教师繁琐地分析讲解，学生能领悟到课文中所蕴含的那种深厚的思想感情吗？

2. 用音乐来调动情绪

也许有人说，语文课程在激情调动教学方面有优势，因为语文教材中有许多精美的语言，教师可以借此渲染情绪。其实，任何科目都可以运用激情调动教学。

某美术老师在教学《听听画画》一课时，先播放了一段轻慢的音乐，然后充满激情且伴随手势描述自己听到这段音乐的感受：“我好像来到蓝色的大海边，躺在沙滩上，一边喝着橙汁一边静静地听着海水的声音。”说完又放了一段节奏感很强的音乐和一段轻快的音乐，之后让学生分别谈感受。学生在老师激情语言的感染下，轻松自然且满含情感地说道：“我感觉自己在舞台上与同学一起欢快地跳舞。”“我仿佛看到跳伞运动员从飞机上跳下来，正缓缓降落。”……

学生争先恐后地回答，情动于衷而溢于言，激昂慷慨的语言伴着智慧的火花，教学气氛轻松热烈。老师顺势让学生把自己的感受画出来，结果取得了很好的效果。

3. 用记忆深处的情感调动情绪

还有一位美术老师在执教《制作贺卡》一课时，先展示了一张贺卡并带着激情启发学生：“这是我的同学多年前送给我的，是她自制的贺卡，我一直保存到现在。看到它我就更珍惜我们之间的友谊啦！同学们看得出它是怎么做成的吗？既然贺卡有这样的价值，那我们做一张给自己的好朋友吧！你能想出更多更好的制作方法吗?”

学生被老师的话感染，很激动也很努力地思考制作贺卡的方法，有时还与老师热切地交流，制作贺卡的热情很高，效果也特别好。

由此可见，不管什么科目，教师都可以使用教学技巧很好地调动起学生的积极情绪，营造良好的课堂氛围。在这一过程中，教师要谨记：只有想不到，没有做不到!

(二) 幽默的教师才是“善调动”的教师

课堂上，教师最担心的就是学生对自己的讲课毫无反应，但在于永正老师的课堂上，这种担心是多余的，因为他总是能通过幽默的语言引起学生的注意，调动起热烈的课堂气氛。

学完古诗《草》后，于老师笑眯眯地问道：“同学们，回到家里，谁愿意把新学的古诗《草》背给妈妈听?”

“我，我，我……”很多学生都举起了小手。

“看来大家都想给妈妈背古诗，咱们找一个代表来背一下，大家看他背得好不好。”于是，于老师指名让一个男生到前面来背诵。

“好，现在我当你的妈妈，你背给我听好吗? 想想回到家里该怎么说。”于老师温和地对这名男生说。

“妈妈，我今天学了一首古诗，背给你听好吗?”男生说道。

“好。”于老师点了点头。

“离离原上草，一岁一枯荣。野火烧不尽，春风吹又生。”男生稚嫩的声音响起。

“我儿子真不错，老师刚教完就会背了。”于老师夸奖道。

(该生高兴地回到座位上)

“现在谁愿意回家背给哥哥听?”于老师又问道。

(全班学生都“唰”地举起了小手，于老师找了一个女生到前面来背诵)

“现在我当你的哥哥，你该怎么说?”于老师笑着问。

“哥哥，我背首古诗给你听好吗?”女生回答。

“妹妹，你给我背哪一首呀?”

“《草》。”

“妹妹，这首诗我也学过。他是唐朝大诗人李白写的。”于老师故意把作者名字说错。

"哥哥，你记错了，是白居易写的。"该生立刻指出错误。

"反正都有个'白'字。"于老师笑呵呵地故意耍赖。学生们听后也笑了。

"我先背给你听听：离离原上草，一岁一枯荣。野火烧……不尽……哎，最后一句是什么？"于老师装作想不起来的样子。

"春风吹又生。"女生提醒道。

"还是妹妹的记性好，谢谢你。"于老师一副恍然大悟的样子。学生们又笑了。该生也开心地回到座位。

"现在，谁愿意背给奶奶听？"于老师再次问道。

（于老师幽默的语言和夸张的表情已经点燃了学生的全部热情，大家纷纷嚷着要到前面去背诵，于老师又指了一名女生到前面来）

"现在，我当你的奶奶，奶奶没有文化，耳朵有点聋，请你注意。"于老师笑着告诉该生。

"奶奶，我背首古诗给您听好吗？"该生大声说道。

"好，背什么古诗？"于老师学着苍老的声音问道。

"背诵《草》。"

"草？那么多花儿不写，为什么写草啊？"于老师故意"刁难"。

"因为草有顽强的生命力，野火把它的叶子烧死了，可是第二年春天它又长出了新芽。"该生声音响亮地解释。

"哦，我明白了。你背吧。"于老师点了点头。

"离离原上草，一岁一枯荣。野火烧不尽，春风吹又生。"该生认真地背完。

"'离离原上草'是什么意思？我怎么听不懂？"

"这句是说，草原上的草长得很茂盛。"

"还有什么'一岁一窟窿'？"于老师故意装耳聋老奶奶的样子听错。

"哈哈……'一岁一窟窿'。"学生们乐不可支。

"不是！是'一岁一枯荣'。枯，就是叶子黄了，干枯了；荣，就是茂盛。"该生急忙纠正。

"后面两句我听懂了。看俺孙女多有能耐！小小年纪就会背古诗。奶奶像你这么大的时候，哪有钱上学呀？"于老师假装叹了口气。

（学生们又笑了，课堂上充满了欢乐的气氛）

像这样的幽默片段，在于老师的课堂里可以说随处可见。在教学《在仙台》时，一个学生问："老师，北京的大白菜运到浙江怎么便'尊为胶菜'

了？您不是说，胶州出的大白菜才叫胶菜，才有名的吗？”于老师回答：“嗨！冒牌货嘛！不然为什么要‘打假’呀！可见，那时就有假冒伪劣商品。”接着是一片笑声。

于老师说：“语文教学应当充满情趣。只有情趣盎然的课堂才能调动学生的学习兴趣，只有情趣盎然的氛围才能引领学生进入语文的自由王国。”

是啊，一个讲课妙语连珠、别具情趣的教师谁不喜欢啊？在这种教师的课堂上，学生的精神会放松，一放松，气氛就出来了。

京剧界有句话，叫做“无丑不成戏”。看戏是件愉悦的事，但是，戏太“文”了、时间太长了，观众就会疲劳。课堂也一样，一堂课45分钟，听的时间长了，学生难免也会走神打瞌睡，每到这个时候，于老师常常会幽默一下，放松学生紧张的神经，驱走他们身上的疲劳，重新调动起他们的学习情绪。让我们一起来看看于老师是怎么给学生“提神”的：

学习《翠鸟》第三段时，于老师发现学生小庆打了个呵欠，还用胳膊碰了一下同桌，嘀咕着什么。于老师便语调平缓却十分认真地说：“小庆，请你去逮一只翠鸟。”

小庆慢慢腾腾站起来，茫然地望着于老师。于老师又重复了一遍刚才的话，并加了一句：“请你不要推辞。”

“到哪儿去逮呢？”小庆可怜巴巴地说。其他学生也都面面相觑、神情迷惘。

于老师说：“你看看书嘛。大家都读第三段，看看到哪儿去逮，看出来以后告诉小庆。”还没等别人发言，小庆自己马上说道：“翠鸟不好逮，它住在陡峭的石壁上，洞口小，里面又深，谁上得去呀？”

于老师哈哈大笑，小庆说的正是第三段的主要内容，他读懂了。当于老师问小庆为什么老师请他去逮翠鸟时，小庆不好意思地笑了，说：“刚才我和同学说话了。”

“你有点疲劳了，是不是？”学生们听了，都会心地笑了。

“不过逮翠鸟这个光荣而艰巨的任务你虽然没有完成，却帮助同学们读懂了第三段，功不可没！同学们，第三段告诉我们的正是翠鸟的住处。”说完，于老师转身在黑板上写下了“第三段，翠鸟的住处。”这样一句话。

这个幽默的小插曲，也使其他疲劳的学生精神为之一振。这样，师生融融乐乐，陶陶然于一堂，教学任务得以顺利进行下去。

于老师说：“丑是生活中的一种色彩，京剧里的丑角是教我幽默的第一位老师。”于老师正是借鉴了京剧中丑角的作用，将之运用在教学上，不时地幽默一下，不但放松了学生的神经，而且增强了教学效果。

看了于老师的教学片段，可能有的教师会说，幽默不就是逗得学生哈哈大笑而已吗？其实，没这么简单。首先，教师得吃透教材，语言要丰富，并且有自己的东西；其次，教师要有教学机智、教学灵感，教师每个言行举止所折射出来的活力都需要结合具体的语境，才能调动起学生的情绪，让他们感受到愉悦，从而全身心地投入学习中。这是一种教学艺术。

教育改革的实施，使得很多教师的课堂上出现了使用“幽默”来调动学生学习情绪的教学艺术，大部分都取得了不错的效果。

如一位历史老师在讲述中国古代史第八章“张骞、班超通西域”一节时，讲到丝绸之路的开通：起点——长安，中转站——安息，终点——大秦。此时正好是上午第四节课，天气异常炎热，学生注意力有些分散，有少数几个学生甚至打起了瞌睡。在这种情况下，如果继续讲下去，势必影响教学效果。于是，这位老师稍作停顿，接下去讲：“请大家注意，丝绸之路是古代史上中国同西亚和欧洲国家进行经济文化交流的一条重要通道，我们要掌握丝绸之路的具体路线，尤其是中转站安息。如果你们再不认真听课，继续瞌睡下去，恐怕就真的要安息了。”大家一听这话，都忍不住乐了。于是，课堂气氛又重新活跃起来。

再如，一位政治老师在讲“运动和静止的辩证关系”时，一个学生眼望窗外，凝视蓝天，旁若无人。教师走到他面前，说道：“你凝望无边无际的苍穹在想什么呢？也许你在想运动和静止的关系吧。你坐在教室里，心想外边，这就叫静中有动，动中有静。”这个学生听后思维马上回到了课堂上。而在讲“货币本质”时，一个学生因为看电视睡得太晚，以至于听课时酣然入梦，并且打起了呼噜，影响到其他同学学习。教师让旁边的学生把他叫醒，然后说：“我本以为货币是很有魅力的，谁知道在座的就有不为金银所诱惑者，真是难能可贵，可钦可佩。”寥寥数语，使这个学生惭愧不已。

还有一位语文老师在解释《黄鹂》一文中“黄鹂”的含义时，这样问道：“大家都知道在奥运会等大型活动中都放飞什么吗？”“鸽子。”“那为什么不放鸭子呢？”学生们都笑起来：“因为鸭子不会飞。”“那怎么不放飞老鹰或鹦鹉呢？”学生们又笑，同时又产生了疑惑，想了想，说道：“对了，鸽子是和平的象征。”“那么黄鹂美不美呢？”“美！”“作者对黄鹂迷恋不迷恋呢？”“迷恋！”“作家是不是用文字来表现一切真善美的呢？”“是啊！”“那黄鹂羽毛又漂亮、声音又动听，可不可以理解为一切美好事物的化身而具有特殊的含义呢？”“可以！”“其实在这儿黄鹂就有了象征美好事物的特殊含义。”经过一系列的提问，大家在嘻嘻哈哈中加深了对课文的理解。

学生一般都比较喜欢说话幽默的老师。据调查，最受学生欢迎的教师类型中，富有幽默感是教师不可或缺的必备素质之一。可见，幽默对一个教师来说是多么的重要。

1. 把握时机，恰到好处

用幽默调动学生情绪，一是学生心理所需，即在学生心理疲劳、注意力分散或心情紧张等情况出现时，及时插入幽默；二是教学内容所需，即在教学内容包含有幽默素材或可用以进行幽默创造时，及时使用和创造幽默。

一旦时机得当，教师恰当地运用幽默，整个教学过程就会高低起伏。例如，经过三节课的学习，几个学生已感到疲倦，就伏在课桌上打瞌睡。此时，教师停止了讲课，用诙谐的语言讲道："听说有一只小企鹅，在跟师傅学垒巢时，总是爱把头和脖子贴到地面上待一会儿。它师傅问：'你这是什么意思?'小企鹅回答说：'这是我对师傅的礼貌。'由此我深受启发：有的同学上课总喜欢把头贴在桌子上，可能也是对教师的礼貌吧!"话音刚落，学生哄堂大笑，几个睡觉的同学在笑声中被惊醒，羞愧自惭。

2. 把握分寸，适度适量

幽默虽然有利于"调动"，但也绝不能"为幽默而幽默"。正如老舍所说"死啃幽默总会有失去幽默的时候；到了幽默论斤卖的时候，讨厌是必不可免的。"如果教师脱离教学内容，一味调笑逗乐、插科打诨，则会弄巧成拙。此外，幽默材料的选择应对学生具有正面的教育意义，以防止其负面影响。

教师在将一些日常生活中流传的、有失公允的顺口溜引入教学应慎之又慎。例如，有的教师引用"大盖帽，两头翘，吃了原告吃被告"来说明行业不正之风，就值得商榷。如果教师不加限定语，将它视为一种普遍现象，不引导学生分清社会现象的主流和支流，势必对学生造成负面影响。

要想像于老师那样幽默，那样善于调动起课堂气氛，就要将幽默运用得当，适时、适量而又有分寸。也只有这样才会像于老师说的："课堂上，老师笑着看学生，学生就会笑着看老师；只有笑着看学生，才会有幽默的心境。"

（三）在辩论中调动学生的学习积极性

全国著名数学特级教师吴正宪很注意在实践中给学生们创设辩论机会，以便帮助学生尽早养成良好的听课习惯。

在讲“分数的初步认识”一课时，通过多年的教学经验，吴老师意识到很多同学经常忽视分数中的“平均分”，而这对于学生们理解和运用分数是非常不利的。于是，她先给学生详细地讲解了分数的产生和概念，然后给他们设计了一道判断题：如果把一个圆分成两份，其中一份占整个圆的$\frac{1}{2}$。

果然不出吴老师的预料，学生们对这道判断题，给出了截然相反的两个答案——正确和错误。

对于学生们的回答，吴老师没有像有些老师那样直接而简单地作出点评，而是借此组织学生们开展了一场小型的辩论赛，以吸引他们的注意力。

吴老师说：“认为这道题正确的同学，请站在我的左手边，认为这道题错误的同学站在我的右手边。”

于是，班上的三十多个学生根据自己的想法分别站到了吴老师的左右两边，而此时此刻他们依然争论不休。

看着早已争论得面红耳赤的学生，吴老师摆了摆手，示意他们安静。然后将左右两边的同学分成了两队。吴老师对大家说：“现在，我们称认为这道题正确的那队为正方，认为这道题错误的那队为反方。接下来，各队队员商量一下，推举出自己的发言人，按照先正方后反方的顺序发表一下各方意见。”

正方派出了两位同学。这两位同学手里各拿着一张圆纸片。其中一位同学先把手里的纸片从中间撕成两半，接着拿出一半，向大家展示了一下，然后问反方同学：“现在，这个圆纸片分成了两份。这其中的一份难道不是它的$\frac{1}{2}$吗?”说完，他得意地看了看对方。

反方的一位同学一看，立刻站出来说：“请这位同学把你手里的那张圆纸片借我用一下。”说着，他拿过正方同学手中那张没有撕的纸片，随手就撕成了大小不等的两份，然后举起来，向正方同学晃了晃，说，“我也把圆纸片分成了两份。可是，大家都清楚地看到了，它们两片谁也不占整个圆纸片的$\frac{1}{2}$。”

两队的队员都愣住了，双方陷入了僵局。吴老师看到这种情况，打破僵局道：“现在，有哪位同学想改变主意啊？认为对方的观点正确的，就站到对方的队伍里去。”

听老师这么一说，正方队伍的学生“哗啦”一下走了一半多，只有三位同学一脸不服地站在那里。

吴老师问："你们三个不服，还有其他理由吗？"

于是，这三位同学又展示了一次自己的分法，说："老师，这道题是说把圆分成两份，我们就把圆纸片平均分成两份了，难道这纸片中的任何一张不占整个纸片的$\frac{1}{2}$吗？"

没等吴老师回答，反方就有同学站出来反驳："你们是把纸片平均分成了两份，可是题目里并没有说要你们平均分啊？难道像我们那样分，就不是分成两份吗？你们自己再看看，难道这一小片也占了整个圆纸片的$\frac{1}{2}$吗？"

（正方同学哑口无言）

"好！"吴老师终于说话了，"辩论就到这里。现在焦点已经出来了，就是'平均分'。这个词很重要。能不能占$\frac{1}{2}$，关键要看分纸片时是不是平均分的。正如反方的这位同学所说的，题目没有让我们平均分，所以我们怎么分成两份都可以。但是除了正方同学那种情况外，所有的分法都表明，其中的一份不占整体的$\frac{1}{2}$，它有时大、有时小。而在刚才的辩论中，反方同学就是抓住题目没有要求必须'平均分'这个关键词，一举突破了对方的观点，解决了问题。你们做得、说得都非常好！现在，请回到自己的座位上去。"

然后，吴老师又扭过头问正方的同学："现在，你们已经同意反方的观点了吧？好了！你们也可以回去了。"

最后，吴老师总结道："同学们，我们平时在审题的时候，就应该像反方同学那样，去抓题目的关键词，这样才能顺利地解决问题。不过，正方同学也为我们能得出这样的认识作出了贡献。因为正是他们提供的错误判断，才使我们大家对出错的原因进行了深入分析，对分数的定义有了更深刻的理解。所以，我们应该谢谢他们。"

在这堂课上，吴老师用辩论吸引了学生们的眼球，让学生在你争我夺的舌战中，既明白了真理是什么，也锻炼了能力。而辩论，尤其是为了弄明白某个知识点的课堂辩论，除了能让学生掌握知识外，还能让他们"迫不得已"地认真听课。因为如果不认真听课，就跟不上对方的思维，就不能找到对方论点的突破口，自然就不能在辩论赛中获胜。

所以，老师们在课堂教学中，大可以选择一个可辩的、学生们感兴趣的话题，让他们来辩论一番，互动一番，这样，学生们分散的注意力一定会集中起来。

辩论的本质源于博学、智慧、涵养、推理与口才。只要有人群的地方，就会有“辩”，甚至两个人就可以“辩”。我国自古以来就推崇辩论，因此才有了所谓“理不辩不明”的说法。可以说，“辩而论之”不仅是人类表达自己意图的一种本能，更是客观现实的一种需要。

案例中，吴老师没有直接而简单地告诉学生谁是谁非，而是让他们在唇枪舌剑中去明晰事理，这比起简单的强制灌输式的教学不知高明了多少倍。而且在辩论中，为了表明自己观点的正确性，学生必定会打起精神，认真地听对方的辩解。这样的过程，自然调动了学生学习的积极性，培养了他们良好的听课习惯。

刚开始讲课，学生就因为忽视了“平均分”而对“如果把一个圆分成两份，其中一份占整个圆的$\frac{1}{2}$”这道题产生了分歧，发生了争执。对于某些学生对题目的误解以及学生的意见分歧，吴老师没有简单地作出判决，指出谁对谁错，而是趁机组织了一场辩论赛。

“学生们有分歧，就说明我的讲解或者学生的理解还没到位，还需要进一步的解释或者引导他们自行深入地理解。”吴老师这样解释道，“而最好的解释方法就是让他们辩论。因为在辩论中，理解正确的学生会找出充分的理由告诉理解错误的同学，他们错在了哪里。”

学生在辩论时，吴老师随时关注着辩情。比如，当辩论结果明确，学生想改变观点但又不好意思，直至冷场时，吴老师就及时化解了可能发生的尴尬。她请同意反方说法的队员站到反方队伍里去，然后进行点评，引导双方学生自己去认识自己的对错。因为她知道辩论的目的是为了辨是非、明真理，而不是吵架，所以作为老师，就必须时刻防止辩论陷入僵局，缓和“冲突”。

就这样，通过一番辩论，正方的学生就意识到了自己错误的关键。更为可贵的是，为了不让辩论失败伤害正方学生的自尊心，吴老师还从相反的角度分析了正方学生“错误分析”的重大意义，让他们在心理上也得到了些许安慰。

“辩”可以帮助学生认识和掌握真理，“论”可以让学生自由地诠释和捍卫自己的观点，而“辩论”可以让学生在争论的过程中辨别真伪，论清是非，探究事理，让学生互动起来，在互动中关注课堂的发展，使学习情绪始终高涨，进而培养他们的综合能力，提高综合素质。因为辩论融合了听、说与思的能力，是三者间的互动过程。学生要想在辩论中驳斥对方甚至战胜对方，就必须认真地倾听对方的发言并积极思索，找出对方的薄弱环节、可攻击之处。但使用辩论调动学生的学习积极性需要注意以下几个方面的问题：

1. 辩题不能偏离了教学

辩论不仅是为了吸引学生的注意力，调动其学习的积极性，更是一种教学形式。所以，教师所选择的辩题或者即兴引发学生辩论的题目，都应该和教学有关，而且最好是教学中的重点和难点。

有些教师为了吸引学生的眼球滥用辩论，拿一些与教学无关的辩题让学生来辩论，结果，只起到了辩论时调动学生情绪的作用，却没有让学生在辩论之后关注教学。所以，教师在选择辩题时，应尽量选择教学的难点、重点，这样有利于组织课堂结构以及安排课文内容，使一节课的高峰期不仅处在强化重点、突破难点之中，更处于学生精力高度集中的时期。

2. 辩题需激发学生兴趣

兴趣是最好的老师。教师只有选择富有新意的、令学生感兴趣的辩题，才能调动学生的学习积极性，激发他们认真听讲的兴趣。可能有些教师只注重教学需要而忽视了学生的心理需求，这样学生在辩论时依然会提不起精神，积极性也非常低，更别说全身心地投入辩论中去，而这样的辩论自然不利于调动学生的学习积极性。

3. 辩题难度要适中

有些教师在选择辩题时不注意结合学生的实际，选择了一些难度较大的辩题，结果使得课堂中出现冷场局面——学生无话可说、无理可辩。这样一来，学生听课的认真度、参与积极性也会大打折扣。不仅如此，这样还会降低学生的自信心，使他们无心听课。而这显然不利于调动学生的学习积极性。

所以，教师选择的辩题一定要难度适中，要符合学生的知识水平。

4. 避免辩论场面过于混乱

课堂时间是宝贵的，教师要注意不能让学生在课堂上“吵”起来，不能让学生在“吵闹”中浪费时间。因此，在辩论开始前，教师要向学生申明：课堂辩论的目的是为弄明白一个问题，是为了深入了解教学的内容。一旦学生出现偏题“吵闹”的情况，教师应该及时制止。

5. 避免“该停不停，不该停乱停”

在辩论中有时会出现这样两种情况：

其一，学生对话题反应冷淡，无话可说，甚至经过教师的启发、引导后，课堂上依然是沉闷、压抑的气氛。此时，有些教师不是当机立断地停止辩论，改为正常的授课方式，而是等待学生绞尽脑汁地去想如何进行后面的辩论。这种“逼迫”学生辩论的做法是不正确的，也难以达到调动课堂的效果。所以，当这种情况出现时，教师最好适时地把辩论引回到正常授课上来，否则可能反而会降低学生的学习积极性。

其二，有些教师的做法则相反——当学生辩论得情绪高昂、争论得滔滔不绝，以至于超过教师预设的时间时，教师就急于打断他们，甚至制止整个辩论。这显然也是一种不正确的做法。此时，教师应该让学生继续这种学习热情，引导他们继续进行更概括、精要的辩论，让学生辩得尽兴。只有这样，才能让辩论真正起到调动学生学习情绪的作用。

三、如何做“善调动”的教师

如果把学生的头脑比作一台机器，他们疲倦时，就相当于机器缺乏润滑油了。教师要随时留意学生的课堂反应，通过学生的眼神、表情及练习情况等反馈信息，及时做出调动的举措，使学生学习情绪重新高涨。如何做一个会调动的教师？具体可以从以下几个方面进行：

（一）适时调节学习基础欠佳的学生的精神状态

由于课堂任务重，要学习的内容多，要求学生具备的相关知识面广，而且课时又比较紧张，因此教师不可能整节课只解决某一个或某几个问题。一些基础较差的学生，由于不适应快节奏学习，又缺乏学习的兴趣，在课堂上容易出现无所适从、无可奈何的情况。有的学生或者心不在焉、东张西望，或者看其他书籍，还有的干脆睡觉。针对这种情况，教师可以先从心理角度帮助他们调节精神状态。

从心理角度来说，学生的自我意识都比较强，尤其是自尊心。所以，教师在课堂上应多关注学习基础欠佳的学生，多给予他们表现的机会，一个肯定又带鼓励且和蔼的眼神可能就会调动起这些学生的学习积极性。另外，当他们上课精神疲倦时，教师可以走到他们身边，或者提问他们一两个简单的问题，或者眼睛注视着他们讲课。由于突然受到老师的关注，而回答问题时又能得到大家的认可和肯定，这些学生的“交往动机”和“成就动机”就会得到满足，从而增强归属感和荣誉感，改变对学习的消极态度，调动起学习积极性。这样还有利于其自信心、自尊心的发展。一旦他们精神好转，教师就要转向其他学生，不至于令他们感到大家都在注意自己而觉得不好意思。

（二）变换教学方法、节奏，通过让学生实践来调动学习热情

有时候，教学内容的难易程度会直接影响学生的上课情绪，太难或太容易都会使学生感到厌烦。学习的内容太简单，教师还唠唠叨叨、不厌其烦地讲解，学生会觉得索然无味；学习的内容太难，学生无法理解，教师却一带而过，学生会觉得老师不负责任，对老师产生反感。这些都会打击学生的学习积极性和自信心。

因此在教学过程中，对于较容易的内容教师应加快教学节奏，变换讲练的角度，让学生讲解或操作，调动其学习积极性；对于较难的内容，应放慢节奏，寻找新旧知识的连接点，深入浅出，以求突破。不要让学生疲倦地忙于记忆一堆不易检索和提取的知识，最好让学生在实际操作中掌握知识，这样可以激发他们的求知欲。

练习时可分层次进行，对不同层次的学生提不同的要求，以提高每个学生的听课效率，让每个学生在各自的基础上获得进步。例如，对新知识可先让基础好的学生操作，带动中差生；较简单的操作可让基础差的学生完成。另外，还要注意充分调动学生的多种感官来协同操作和记忆，以使学生深刻理解、掌握、应用知识，提高学习效率。

（三）打铁需要本身硬：用渊博的知识创设有吸引力的课堂

在教学实践中，一些考虑不周到、不切实际、轻率提出的问题会使学生无所适从，导致学生对学习了无兴趣，失去学习积极性。如有教师在执教《荷塘月色》时，想告诉学生从主题、结构、语言三个角度来赏析散文，但是他当时向学生提了这样一个问题：“我们看到一篇散文时，应该怎么读?”这个问题一抛出来，学生当时就愣了。稍后有学生说：“应该大声朗读。”接着又有学生补充道：“其实有时默读，于无声处也能读出味道。”这些回答完全不能导向教学目标。该教师在提问的时候完全可以明确地问：“我们应该从哪几个角度来鉴赏散文?”这样的提问目标就明确得多了。

有些教师经常会抱怨自己的学生“如何如何笨”，却很少看到这些教师去主动找一找自身的不足，反思一下自己的教学，认真总结学生回答不上来的原因。事实上，教学效果不好并非都是学生“笨”造成的，很多问题出在

教师自己身上：不从学生实际出发，以“想当然”来盲目设计问题；缺乏对学生认知规律的掌握，提出的问题不是太过简单就是太难，学生无法完成，激励作用得不到体现，学生的积极性当然无法调动起来。

“打铁需要本身硬。”作为一名教师，首先应该是一名学者，然后才是一名教师。教师应该有渊博的知识、过硬的基本功，这绝不是简单的“一桶水”和“半桶水”的关系。在实际教学中，那些知识渊博、自身素质好的教师往往很受学生的欢迎。在学生眼中，这样的教师是一座挖不完的“金山”，有着无穷的吸引力，学生敬佩、信任他们，愿意接近他们，乐于接受他们的教育。这样，学生的学习就有了自觉性，误堂调动自然轻而易举。

（四）独具匠心，“激活”学生

学生是课堂教学活动中的主体，因而“激活”学生是调动课堂气氛的核心。如何在课堂上“激活”学生呢？

首先，课堂上要营造民主、和谐的氛围。学生的学习活动不但有智力因素的参与，还有非智力因素的参与，而学习的质量则是二者相互作用的结果。其中，情感在非智力因素中占重要地位。在教学中，如果没有情感因素的参与，学生在课堂中木然置之、毫无反应，那课堂必然如一潭死水，学习效果会大打折扣。所以在课堂中，教师需要渲染一种民主、和谐的氛围。正如美国心理学家马斯洛认为的：“只有在真诚理解的师生人际关系中，学生才敢于和勇于发表见解，自由想象和创造，从而热情地汲取知识、发展能力、形成人格。”可以说，民主、和谐的教学氛围，是调动学生积极参与课堂教学的基础。

其次，作为在课堂教学中起主导作用的教师，是教学中良好氛围创设的关键，是调动学生主体情感的“催化剂”，是课堂气氛的“调色板”。教师要让学生成为课堂教学中的主角，促使学生积极参与课堂教学，令课堂气氛活起来。教师还要采用多鼓励、少批评的策略，调动起学生学习的积极情绪，使学生敢于发表自己独特的见解，让学生的主体作用得到充分发挥。

小学课堂教学中师生是相互影响的，教师的“教”很大程度上会影响到学生的学习效果，而会不会“教”的一个重要表现就是会不会“调动”。只有“善调动”的教师才会用心去体验学生学习的心理和感知过程，才能有效抓住影响学生听课效率的因素。而教师只有操纵了这些因素，才能更好地调动课堂气氛，提高课堂教学效率。

习惯8 会调控

——敲响心灵“鼓点”，让课堂“舞动”起来

“文武之道，一张一弛。”教学也是如此，如果整节课都是一个调子，学生就会感到乏味。所以，小学教学应改变传统教学节奏单调呆板的状况，通过教师的机智调控，使教学节奏张驰得法、疏密得当，使每一个教学环节都如悦耳的音符，有节奏地敲响学生心灵的“鼓点”，让课堂“舞动”起来。

一、“会调控”概述

教学是科学，更是艺术。高效的课堂教学是以科学性为基调、以艺术性为旋律的美妙的交响乐章。卢梭说：“千万不要干巴巴地同年轻人讲什么道理，如果你想使他懂得你所说的道理，你就要用一种东西去标示它。”他点出了教育的艺术性，提醒教师要想方设法丰富课堂教学的艺术性，使课堂教学节奏有一种艺术的韵律。席勒也曾指出：“要让学生在知识的王国里啜饮知识的甘露，在美的领域中成为审美的人。”

所谓“文武之道，一张一弛”。如果整节课都是一个调子，平铺直叙，教学就没了艺术感，学生就会感到乏味，打不起精神。特别是小学教学，由于小学生的年龄特点，过于呆板的课堂更让低龄的学生坐不住。在新课程标准背景下，小学教学更应改变传统教学节奏过慢、单调呆板的状况，通过教师的机智调控，使教学节奏张弛得法、疏密得当、错落有致、起伏和谐，使每一个教学环节都如悦耳的音符，有节奏地敲响学生心灵的“鼓点”，让课堂“舞动”起来。

“会调控”就是要善于把握课堂教学节奏。节奏，“或作或止，作则奏之，止则节之”。节奏的本意就是音乐中交替出现的急缓行止、强弱长短等现象。教学上的节奏，则主要指教学结构的张弛起伏、教学内容的虚实详略、教学速度的快慢行止等，是教学的“紧张度”与教学内容的“难易度”在教学过程中富有美感的有规律的变化。这就要求教师应该像乐队的指挥一样善于调控，使课堂教学演奏出优美动听的曲子，给人一种艺术的享受。

（一）调控课堂教学节奏中容易出现的问题

调控课堂教学节奏指在课堂上，教师应尽可能地使自己的讲课节奏与学生的思维相符合。学生思维慢时，就放慢节奏；学生思维快时，就加快节奏；遇到易学点时，加快节奏；遇到重、难点时，就放慢节奏。通过节奏的调控，引导不同层次的学生逐渐进入课堂，跟上教师的讲解思维，从而达到高效的教学效果。

有经验的教师都非常讲究对教学节奏的调控。因为适度的教学节奏自始至终牵动着学生的注意力，维持着学生的学习热情，使教学情境跌宕起伏、张弛有度，使学生一整堂课都认真听讲，对于培养学生良好的听课习惯大有益处。

其实教学本身有着独特的节奏。因为一节课通常都会分为开端、发展、高潮和终结四个阶段，如果采取平铺直叙的教学方式，就不能显示出课堂教学应有的艺术魅力和感染力。所以在课堂教学中，教师只有把握好教学变化的节奏，才能弹好“课堂进行曲”，增强教学的艺术感染力，把学生分散的精力集中在课堂上。

然而，有些教师在课堂教学中，却经常因为没有把握好课堂教学节奏而使自己精心设计的教案降低了教学效率，甚至让学生在课堂上无所适从。如果教师知道自己在调控课堂教学节奏上容易犯的错误，就能有的放矢地改正，并使自己的课堂教学节奏成为吸引学生注意力的一个亮点。那么，在调控课堂教学节奏中教师容易出现哪些问题呢？

1. 教学内容的节奏把握不均衡

有的教师在分配教学内容时不注意疏密间隔，而是把主要内容集中在一起。这样就会使课堂节奏出现过于紧张或过于松散的情况，导致学生的思维时而跑到教师前面，时而又落在教师后面，不利于学生听课。所以，教师在分配教学内容时，应该根据难易度、轻重点、内容多少来进行整合。

比如，某小学英语教师在分配英语的教学内容时，就是将词与句、难学点与易学点间隔有序且重点突出地呈现给学生。同时，他还注意了对难点的专项突破。这样一来，一节课就变得有起有落、有张有弛，形成轻重交替的节奏。而学生在这种课堂节奏中，就会时而绷紧神经学习，时而放松神经、缓解压力。

2. 教学环节的节奏处理没有曲折

有的教师对教学环节的节奏处理不够恰当。在一堂课上，导入、授新知、结语和练习都用相同的时间，结果导致某些环节的课堂时间不够，学生感觉跟不上教师讲课；而有的环节却时间充沛，甚至有剩余，使得学生感到无事可做。这样的教学节奏自然不会有高效的教学效果。所以，教师在教学环节的节奏处理上应该有所注意。

目前的课时安排，一般为每节课35～45分钟。要想在这段时间内较好地完成教学任务，教学环节的节奏处理就变得尤为重要。通常在一堂课中，学生的注意力是呈波形的，即上课最初的3～5分钟内，注意力比较不稳定；

而在接下来的时间里，越往后他们的注意力越集中；等到下课前的几分钟，他们的注意力就又开始趋于分散。所以教师在讲课时，应该抓住这个规律，并且利用好这个规律。

在上课铃响后，许多学生还在做上节课的事或者还沉浸在课外娱乐中，此时教师应该迅速地抓住学生的注意力，让他们尽快进入上课状态。接着马上导入新课，导入新课一定要快、要新、要自然。在接下来的具体授课时，教师要根据难易度、轻重点、内容的多少具体分配时间和教学进度，尽量在20～35分钟之间富于变化地授完新内容。

在课堂最后的几分钟里，教师可以利用一些游戏或者读写练习再创设一个课堂教学的小高潮，使整个课堂教学呈“螺旋式”“阶梯状”，这样学生就能在所有的教学环节中认真听讲、积极参与了。

3. 忽视对学生情绪的节奏把握

有些教学内容较简单，学生很容易就能较好地掌握，于是在掌握了以后，会表现出漫不经心、注意力分散的情况。但有的教师却没能发现这一点，或者发现了却没有适时地调控自己的讲课节奏，使得学生注意力分散的时间延长，当教师开始讲授比较难的知识点时，学生又很难即刻把注意力收回来。

还有一种情况是，有的学生情绪较为低落，即便教师口若悬河地讲解，他们也很难跟着教师的思路认真听讲。之所以出现这种情况，是因为教师忽略了学生的情绪，而学生的情绪却能影响课堂节奏。所以教师在设计教案时，一定要把学生的情感变化考虑进去，并且在具体讲课时注意随时查看学生的情绪变化，帮助他们适时地调整自己的情绪，以适应课堂节奏。

面对变化多样的课堂教学，教师除了平时要用心备课外，还应该多研究一下学生的心理，增加一些必要的教学智慧，对课堂上的“不确定性”有所感悟，这样，教师才能更为准确地调控好课堂节奏，使自己的教学效果、教学水平更上一层楼。

（二）调控课堂教学节奏的要点

合理的教学节奏应如行云流水，行乎其当行，止乎其当止，并且在行止之间把预先设计好的教学内容尽可能完美地让学生吸收，同时又不让学生产生被强塞硬灌的感觉。然而，调控好课堂教学节奏本身是一件不容易的事情，教师应该在平时的教案设计或课堂实践中加以注意，尽可能地通过反复实践使之趋于完美。具体实施时，应该注意以下几方面内容：

1. 注意教学进度的快慢变换

快与慢是针对教师教学进程的速度而言的。如果教学节奏太慢，学生的思维就会变得松散，这会阻碍他们的认知发展；如果教学节奏过快，就容易使学生的思维跟不上教学进程，结果欲速则不达。

所谓快节奏，就是对于学生容易理解的内容可以加快讲课节奏。此外，还要严格要求学生遵守课堂秩序，这样就不会因为不必要的琐事而浪费宝贵的课堂时间。所谓慢节奏，就是在教学的重点、难点、疑点等处放慢节奏，详细地甚至反复地给学生讲解，并让学生多练习。

总而言之，在课堂上，教师讲课的节奏应该有快有慢，这样学生才不会被快节奏拽着跑，也不会因为慢节奏而昏昏欲睡。

2. 注意教学内容的疏密间隔

所谓“疏”，就是指间隔大、频率小；所谓“密”，就是间隔小、频率大。课堂教学要通过时间分配的多少与信息交流的快慢，使课堂教学节奏有疏密、间隔的变化。

课堂教学既要有“密”，比如，在基础训练时速度要快、内容要多，使学生达到脱口而出的程度；也要有“疏”，比如，在教学重点、难点、疑点时，要放慢教学速度，给学生适当的思考时间。

通过课堂教学的疏密变化使学生精神振奋，认真地参与每一个教学环节。

3. 注意学生听课状态的动静交替

所谓“动”，就是指在课堂教学中学生积极参与、踊跃答题和激烈讨论的一种活跃的听课状态；所谓“静”，则是指在课堂教学中学生静心听课、深入思考的一种相对安静的听课状态。

如果一堂课上学生一直处于一种状态，就会出现因兴奋过度而使课堂失控的情况，或因自始至终的静寂导致课堂气氛沉闷，抑制学生思维。而这两种课堂状态都不能取得较高的教学效率，都不能让学生一直处于良好的学习状态。

所以，教师要想有一个高效的课堂，就应该采用符合教学美学的教学节奏——即在授课状态上始终保持动与静的有机交替。

4. 注意课堂气氛的张弛错落

所谓“张”，就是指课堂上紧张、急促的气氛；所谓“弛”，则是指课堂上轻松、舒缓的气氛。如果课堂教学一味地“张”，则会导致学生的心理一直处于紧张状态，影响他们的身心健康；如果一味地“弛”，则会使学生的精神涣散，注意力不集中。

所以在课堂教学中，教师既要运用设置“圈套”等教学方法以及自己紧张、急促的语气等造成紧张的课堂气氛，又要运用游戏、故事等手段放松学生的心情，通过张与弛的错落调控，使课堂教学活动具有韵味美，从而让学生乐于参与其中。

5. 注意学生思维的起伏变换

所谓“起”，是指在课堂教学中学生思维最活跃，师生情感交流最和谐、最融洽的高潮部分；所谓“伏”，是指学生的情绪相对平稳，兴奋劲儿稍微退落的状态。

在课堂教学中，教师应该善于运用一起一伏的节奏，将学生带入跌宕起伏的教学艺术情境中去，使他们深入课堂，去体会教育的美。

事物运动都是有节奏的，而人的思维同样也是有节奏的，因此才出现了人在思考问题时，此时百思不得其解，彼时却豁然开朗的情况。学生思维亦是如此，他们的思维特点同样是出现一个高潮后，要再过一段时间才能出现另一个高潮。

正因为学生的思维是有节奏的，所以教师在讲课时也应该注意根据学生的思维节奏去调控自己的课堂教学节奏，这样才能弹好“课堂进行曲”，才能让学生有精力和兴趣去参与教师的每一个教学环节。

二、名师经典案例

(一) 巧用“材料”牵动学生注意力，维系学生热情

不同的教学节奏会产生不同的教学效果。适宜的节奏对教学有积极的促进作用，反之则对教学产生消极的阻碍作用。特级教师章鼎儿在教学《橘子的认识》一课时，是这样巧妙运用“材料”来调控课堂节奏的——

师：今天上课的题目老师藏在口袋里（从口袋里掏出一个橘子）。这是什么？

生：橘子。

师：对，今天要认识橘子。我们看看这个橘子是什么颜色？

生：黄色的。

师：（出示一张黄色纸片，跟橘子进行比较）橘子的颜色跟黄色很像，很接近。还有人说说吗？

生：金黄色。

生：比黄色深一点。

生：有的橘子是绿色的。

师：这个橘子是绿色的吗？

生：不是。

师：那你能说说这个橘子是什么颜色的吗？

生：这个橘子是橘黄色的。

师：有人说这个橘子颜色是黄色、金黄色、橘黄色，反正它跟黄色相近，但又不是黄色。

生：橘黄色。

师：大家说说这个橘子到底是什么颜色？

生：橘黄色！

课一开始章老师从口袋里摸出橘子便调动起了学生的学习兴趣，搞活了课堂气氛，从而能顺利地指导学生观察。通过比较和描述，让学生认识了各种层次的黄色，并能够选择合适的词来形容橘子的颜色。

师：（又出示一个橘子）这个橘子是什么颜色？

生：绿色！

师：（又出示一个橘子）这个橘子是什么颜色？

生：金黄色。

生：红色。

师：（出示红色纸片）像红色，可又不一样，对吧？这是什么样的红颜色？

生：浅红色。

生：橘红色。

生：深橘黄色。

师：我看刚才那个橘子是橘黄色，为了好记，就叫橘红色，好吗？一个是橘红色的橘子，一个是橘黄色的橘子，一个是绿色的橘子。现在老师扮演一个没见过橘子的人，问你橘子是什么颜色，你怎么告诉我？

生：绿色、橘红色、橘黄色。

生：橘子有这三种颜色，绿色、橘黄色、橘红色。

师：哦，橘子有三种颜色，有的是绿色，有的是橘黄色，有的是橘红色，这个同学说得真好。

师：下面我们来做个游戏。老师有个口袋，口袋里装有橘子、苹果、梨。现在请一个同学上来，从口袋里摸出一个橘子给大家看。

“游戏”的引入使逐渐走入“吵闹”的“辨认颜色”环节立刻转向，让学生激昂的情绪在老师的又一“材料”——口袋的吸引下安静下来，大家都在猜测口袋里到底是什么。章老师用这一适合学生心理特点的形式调控着课堂的动静节奏，不断用“材料”吸引学生的注意力。

（一个学生在口袋里摸，正要将摸到的东西拿出来，老师抓住了他的手）

师：会不会摸错？

生：不会。

师：你怎么知道不会错？

生：因为苹果和梨的表面是光滑的，橘子的表面是凹凸不平的。

师：要是他摸对了，大家为他拍手好不好？

生：好。

（学生摸出的是橘子，大家鼓掌）

师：这手真巧，不用眼睛看就能摸到橘子，这个橘子送给你啦！大家都想试呀？那我们每个人都试试！我为你们准备了口袋，口袋里有苹果、梨、橘子，你们别摸错了，凡是摸到的是橘子的，这个橘子就归你啦。将摸到的橘子放在纸上。

（发给每个小组一个装着橘子、苹果、梨等水果的口袋，学生分别在口袋里摸，都摸出了橘子）

师：下面我们来一场剥橘子比赛，看看橘子里面是什么。我们比谁剥得好，不比谁剥得快。看谁剥下的皮不碎。剥好的皮放在前面，肉放在纸上。

师：（出示一学生剥的橘皮）圆圆的橘子剥下的皮是这样的，像一朵花。现在大家举手告诉其他同学，你看到的橘子里面是什么样的？

为引导学生观察橘子的内部，章老师展开了“剥橘子比赛”，使课堂情绪再一次高涨。拿了橘子的学生立刻兴致勃勃地行动起来，但一动起来就很难让他们静下来，学生剥完橘子后“玩闹”的心还未收回，如何让他们静下来呢？这时再一次彰显了章老师的课堂调控艺术，仅仅出示了一个学生剥出来的“像一朵花”的橘子皮就再一次把学生的注意力吸引了过来，并顺利进入下一个“观察橘子内部”的教学环节。

生：不把它剥成一瓣一瓣的，就是圆的，要是剥成一瓣一瓣的，每一瓣像晚上的月亮。

生：如果不剥成一瓣一瓣的就像大皮球，如果剥开就像一个切开的西瓜。

生：橘子剥出来的肉像个南瓜，如果把它剥成一瓣一瓣的，就像香蕉。

师：同学们都看到了橘子里面是一瓣一瓣的。

师：你能数数橘子有几瓣吗？

（学生开始数，并将瓣数告诉老师）

师：7瓣、8瓣、11瓣都有，不会错吧？

（学生再数）

师：我看有些同学数数时不小心又数回去了。大家把橘子剥开，一瓣一瓣放在纸上数好吗？

（学生剥开橘子，并将橘瓣排列成形状各异的图形）

这一环节很有意思，有的学生会周而复始地数，这既可以视作一种练习，也可以说是在选择适当的数法。这也让前面非常热闹的课堂在学生的“认真”中走向“平静”。这种动静交替的节奏调控使得课堂变得有节奏感，不会给学生透不过气来的紧张感。

师：下面我们一起来做一个统计。老师带来了一张图（出示图表）。如果你的橘子是9瓣，就把布袋上的黄纸片拿下来，粘在9瓣这个格子里。听懂了吗？下面把纸片取下来，一组组上来。

（学生拿纸片往图表上粘贴）

师：我要表扬一个同学，他刚才把小纸片贴到了13瓣那一格里，可回去一数只有12瓣，他又上来把纸片从13瓣一格上撕下贴到12瓣一格中，他是不是很认真呀？

生：认真。

师：你们还有没有贴错的？

生：我的橘子只有9瓣，我贴到10瓣那一格了。

（学生上来重贴）

师：我来数数几个同学的橘子有8瓣，几个同学的橘子有9瓣。

这张“统计图”是学生用老师事先准备在小布袋上的不干胶圆片亲手贴成的。它简洁、漂亮，渗透了概率、集合、正态分布等方面的数学知识，又是以学生乐于接受的形式生动具体地展示出来的，反映了教师深厚的功底和独具的匠心。这一“材料”的使用让相对“静”的数橘瓣环节走向了“动”的高潮。

师：我要问了，一个橘子有几个橘瓣，应该怎么说？

生：有 10 瓣。

师：因为你的橘子是 10 瓣，是吗？如果我剥的橘子只有 9 瓣，那就不是橘子了吗？

生：橘子有的有 9 瓣，有的有 10 瓣。

生：橘子有各种各样的，有的是 8 瓣，有的是 9 瓣，有的是 10 瓣，有的是 11 瓣，有的是 12 瓣。

师：同意他的说法吗？

生：同意！

生：不同意，我以前吃的橘子里有的有很多很多橘瓣，都有 15 瓣的。

师：章老师在家吃橘子的时候也数过，是有 15 瓣的。刚才有一个同学的发言特别好，他说有的橘子有 8 瓣，有的有 9 瓣，有的有……12 瓣，有的有 13、14、15 瓣，有的橘子只有 7 瓣。

活动过后适时地引入提问可以引发学生的思考，这也是一种“动”转向“静”的调控技巧。学生在这样的思索中感知了橘子瓣数的分布情况。

师：现在我们尝尝橘子的味道，看橘子是甜的还是酸的。另外，看看小组里 4 个人中谁的橘子最甜，谁的橘子最酸。等会先尝自己的橘子的味道，再交换着尝一尝、比一比。开始！

（学生品尝橘子，老师巡视）

师：时间不多了，现在开始吃橘子比赛，看谁吃得快。好吃吗？

生：好吃。

师：还想吃吗？

生：想。

师：我这里还有呢！现在要发的橘子，被老师用刀切开了。一会儿我给每个小组发一个盒子，盒子里的橘子共切成了 8 瓣，开始每人只拿 1 瓣，看看，用刀切开的橘子是什么样的。仔细看，看好了举手告诉大家。

吃橘子的诱惑使学生的情绪再一次高涨，然而这毕竟只是一个体验“味道”的小环节，再说学生在生活中基本都吃过橘子，所以不能让这种高涨的情绪持续过长时间，影响后续的教学。该如何使学生这种高涨的情绪立刻“静”下来呢？章老师只用简单的一句“我这里还有呢”便紧紧抓住了学生还想吃的心理，使学生瞬间安静下来，从而把他们的注意力吸引到老师身上。紧接着章老师用刀切开橘子的活动，顺利地使教学进入下一个环节。

生：橘子里面是金黄色的。

生：橘子像花。

生：灯一照，里面亮晶晶的。

生：橘子切成8瓣，像电视里的花仙子，灯一照更好看了。

师：最外一圈是什么呀！是皮。皮里是肉，对不对呀？现在老师要出一道难题来考大家。不剥皮，数数你的橘子里有几瓣橘瓣。

（学生报数，8、9、10……）

师：同学们都会数，老师很高兴。接下来，老师要你们在盒子里找出哪半个橘子和你的半个橘子合起来正好是一个，如果找到了，这个橘子就归你啦。

（学生积极寻找、比较）

师：大家都找到了，那么我们就吃掉这个橘子吧。怎么吃呢？看老师的，我们来挤橘子水喝（示范），大家开始。

（学生挤橘子水）

师：（出示一个学生挤完橘水留下的橘子皮）大家看看，橘水挤完了，又是一朵花。

（评：美的熏陶、美的感染）

师：剩下的橘子，同学们可以带回去挤，但橘子皮不要乱扔，要扔到垃圾箱里。

师：最后，老师请大家看一盏小橘灯（取出一只用橘皮做的小橘灯，点燃）。你们如果喜欢，回去也可以学着做一盏。

热闹的“挤橘水”环节是教学的又一个高潮。事实上，这时候学生已经没有橘子可以榨汁了，但学生还是在榨、榨、榨……如何让学生停止这种“闹”？章老师的“材料”再一次在调控中发挥了作用：小橘灯的出示让学生感到新奇，他们的兴趣一下子被另一种事物吸引了，立即停止了榨橘汁。这时，教师也就可以顺利地结束本课时。

章老师的课始终在有序的“材料”展示中一环一环有节奏地进行着，给人一种艺术的享受。试想，如果章老师一开始就把所有的“材料”都交给学生，那课堂还会如此有节奏地进行吗？学生还会有丰富的发现吗？

从章老师的实践可以看出，巧用“材料”调控课堂节奏要有“犹抱琵琶半遮面”的意识，在学生需要的时候才拿出来，而不是一股脑儿堆在桌上。上课一开始在学生的桌上放什么东西，要再三考虑，千万不要让学生知道老师到底准备了多少东西。这样，课堂上教师一会儿拿出一件东西，一会儿又拿出一件东西，学生就会想：老师那里究竟藏有多少东西？这样学生就会有一种期待，教师无形中也就有一种调控他们行为的隐性力量。

案例中，章老师利用“材料”有效地把握了教学节奏，自始至终牵动着学生的注意力，维系着学生的热情，使得课堂教学跌宕起伏、扣人心弦，从而轻松愉快地实现了教学目标。而有些教师的课堂教学，整节课都是一板一眼、四平八稳、慢条斯理的舒缓气氛，使学生感到索然寡味；也有些教师整节课激情洋溢、精神振奋，学生却因过度疲劳而思维受抑制。这些行为都会造成课堂教学节奏失调或缺乏课堂教学节奏而达不到教学目的。所以，应该学学章老师利用“材料”进行课堂调控的教学艺术，使课堂教学变得顺利而高效。

利用“材料”调控课堂节奏需要注意以下几点：

(1) 要体现启蒙的含义。启蒙不仅包含知识，更包含态度和方法。这些在案例中都有体现。

(2) 要培养学生的学习兴趣。对低年级学生来说，没有兴趣就没有动力。案例中，章老师用实物让学生对司空见惯的橘子进行科学的认识，他们的兴趣自然而然地产生，并自始至终保持着旺盛的学习热情。

(3) 课堂结构要严谨。案例中的每一个步骤都是经过章老师精心设计的，并且在教学实践中做到了不露痕迹。教师需要考虑学生的心理特点和课堂教学的规律，才能使课堂调控获得成功，光凭经验是达不到这一点的，还需要教师具备一定的理论素养。

(4) 把高深的内容巧妙地渗透到教学中去。案例中，有统计、概率、集合、正态分布等内容，有的内容要高中、大学才会学到，但章老师却以合理、恰当的形式教给了一年级的学生，让他们从现在起就获得具体的感性材料。这种教育的效应是延时效应，日积月累，让学生形成一种习惯、一种观念，这也会为他们以后的学习打下坚实的基础，使他们终身受益。

(5) 贯彻全面发展的方针。教育应该重视美育，以美促学，强调课程之外非课程教学产生的效应。案例中体现了让学生在美的环境中感受和谐的氛围，对橘子形状、颜色的描述，摆橘瓣，正态分布统计图，剥开的橘子皮……教师无处不重视“美”的观念的渗透、美的情操的陶冶、对美的欣赏力的培养。总之在案例中，美育有着充分的体现。

(6) 让学生的个性得到充分发展。案例中，每个学生既按教师要求完成了每项操作，又充分发挥了自由的想象，无拘无束地展示了自己的个性，这不仅是对节奏的调控，更为教师了解学生、进行有的放矢的教育打好基础。

（二）情动而辞发，用“真情”控制学生的思想“脉搏”

情感是教学艺术的核心，是教学艺术的生命。在课堂上，打动学生的是情，感染学生的是情，震撼学生的仍然是情，所以，教师在教学中要善于用“真情”来调动学生的思想“脉搏”。南京市北京东路小学校长、语文特级教师孙双金就是这样一个善于用“真情”牢牢控制课堂节奏的优秀教师。下面来看一看他精彩的教学片段：

片段1：

执教《只拣儿童多处行》一课。

清脆的上课铃响后，孙老师迈着轻盈的步子走进教室。他扶了扶架在鼻梁上的宽大的眼镜，右手轻轻一点，欢快的音乐《春天在哪里》响起来了，美丽的画面、动听的歌曲一下子把学生带进了明媚的春光里。

音乐结束了，孙老师用独特的男中音开始了与学生的对话：“春天来了，你们到哪里去找春天呢？”

（学生们有的说去田野里找，有的说到草地上找，有的说在校园里找……大家各抒己见，积极地发言，孙老师则专心地听着每一位学生的发言）

引领学生初读课文后，孙老师提出问题：“一位六十多岁的老人，到大自然中去寻找春光，为什么不走清静的地方，而只拣儿童多处行呢？”

学生说：“因为儿童多的地方往往是春光最美丽的地方。”

孙老师点点头：“说得很好。原来是‘儿童多处春光美’呀！”说完，在黑板上板书这几个字。

学生说：“我觉得儿童有一双善于发现的眼睛。”

孙老师笑问：“你是从哪里看出来的？”

学生读第七自然段：“从‘我拉住一个额前披着短发的女孩子……一个在她后面的男孩子笑着说：“就是开得旺嘛！”’看出孩子有一双善于发现的眼睛。”

孙老师夸赞：“真聪明！孩子们有善于发现的眼睛，你也有善于发现的眼睛。还有其他的发现吗？”

学生说：“我还发现了一点，因为儿童是朝气蓬勃的，是快乐的小天使，所以老人才只拣儿童多处行。”

孙老师表扬道：“发现得好！这句话非常重要，儿童是朝气蓬勃的，从哪个词可以看出来？”

学生答："喷发。"

孙老师由衷地夸奖道："你讲得太好了！能不能读得更好？"

（学生深情地读了起来）

等他读完后，孙老师再问："从这里你还知道了什么？"

有学生抢答道："儿童像一个个小天使，是神圣的。"

孙老师边听边点头："多美的语言！这是你们的感悟。你们还读出了什么？"

"冰心奶奶非常喜欢儿童。"

"第六自然段说春光'这样地饱满，这样地烂漫'，实际上也暗示着孩子也是这样饱满，这样烂漫。"

……

孙老师为学生的发现感到欣喜："你们都有一双慧眼，把藏在背后的东西也读出来了。我们一起读读这段。"

（学生认真地读第八自然段）

读完后，孙老师又提出问题："这一段写出了哪些花儿和儿童的共同特点？"

学生说："第一点是在春天的感召下，儿童和花儿一样欢畅活泼；第二点是生命力同样旺盛；第三点是一样快乐。"

……

至此，学生的情与智的结合已体现得淋漓尽致，它也同时展示在孙老师的板书上：

儿童多处春光美

儿童朝气蓬勃，是春天的使者

儿童如海棠一般，是人间最美的春光

……

看，这多么像一首诗，一首师生情智潜能即兴奔涌而创作的诗。

接下来，孙老师开始朗读冰心的《雨后》和《小白船》，让学生感悟冰心那颗博大深厚的爱心。伴着优美的音乐，孙老师那浑厚而有磁性的声音，富有感染力的语言，回荡在教室，紧紧地抓住了每一个学生的心。

读完后，孙老师在黑板上写下了巴金评价冰心的一段话："一代代的青年读到冰心的书，懂得了爱：爱星星、爱大海、爱祖国、爱一切美好的事物。"

最后，孙老师用力地在课题的后面写下一个大大的"爱"字，教学戛然而止。此时此刻，学生被深深地吸引了，他们因有这样一位“有了爱，就有了一切”的冰心奶奶而幸福，为有一位给他们带来美好熏陶的孙老师而激动。

这堂课十分精彩。开课之初，孙老师就用音乐把学生带进了阳光明媚的春天。他这么做当然是有深意的，因为课文讲述的就是寻找春天。学生随着音乐进入课文意境中，调动起了他们的“真情”，这时孙老师抛出了问题：“从哪些地方看出冰心专拣儿童多处行?”“为什么冰心专拣儿童多处行?”两个看似简单的问题却统领全文的中心。

问题抛出后，引起了学生们的讨论，在孙老师的启发下，学生边读边悟，在充分感知教材、熟悉教材的基础上，纷纷说出了自己的感受。在课堂最后，孙老师又在音乐中朗读冰心的其他作品，把学生再次带入作品情境中。

整堂课，孙老师不但用音乐和声情并茂的朗读激发了学生的情感，还通过带有启发性的问题，让学生在朗读中思考，使其情感和智慧都得到了升华。

片段 2：

教学《二泉映月》时，孙老师问：“你们对阿炳有怎样的了解?”

“阿炳是一个盲人，而且他的身世很悲惨。”

“他的母亲在他四岁的时候就去世了。”

……

孙老师表情凝重地说：“阿炳是个苦难的人，是一位民间音乐家，是一位盲人音乐家。《二泉映月》代表了他的最高水平，你们想听吗?”

（学生点点头）

孙老师按下录音机按钮，教室里响起了二胡名曲《二泉映月》，带着课前对阿炳苦难身世的大致了解，学生们开始走进《二泉映月》，屏息静气，悉心聆听。真可谓“转轴拨弦三两声，未成曲调先有情”。

音乐播完后，孙老师没有说话，又用多媒体展示以下场景：

场景一：冬天，大雪纷飞，寒风刺骨，双目失明的阿炳是怎么卖艺的呢?

场景二：夏天，骄阳似火，烈日炎炎，阿炳是怎么卖艺的呢?

场景三：一天，阿炳生病了，烧到四十度，浑身发抖，他又是怎么卖艺的呢? 选择一个画面，想象一下。

此时，孙老师又播放《二泉映月》的音乐。顿时，凄苦、悲哀的旋律再次回荡在教室里。孙老师问："说一说，你看到了怎样的情景？"

学生答："冬天……"

学生答："夏天……"

学生答："一天，阿炳生病了，发烧已经烧到了四十度……"

（曲子扣动了每个学生的心弦，他们带着对阿炳身世的进一步了解，开始想象阿炳的苦难生活）

孙老师再问："他深深的叹息，有人倾听吗？"

学生齐答："没有！"

孙老师问："他伤心的哭泣，有人倾听吗？"

学生答："没有！"

孙老师问："他激愤的倾诉，有人倾听吗？"

学生答："没有！"

孙老师问："他倔强的呐喊，有人倾听吗？"

学生答："没有！"

这时，孙老师感情激越地说："没有！对音乐充满热爱的阿炳，充满音乐天赋的阿炳，只能把自己的满腔情怀倾诉给茫茫月夜。"

（孙老师又随手按下按钮，《二泉映月》的音乐声又一次在教室里回荡）

音乐播完，孙老师打破沉默："《二泉映月》起初委婉连绵，随着乐曲的步步升高，进入高潮，表达了阿炳对命运的抗争。谁来读一下？"

学生踊跃举手，一学生伴着音乐开始朗读："起初，琴声委婉连绵……他爱那照耀清泉的月光。"学生全情投入，字字掷地有声，读完后教室内响起热烈的掌声。

（学生已被音乐和孙老师那慷慨激昂的声音感染了，完全投入了文章的意境当中）

孙老师又提出问题："起初，琴声委婉连绵，你仿佛听到了什么？你仿佛看到了什么？"

学生答："我仿佛看到了二泉优美的月夜景色。"

学生答："我听到了阿炳对美好未来的向往。"

……

孙老师第四次播放音乐："我们一起来读这篇课文，带着感情朗读。"

学生们和着音乐朗读课文，当朗读声响起的时候，老师、学生的情感与这首二胡名曲已经融为一体。此时的孙老师已经不是授课者，而是一位顶级的指挥家，指挥棒轻轻一挥，带着学生们走进了音乐；此时的学生也已不单是在学课文，而是在品味音乐，在乐曲声中深情地读着民间艺人阿炳的身世。

朗读完毕后，孙老师问："小泽征尔认为应该怎么听《二泉映月》?"

"跪下来听。"

"对某一个人、某一件事无比崇拜的时候才会朝他跪下。小泽征尔崇拜阿炳什么呢？他要跪阿炳什么精神呢?"

学生答："他要跪阿炳不怕苦难折磨的精神。"

学生答："我觉得他要跪阿炳这种目标专一、坚持不懈的精神，而且在这么艰苦的条件下能创出这么美妙的音乐。"

学生答："他要跪阿炳美丽的心灵和坎坷的经历。"

孙老师反问："他要跪阿炳坎坷的经历、凄惨的人生。他仅仅跪这些吗?"

学生答："他跪阿炳勇敢地同病魔作斗争。"

学生答："他跪的是阿炳对命运的抗争。"

孙老师板书"对命运的抗争"。

学生大声齐读："对命运的抗争。"

学生答："他跪的是阿炳对光明的向往。"

孙老师再次板书"对光明的向往"。

写完后，孙老师充满激情地说："人生充满苦难的人太多了，度过凄惨人生的人太多了。但是有些人被苦难压倒了，从此潦倒一生，这样的人是不值得被小泽征尔跪的。小泽征尔跪的是对命运抗争、对光明向往的这种不屈的精神！小泽征尔说要跪下来听《二泉映月》。而我们今天该怎样去听《二泉映月》?"

学生充满激情地答道："用心认认真真地去体会《二泉映月》。"

孙老师依然用激情的声音说："用心，让我们再一次用心感受那动人心弦的《二泉映月》吧。"说着，第五次播放《二泉映月》。

伴随着音乐，孙老师总结道："苦难给人们带来了什么？悲痛、哀伤、哭泣。但是对于一个命运的强者，对于一个敢于和命运抗争的人来说，苦难又是一笔巨大的财富。让我们勇敢地面对苦难吧!"

多么发人深省的话语！此时此刻，"东船西舫悄无言，唯见江心秋月白。"《二泉映月》这首二胡名曲带着学生走进了阿炳的一生，走进了对人生的思索中。余音绕梁，绵延不绝。

白居易说："感人心者，莫先乎情。"而"情"从何而发？孙老师在这节课上给了我们最好的诠释：感情只能用感情去触摸，感情只能用感情去领悟，感情只能用感情去交融。

阿炳，这位旧社会的民间盲艺人，离今天的孩子是遥远的。《二泉映月》这首二胡名曲，对天真单纯的孩子们来说，是陌生的。但在孙老师的课上，他用自身丰富的情感引领学生在多次“一唱三叹”的朗读中，积淀了情感，走进了阿炳的内心世界、走进了《二泉映月》。

孙老师的课，让我们感觉到：他不仅仅在引领学生学习语言文字，更是在引导学生与作者对话的过程中唤醒他们直面生活、品味生活、领悟生命的真谛。这就是情感与智慧的交汇与碰撞！

孙老师在教学中让学生不断地升华情感，应该说，情感是孙老师调控课堂的主要成分。

片段3：

孙老师执教古诗《赠汪伦》。

孙老师说：“老师不讲，同学们已基本上读懂了这首古诗。但这还不够，读诗最可贵的是发现问题。‘学贵有疑，小疑则小进，大疑则大进。’你们轻声读，看看能提出什么问题，可以相互讨论一下。”

（学生开始读书，然后交流问题）

学生轻声问：“汪伦为什么用踏歌的形式送李白?”

“这个问题提得好啊！你再大声地说一遍，让大家都听见。”

（学生大声重复一遍）

学生问：“为什么汪伦早不送，晚不送，偏偏在李白踏上小船将要走的时候送呢?”

“为什么‘李白乘舟将欲行’时汪伦才来送，这个问题提得太好了！你们真厉害，孙老师也不知道答案。你们讨论一下，汪伦这时才来送李白有哪些可能，请你们展开想象。”

（学生热烈地讨论）

学生答：“如果汪伦提前知道李白要走，可能要准备一份厚礼。李白不愿汪伦这样破费。”

学生答：“李白可能怕汪伦伤心，就悄悄地走了。汪伦发现李白不见了，就匆匆赶来了。”

孙老师表示肯定：“这也是有可能的。”

学生答：“李白可能已告别过了，由于两人感情深厚，汪伦还想再见李白一面，所以又来了。”

“一送二送，这是你的理解，大家来点掌声。”孙老师鼓励道。

（学生热烈地鼓掌）

学生答："汪伦开始可能用普通的形式话别，现在用踏歌来送别。"

"还有不同的理解吗？"孙老师巡视全班同学。

学生答："汪伦开始时可能故意不来，想给李白一个惊喜。"

学生答："汪伦是个农民，李白看到他很忙，就不让他送。汪伦不忍李白就这样离开，又来送别。"

"归纳起来，是两人的情意太浓了。李白不愿汪伦破费，悄悄地走了。而汪伦为了这份深情厚谊，一把李白送上路，二把李白送上船。再把前两句读一读。"

（学生齐读）

孙老师说："现在讨论另一个问题：汪伦为什么要用踏歌的形式送李白？"

学生答："李白性情豪放，汪伦深知李白的性格，所以要踏歌送行。"

学生答："踏歌是当时当地的风俗，朋友送行，有这种风气。"

学生答："汪伦不想让李白离别时伤感，所以踩着有节奏的步点，唱着轻快的歌来送李白。"

孙老师总结："真是知心朋友啊，他们彼此了解对方。汪伦不愿李白伤心，用踏歌来道别。"

在孙老师以"情"调控课堂的教学中，节奏滋生于"情感"与"智慧"的互促互补、相得益彰之中。从上面这个教学片段中不难看出，孙老师正是从培养学生"真情"意识入手，自然地引发问题探究，于是，学生情与智的花朵在读与思的交锋中竞相怒放。

（三）反复导读，在"读"中调控学生的思维节奏

全国著名特级教师支玉恒在教学《丰碑》一课时，先引导学生明白了"丰碑"一词，然后再引导学生读课文：

"在大家读了几遍课文的基础上，我强调这一次要有感情地读。一开始就有感情地读，第一是为了让你们学会有感情地朗读，第二是为了让你们通过这种有感情朗读的语调、语气、节奏、速度等，去理解文章的内容，体会文章的情感。一般情况下咱们先把文章理解了，再有感情的朗读。而我们现在要在预读的基础上，一开始就有感情地读，利用有感情的朗读对理解的促进作用，通过神情和语气，来体会文章的内容和感情，通过读来学习课文。

试一试好不好?”

学生齐声回答:“好。”

“大家一起读，开始。”

学生齐读:“红军队伍在冰天雪地里艰难地前进。”

“停，冰天雪地是什么样子?”

“寒冷的。”

“恶劣不恶劣?”

“恶劣。”

“你们读得恶劣吗? 艰难地前进，你们读得艰难吗? 要是能把艰难读出来，你们就会根据读时的情感，想到冰天雪地的样子了。用读来理解，懂不懂啊?”

“懂。”

“重读，开始。”

(学生重读)

“听我怎么读。”(支老师范读这句)“再重读，像我这样读，看我的手势，开始。”

(学生重读课文，支老师配合手势，并领读至第二句)

“什么叫大冰坨?”

“被大雪冻成了一个很大的冰块。”

“整个山就是一个大冰块，就是这意思。你想想整座山是这么一个冰块应该怎么读?”学生齐读。读到“向前挺进”一句时，支老师问:“刚才用的是‘前进’，现在用的是什么?”

“挺进。”学生齐答。

“比前进更怎么样了?”

“更艰难了。”

“但是人更——”

“坚强了。”

“你们听我读这两个词(读文):‘狂风呼啸，大雪纷飞’，你们听我这样一读有什么感觉?”支老师的语调语势豪迈，铿然有力。

“风太狂了，雪太大了，天气太冷了。”

“哈! 一口气说了三‘太’! 你再把这三个‘太’与‘挺进’联系起来想一下，觉得这支队伍怎样?”

“这支队伍遇到的困难很大，但他们战胜困难的决心也很大。就是刚才说的‘更坚强了’。”

“对。再接着往下读。”

学生齐读至“残酷的战斗”，支老师再喊：“停，下面课文写了几个‘可能’啊？”

“四个。”

“四个‘可能’，情况不一样，看我的手势读，我读前面的话，你们读四个‘可能’。”支老师引读：“等待着他们的是恶劣的环境和残酷的战斗——”

学生齐声接读：“可能吃不上饭，可能睡雪窝，可能一天要走一百几十里路，可能遭到敌人的突然袭击。”

（支老师用平直、高扬放慢、高扬快速加强、平实沉重这四种不同的手势指导学生读四个“可能”）

“对，大家把刚才学的这两段自己再练习一遍，然后我们比比谁读得好。”

（学生各自读课文）

几分钟后，支老师问：“这样读课文，什么都不用讲，多读几遍，其意自现，明白了吧？”

“明白了。”

“通过读，你想说点什么吗？”

“我感受到军需处长不为自己、专为别人的无私奉献的精神。”

“好，看到了军需处长的伟大。别人呢？”

“我想问，为什么那无数沉重而坚定的脚步声会告诉人们，‘如果胜利不属于这样的队伍，还会属于谁呢？’”

“你先记住你这个问题，一会儿我还请你来回答。”

“我想问，为什么军需处长倚靠在树上，但他只穿着单薄破旧的衣服呢？”

“他的衣服哪去了？”支老师问大家。

学生七嘴八舌争着回答，有学生说：“军需处长没有棉衣。”

“是啊，作为一个军需处长，在发棉衣的时候，他完全能给自己发一件，是不是？”

“是。”

“但棉衣太少了，不够了，他就把棉衣给了谁？”支老师引导。

“战士。”

“自己只好穿着什么？”支老师问提这个问题的同学。

“单薄破旧的衣服。”学生答。

"还有什么问题?"支老师继续引导。

"我想知道将军为什么要给军需处长敬礼?"

"刚才那个同学表演时我问将军为什么缓缓地举起右手?"

"因为将军当时的心情十分沉痛。"一学生解释。

支老师引导性的问:"他给军需处长敬礼说明对军需处长充满怎样的感情?"

学生答:"充满敬意。"

"这不是懂了吗?"

一学生感悟道:"我知道将军为什么愣住了,因为他原以为是军需处长没给战士们发棉衣导致战士被冻死,就发火了,后来才知道被冻死的是军需处长自己。所以他愣住了。"

支老师点头:"对。还有什么问题?"

这时,又一学生说道:"通过课文我知道了军需处长舍己为人的精神非常值得我们去学习。他为了让整个军队的战士都能穿上棉衣,就把自己的棉衣让给战士,自己却被冻死了。他十分伟大,非常值得我们去学习。"

"还有吗?"

"我想问,在课文第七段的最后一句话,说破旧的衣服紧紧地贴在身上,为什么要用'贴'而不用'穿'?"

"为什么不说'穿'而说'贴'?谁知道?"

"这是因为他身上只有这件单薄的衣服,再没有其他的衣服了,所以会紧紧地贴在他的身上。"一学生站起来解释。

……

(课堂在学生的提问和解释中继续有节奏地进行着)

案例中,支玉恒老师一开课就指导学生有感情地朗读课文,指导学生有感情地朗读重点句段,并反复用自己的范读向学生传递不同语句的不同语感,让学生体会、跟读、揣摩、领悟。渐渐地,支老师的语感变成了学生的语感,使学生的学习节奏在"读"中与教师的教学节奏同步,让学生始终感受着不同的语感,表达着不同的语言情境和思想内涵。

于是,学生在这种调控过程中,思维受到启发。有的提出问题,有的解释问题,思维在逐渐延伸、发展,进而深刻领会了文章的内容,使课堂达到一种前所未有的高效。

可以看出,支老师是一个善于通过导读调控学生思维的教师,他常常通过引导学生用心读课文来调控课堂节奏,使学生的思维紧跟着教学环节律动。

支老师在教学《匆匆》一课时，对学生说："你觉得课文哪一段给你的印象最深，哪一段给你的触动最大，你就用心地读哪一段，一边读一边想，想想作者跟你说了什么悄悄话。"

于是，学生开始全神贯注地诵读。读完后，支老师问："有没有听出点什么？谁先来说一说？你不用说自己听到了什么，你从哪一段听出来，就读哪一段。大家听他读，从他读的语感中判断他听出来了什么。"

学生1有感情地诵读第四段。支老师问学生2："你从他读的语感中，听出作者跟他说什么悄悄话了？"

学生2答："我们应该把握住日子，不能让日子一天天地消失。"

"你从哪一句听出来的？"学生朗读第四段的最后一句。支老师走到学生1面前问："他说得全吗？"

学生1答："不全。"

"谁还听出作者对他讲了些什么心里话？"

学生3朗读："只有徘徊罢了，只有匆匆罢了；在八千多日的匆匆里，除徘徊外，又剩些什么呢？"

师问："他说得对不对？"

学生1答："对。"

"把他们两人的回答加起来，就是作者要告诉你的心里话，是吗？"

学生1答："是！"

支老师的课堂教学很"简单"，在他的课堂上没有精心预设的场景演练，没有精美课件的渲染衬托，更没有支离破碎的分析问答，他只是凭借引导学生反复地读——这一最"原始"、最"传统"的教学方式，始终牵引着学生的注意力，调控着学生的情感随着"读"不断与文本产生共振，激发出他们的思维火花。

教学离不开读。读是一切学习过程的出发点。导读可以引导学生深入挖掘文章的思想内涵，引导学生与文中的人物对话、与作者产生共鸣，从而激发学生的情感。那么，什么是导读？概括地讲，就是在阅读教学中，教师致力于导，学生循导学读，以阅读实践活动作为培养阅读能力、掌握学习方法、养成良好阅读习惯的方式。师生之间进行多边交流，教师在"导"中调控学生"读"的节奏，使学生的情感始终参与教师的教学，通过扎实有序的训练，使学生全面打好读写基础。

导读重在读，使学生在读中明白道理，在读中形成能力。导读是为了让学生更深刻地理解和思考，调控他们的学习情绪始终随着文本内容起伏。导读的落脚点在于挖掘文章的思想内涵，加深学生对文本的体验，使学生可以和文本中的人物、作者产生思维碰撞。因此，教师应多方设法致力于“导”，用“导”调控教学节奏，引导学生在读中不断思，在读中不断品，使教学效率得以提高。

叶圣陶曾指出：“教师当然须教，而尤宜致力于‘导’。导者，多方设法，使学生能逐渐自求得之，卒至于不待教师教授之谓也。”教师在教学调控中应着力于“导”。“导”有多种方法，不能拘于一法，一堂课中有时应独唱一枝，有时应并驾齐驱。其共同的目的是要把握学生的情绪节奏，使他们的思维始终参与教学，让学生在读中有所思、有所感。

三、如何做“会调控”的教师

不同的课堂教学节奏会产生不同的教学效果。适宜的教学节奏，可以吸引学生进入课堂、认真听课，进而促进教学效率的提高；而不当的教学节奏则会让学生产生一种不适之感，进而对学习产生消极情绪。

之所以会出现这种情况，是因为节奏和课堂教学之间存在着形式和内容的辩证关系。适宜的节奏作为教学的适宜形式，可以使教学内容获得充分的表达；反之，则会使教学内容表达得不充分。所以，教师对于调控教学节奏的方法的选择与运用一定要慎重。

那么，小学教师应该用什么方法来控制自己的教学节奏，使之与小学生的思维节奏更为合拍呢？教师应把握好以下几点：

（一）通过创设教学情境、教学气氛来调控教学节奏

在课堂上，教师与学生内在的心理变化、思想感情，可以说是内部的教学节奏，而教学情境、教学气氛则是这种内部教学节奏的外在表现和反映。而且不管教师或者学生能否意识到，这种节奏都是存在的，即课堂教学都是在一定的情境和气氛中进行的。此外，在教学中，师生双方的这种节奏又是相互影响的，并且形成一种心理互助。

所以，教师应该学会通过创设教学情境、教学气氛来加速或者减缓学生的听课节奏；教师也可以改变自己的节奏，最终形成师生合拍的教学节奏。

只有这样，学生才能在课堂上紧跟教师的步伐，深入课堂，认真学习知识，使课堂效率得以提高。

（二）通过教学语言的表达来调控教学节奏

教学节奏要考虑的重要问题之一，就是教师要注意自身的语言修养，让课堂讲解既能保持教授内容的内在逻辑联系，又能具体生动、形象鲜明地处理一些细节问题，使语言节奏能够与学生的生理、心理和思维的节奏合拍，使学生在和谐的课堂气氛中集中精力学习，甚至在较长的时间内都能保持一种专注的听课状态。

可是，有些教师的课堂语言节奏却很难让学生保持专注的听课状态，因为不是一贯的低沉冗长，就是一贯的高昂短促，而这两种课堂语言节奏都能加速学生的精神疲劳，影响他们听课的认真程度，从而降低课堂教学的效率。

可以这样说，教师的语言修养在很大程度上可以决定学生在课堂上注意力的集中程度，进而影响他们的脑力劳动效率。所以，教师应该多关注一下自身的语言修养问题，最好力求达到以下几点：语言准确、明晰；语调谦逊温和、抑扬顿挫；语速缓急有致、张弛有度；语言风格刚柔相济，或如唠家常，或一唱三叹。

（三）通过神、情、行、态的变化来调控教学节奏

神、情、行、态，分别指课堂上教师的精神状态、面部表情、行为举止和教仪教态。在课堂上，教师的神情是学生注意力的焦点、课堂注意的中心。教师的一个眼神、一个手势，都会吸引学生的注意力。

虽然在通常情况下，课堂上教师的神、情、行、态都只是非语言因素，但是却像烹调时必不可少的油、盐、酱、醋等调料一样。所以，教师应该充分利用这些因素，形成自己独特的非语言教学表达方式，以达到调控课堂的目的。

（四）通过设计教学程序来调控教学节奏

教学节奏不仅包括授课进程的快慢，还应该包括课堂结构的布局、教学

内容的剪裁与设计等。具体地讲，课堂结构要构建得严谨，不宜“松”也不宜“散”；波澜设置不宜“平”也不宜“淡”；注意留下“空白”，不宜“直”也不宜“浅”，留给学生思考的余地。

只有这样，学生的思维才能在教师的引导下时停时续，时而凝神静思，时而跃跃欲试，时而独自沉思，时而互相质辩，使得其思维在动与静、听与思中反复进行切换。

（五）通过调节课堂上的重复和变化来调控教学节奏

教学节奏应该同时体现教学的重复与变化。因为教学中一定的重复可以帮助和巩固教学，而一定的变化则可以增加新的因素，造成对比，使学生更易于理解和掌握。但是这里所说的重复，是允许的或者必要的重复，而不是那种多余的或者机械的重复；而变化则是在重复基础上的变化，而不是无休止的变化。

此外，重复与变化不是绝对分离的，而是变化中有重复，重复中有变化。但是，所有的重复与变化，都必须是根据教学内容的实际需要而确定的，绝对不能为了重复而重复，为了变化而变化。

（六）通过连贯与停顿来调控教学节奏

教学节奏的连贯性是非常宽泛的一个概念，它不仅体现在课堂结构的严谨性和层次性上，还体现在教师教学时注意小段间的自然转折，做到前后呼应、浑然一体。这样，学生听起来才会感觉自然流畅，没有“断层”之感，其思维才能连贯一致，不会出现因思维断层而分散注意力的情况。

但在强调教学连贯性的同时，教师也应该注意：某些停顿在教学中也是必要的。因为有停顿，学生才会有适当的思考时间，才能消化新的内容，提出质疑。并且这种停顿对于成绩不好的学生来说尤为必要，因为他们连贯思维的时间不能维持过长，而且在新旧知识的连接上来得比较慢。而有了适当的教学停顿，他们就能逐步培养自己掌握知识的信心，在思想上接受、认可新的教学内容，从而认真地听教师讲解下一环节的知识。

（七）通过调整进度来调控教学节奏

当前社会信息量极为丰富，信息传递速度快，这就必然要求教师在较短的时间内使学生尽可能多地掌握知识。同时，教师还要帮助学生提高鉴别、选择和加工信息的能力。所以，教学节奏中的快与慢，在一定程度上也与教学内容的多少有关。通常，教学内容贫乏，教学节奏就慢，导致学生总是在原地踏步；而教学内容过多，教学节奏就快，使得学生只能粗略地消化知识。

由于要教授给学生的内容比较多，一些教师就采用快节奏教学方法。虽然这有利于克服课堂中拖泥带水的毛病，使教学精练，让学生接触更多的知识，但这是不可取的。因为一味强调单一的快节奏，那就不再是课堂教学，而是机器转动；学生也就不是独立的“活人”，而是被教师指挥的机器人了。

课堂教学的节奏应该视教学的实际而确定，该快就快，该慢就慢，快中有慢，慢中有快，快慢结合。例如，在数学课堂上，在讲基本概念和法则时可以放慢速度，因为在解析基本概念和法则时，如果能渗透性地讲一下后面的某些内容，学生在学习后面的内容时就会理解得比较快。也就是说，此时的慢是为后面的快做准备，而快与慢都是为了让学生在有节奏的教学中学好知识。

适宜的教学进度、科学而富有变化的教学内容、连贯的课堂结构及课堂语言、必要的教学停顿，都是教师在调控课堂教学节奏时需要把握的基本要素。因此，教师如果想通过调控自己的课堂节奏来吸引学生的注意力，进而提高课堂效率，就应该多在这几方面下功夫，形成自己高效的教学特色。

习惯9 会赏识

——赏识有讲究，妙在增动力

赏识能激发自信，助人从容面对困难；赏识能开发潜能，助人铸就健康人格；赏识能强化行为习惯，助人形成良好品质。教师只有会赏识学生，才能使他们在情绪上得到满足，学习心境保持“愉悦”从而产生求知的欲望和情感，强化学习效果。

一、“会赏识”概述

赏识是一个人心境磊落、底蕴丰厚、才智敏锐、气度从容的标识。赏识，是为人之道，也是为师之道。

如果一个小学教师不懂赏识、不愿赏识，怕是很难合格地参与教育教学活动。少数教师在“恨铁不成钢”情绪的笼罩下，往往多了一分挑剔，少了一分欣赏；多了一分苛求，少了一分呵护。这些教师像医生对待患者一样执着地“诊断”学生身上的不足、过失、缺点、毛病和错误。有了“尾巴”说、“顽石”说、“朽木”说、“榆木疙瘩”说、“害群之马”说等，从而滋生了冷眼、批评、讽刺、呵斥，甚至体罚。

心灵的施暴、肉体的惩戒最终结出的便是信心的折损、兴趣的失却、活力的丧失、师生关系对立的苦果。所以，教师，特别是小学教师，应学会赏识，因为小学生心智尚未成熟，更受不住打击。小学教师更须知道“人性最深层的需求就是渴望别人的欣赏”。随着岁月的增加，小学生这种渴望会变得更加深沉而炽烈。教师一个信任的微笑、一次肯定的颔首、一个激励的眼神、一句鼓励的话语，都可能驱散积聚在学生心底的自卑阴影，可以找回他们失落已久的自信，可以校正他们迷失了的价值追求，可以唤醒他们早已尘封的潜质、潜能，可以诱发他们心中萌芽的创造冲动。

（一）为什么要赏识

1. 赏识能激发学生自信，帮助他们从容面对困难

一个人的自信，除了自我激励外，更需要外界的认可、赏识。对于一名心智尚未成熟的小学生来说，教师一个激励的目光、一句由衷的赞美、一个适时的赏识举动都犹如给学生注入了兴奋剂，使学生在赏识中强化自我认同感，树立自信。

如果教师在与学生的接触交往中不忘多说“你能行，只要努力，就能成功”之类的话，那么学生在赏识中就会多一分自信，就能够勇敢地面对学习和生活中的困难与挫折。

2. 赏识能开发学生潜能，帮助其铸造健康人格

从生命科学的角度看，每一个学生都拥有巨大的潜能，关键是能否发现、发挥这些潜能。而学生的潜能需要星星之火来点燃，需要教师的赏识来推倒压在生命上的无限自卑。

无数的教育实例说明，对学生适时地、用心地赏识能刺激学生的想象力、创造力和智慧的发挥，促使他们的各种能力健康发展。

3. 赏识能强化学生行为习惯，帮助其形成良好品质

教师肯定或否定学生某一方面的表现，无疑会强化或打击学生的积极性，影响他们良好品质的形成。有位哲人说过："你希望面对什么样的人，你就朝你希望的方向去发现他的优势，去鼓励他，他就会在你的赏识中树立起你希望看到的价值观。"因此，赏识能强化学生良好的行为习惯，促进其良好品质的形成。

（二）怎样才能做到科学赏识

1. 赏识在于心态的调整

赏识生长在自由和谐的空气里，生长在亲切平视的目光中。教师应以亦师亦友的身份、宽厚接纳的态度，去聆听学生灵魂深处最质朴纯洁的心语，去捕捉他们稍纵即逝的创造灵感。

2. 赏识在于视角的转换

万事万物，各有其长；远近高低，各呈其姿。人或物，其正面或许并非那样瑰丽可人，其侧面则可能是一幅优美的剪影；亦或其外表包裹着的是稚嫩、丑陋、拙笨、顽劣的壳，其内部蕴含的则是成熟、美丽、新异、灵动的核。

教师不妨换个角度想一想，看一看。

3. 赏识在于标准的择取

美丑、好坏、优劣、成败、是非都是相比较而存在的。追求崇高和完美本无可非议，要求崇高和完美则大可怀疑。教师用成人的标准去审视学生，赏识便会失去家园。

教师只要择取一个合适的参照物乃至稍降一格去看待学生，值得赏识的东西便会扑面而来：闪光的道德、妙异的智慧、淳美的人情。

清代著名教育家颜元曾说："数子十过，不如奖子一长。"赏识是认识到学生的才能或价值，并给予重视或表扬。这是一种心态教育，其外在表现为

使学生对人对事有积极的态度，内在则注重学生的自我成长，帮助其克服心中的阴影，塑造健全的人格。

二、名师经典案例

（一）赏识，再赏识

全国著名特级教师魏书生通过多年的教育教学经验，摸索出了一套属于自己的、独特的教育理念和风格，特别是在转化差生方面，更是开创先河，成为无数教师模仿、学习的对象。

有一次，魏老师把全年级成绩倒数第一、第二、第三的学生都弄到自己的班里。就这个举动，肯定会有很多人认为魏老师傻。试想，哪个老师不是想方设法把好学生往自己班里拉，谁会傻到把差生要过来呢？这不是故意拉低自己班的成绩吗？况且还是全年级倒数第一、第二、第三的学生，这样的学生推还来不及呢！但这就是魏老师与众不同的地方，单这么一个举动，就不是平常老师能做到的。

当这几个年级差生来到班里后，魏老师先给他们布置了任务：每个人先给自己找点儿优点和长处。要说这也不是什么难事，谁没有点长处呢？但对于整天调皮捣蛋、成绩一塌糊涂的这几个差生来说，这事还真不容易。因为他们平常听到的都是别人对自己的负面评价，家长和老师不是批评就是责罚，现在让他们找自己的优点还真有点难为他们。

这几名学生绞尽脑汁地想啊想，最后倒数第二、第三的学生找到了自己的优点，但倒数第一的学生找了两天，也没发现自己有什么优点，就说："老师，我没长处！"

魏老师一听"急"了："你怎么会没长处呢？每个人都有长处！再找找。"就这样，在魏老师的"逼迫"下，第三天倒数第一的学生终于找到了自己的优点——心眼好。

魏老师说："心眼好是大长处，好人一生平安啊！"接着，魏老师又帮他找了几条优点。

这名习惯了挨批评的差生，听到老师对自己的夸奖，居然脸红了。

魏老师就从他的优点开始转化，最后，这名学生成了魏老师进行班级管理时的得力助手。

有一次，班里有个学生考了8分。只有8分啊！足以看出这名学生的学习成绩有多么糟糕，更不要谈什么成就了。但魏老师就有能力让一个考8分的学生产生很大的成就感。

魏老师说："学生考8分，老师也得表扬他。如果你要对他说：'百分制语文你考8分，上学还有什么意思啊？你看人家都是80多分，你趁早回家得了。'他本来就不敢正视那张试卷，这样一说他，他就更自卑了。"

所以，魏老师找来那位考了8分的学生，问他："我听说你语文考试考得不太好？"

学生沮丧地说："老师，别说了。"

魏老师又问："听说你没到这个班来之前，上课都不听讲？"

学生回答："老师，我想听但听不明白，所以就不听了。"

魏老师再问："听说你回家也不写作业？"

学生答："我过去抄作业，抄完了，老师也不给我批改，后来我就连抄也不抄了。"

魏老师继续问："听说你回家连书都不看？"

学生说："老师，我课听不明白，作业不会写，书我能看懂吗？"

魏老师笑了，说："这不结了吗？你看你，一不听课，二不写作业，三不看书，考试还能得8分，这不说明你有点儿天赋嘛！"

那个学生突然眼睛一亮："是啊！我一不听课，二不写作业，三不看书，怎么还能得8分呢？看来我还真是有点天赋。"

于是，他就觉得这8分挺亲切，敢于正视自己的试卷了。

当学生有了这种心理变化后，魏老师便从生字开始，一点一点帮他夯实基础。一周后，这名学生就把一本书的118个生字背得滚瓜烂熟了。这说明学生的心气一旦定下来，就会发现一个强大的自我。接下来，这名学生又开始学习文学常识。就这样一点点地补习，那位考8分的学生在期末考试的时候考了36分。

看了魏老师的教育案例，是不是有种奇迹般的感觉？有人说，这不就是赏识教育吗！对，魏老师转变差生的"绝招"就是赏识教育，并没有什么新鲜的。但将赏识教育运用得恰到好处，也不是件容易的事。在全国掀起学习魏老师先进的教育方法和理念的热潮后，很多教师都投入进来，有些教师也尽量像魏老师那样通过寻找差生的优点来达到教育的目的，应该说，不少教师都有所收获。比如：

某老师接了一个班风很差的班级，班里有个叫小飞的学生，这名学生有很多不良的坏习气——欺负同学、向同学要零食吃、指使同学为自己写作业等。提到他教师们都很头疼。这位老师思索再三，决定也像魏老师那样，试着找小飞谈话，让他找自己的优点。然而小飞对老师的抵触心理很重，根本不跟老师交流，而他的优点也确实很难找到。

有一天放学后，老师看见小飞十分匆忙地离开学校，心想：这小子不会是急着去做什么坏事吧！想到这儿，便悄悄尾随在小飞的身后，结果却发现小飞哪儿也没去，而是直接回家了。老师很好奇，便跟着小飞进了家门，这一进竟让他看到了意想不到的一幕。

老师进门时，小飞正从屋里出来，手里端着个锅，正准备做饭。看到老师进来，小飞心里虽然有些吃惊，但更多的却是敌意，冷冷地问道："你来干什么？"

"你经常帮妈妈做饭吗？"老师并没有介意小飞的态度。

"是的。"小飞语气仍然很冷。

"我刚才走到门口，见你进了这个门，知道是你家，就进来看看。我没事，我走了！"老师知道在这种敌意的状态下，说什么都不起作用。但他却为这次的发现感到高兴，因为他终于找到了小飞的一个优点。

晚上，老师打电话给小飞的妈妈，了解到他在家里的表现还是不错的，家务劳动做得很多，对家长也很尊敬。了解到这些后，老师心里有了转化小飞的方案。他筹划组织了一次"感恩父母，做力所能及的家务"的班会活动。会上老师重点表扬了小飞。头一次听到老师表扬的小飞受到很大感动。

两天后，老师再次找小飞谈话，明显感觉到他那种抵触情绪没有了。老师趁机给他布置了一项特殊的任务——指挥其他同学每天早晨按时打扫校园的卫生区。小飞高兴地答应了。他很用心地去完成老师交给他的任务，从此卫生区的卫生老师再也没有操过心。在这个过程中，小飞也渐渐发生了变化，虽然有时他还会犯点小错误，但每次都能主动到老师面前承认错误。老师听后都微笑着点点头，以示原谅。就这样，这个班的班风不但逐渐有了好转，学习成绩也不断得到提高。

这就是赏识教育的结果，案例中的教师总体来说运用得不错。一名教师如果想通过赏识教育来转变差生，首先在思想上要承认学生之间的差异。尺有所短，寸有所长。就像魏老师说的，人都是有差别的，遗传、后天环境、家庭条件、性格等都会造成人的差异。作为教师，要承认并允许学生之间有差异。

以前提到学习成绩不好的学生，我们称之为"差生"，后来又改成"学困生”“后进生”，但魏老师说：“当班主任就是为学生服务的，要发现每个学生人性中最美的地方，启发、激励他，让他成才。在我眼里从来没有差生的概念。”

教师不能以优等生的标准来要求差生，因为学生之间是有差异的，这样要求不公平。作为教师，要学着从不同的角度看待问题、看待学生，树立多元价值观，努力去发现学生的闪光点，以便加以鼓励，以此来转化学生。

少数教师容易将分数作为衡量学生的唯一标准，但事实上品优学劣、学优品低的学生同样存在。如果教师能树立多元价值观，必然会发现学生的光环。如品质好、口齿清楚、心地善良、助人为乐、尊重老师、孝顺父母、跑步快、身体棒、动手能力强、听讲认真、想问题独特，等等。

如果在学生的品质上发现不了优点，教师还可以在学科教学中发现学生的闪光点。各学科有不同的特点，方法也不尽相同。以语文教学来说，可以从很多方面发现学生的闪光点，如普通话标准、领悟能力强、善于归纳总结、构思独特、行文严谨、书写漂亮、解题有方等。

如有一名叫小宇的学生，语文成绩不但糟糕，还常常不交作业，字迹潦草马虎，但在一次以“对话”为话题的作文中，他写的关于人与人之间应该沟通的一段话真可以说是新颖独到、入木三分。语文老师发现后，及时给予他这样的评价：“文章很有见解，对生活的体验很深刻，没有大量的阅读，没有对社会世态的深入思索，是达不到这个水平的。”这代表什么意思呢？这就是小宇的闪光点。

如果你切苹果的时候总是竖着切，那你看到的永远是一个普通的苹果核，但如果横着切，就会发现苹果核变成了一颗漂亮的五角星。无论什么样的学生，都会有优点，有他们的“闪光点”，作为教师要不断发现他们的“闪光点”，永远在他们身上看到希望，并加以赏识。

对于差生，教师要以平和的心态接受他们的缺点。教师要明白“存在即合理”，调皮也好，捣蛋也罢；成绩差也好，不听课也罢……统统都要接受。如果见到这些就暴跳如雷，肯定会乱了方寸，方寸乱了就容易失去理智，那后果就不堪设想了。

有了平和的心态，还要有足够的耐心，要树立为学生服务的思想，不只为学习好的、听话的、纪律好的学生服务，更要为差生服务。

（二）用赏识让学生达到预期目标

许晓红是江苏省无锡沁园实验小学的优秀教师，她认为教师教育方法的不同，往往会产生不同的教育效果。一位让所有教师都感到头痛的学生，若教师能从赏识的角度出发，不失时机地抓住他身上的闪光点，用激励性的评价不断给予他充分的肯定，就能够重新唤起他的进取心。

许老师班上的学生小元，学习不认真，成绩总是倒数第一，并且常惹是生非，还总是影响别人，一会儿碰碰这个，一会儿动动那个，搞得其他同学都不能安心学习。小元看见别人做游戏，也要凑热闹，但又不遵守游戏规则，让其他同学很反感。老师批评他，他也是一副无所谓的表情。小元的顽皮让很多教师感到头痛。

有一天，小元作业没做完，又在玩。当他看见许老师进教室，马上回到座位上，装模作样地做起作业来。许老师走到他身边，正想批评他，小元却赶紧站起来说："老师，我在做作业。"听了他的话，许老师心想：此时批评他也没用，不如换个方式。

许老师打消了批评他的念头，抚摸着他的头，微笑着对他说："我知道，你可能是遇到难题了，所以去向其他同学请教了吧？老师最喜欢这样的学生。来，老师和你一起来解决难题。"许老师边说边在他身边坐下来，小元用不相信的神情盯着许老师，随后埋头做起作业来。小元这次的作业虽然不是全对，但字迹工整，写得极认真。许老师破例给了他的作业一个优星，并鼓励道："你今天的作业写得很认真，老师奖给你一颗星，相信你一定能成为一名优秀的学生。"他再次用诧异的目光看着许老师，随后拿起作业本，情不自禁地叫了起来："我作业得优了！我作业得优了！"这一整天，小元学习都特别专心。

由于小元自小就养成了自由散漫的习惯，课前从来不知道预习新课。对此，许老师先向他提出第一个要求："如果今天回去你能把课文读两遍，明天，老师就在全班同学面前表扬你。"第二天，他兴冲冲地告诉许老师他读了两遍课文，许老师很讲信用地在全班同学面前表扬了他，随即又对他提出第二个要求："上课时，如果你能主动回答老师提出的两个问题，老师给你们小队加一颗星。"他点了点头，上课时非常专心，并主动回答问题。许老师又表扬了他。第三天、第四天、第五天……每隔一段时间，许老师就向他提出一个小要求，而许老师提的要求，他通过努力都能达到。渐渐地，小元开始认真上课了，学习成绩也有了很大提高。

许老师对如何有效激励学生有一套自己的方法：

1. 把赞美送给学生

詹姆士曾精辟地指出："人类本质中最殷切的要求是渴望被肯定。"热情、向上的学生更是如此。许老师认为，教师的赞美是一座桥，能沟通教师与学生的心灵之河；教师的赞美是阳光、空气和水，是学生成长不可缺少的养料；教师的赞美是一种无形的催化剂，能增强学生的自尊、自信、自强。教师的赞美越多，学生就越显得活泼可爱，学习的劲头就越足。

作为教师都有这样一种感觉：每个班总有几个学生不是很招人喜爱，学习成绩也不是很好，看上去也没什么特长，一般情况下，既得不到老师的表扬，也得不到老师的批评，是一些容易被老师“遗忘”的学生。

对此，许老师在教育工作中坚持以人为本，面向全体，通过细心观察，捕捉这些被“遗忘”学生身上的每一个闪光点，并及时把赞美送给他们，让他们也能感到“我能行”“我会成功”的喜悦。

2. 把关爱送给学生

苏霍姆林斯基说过：“你是孩子的老师，请记住，每一位孩子都是带着想好好学习的愿望来上学的。这种愿望像一颗耀眼的火星照亮了孩子们所关心的情感世界。他们用无比信任的心情把这颗火星转交了我们，做教师的人。这颗火星很容易被尖刻、粗暴、冷淡、不信任的态度所熄灭。要是我们，做教师的人，在心里也像儿童对待我们那样，把无限的信任也同样给予他们就好了。那将是一种富有人情的、相互尊重的、美妙的和谐。”所以许老师认为，做好教育的关键在于教师对学生的关心、鼓励、宽容和大度，在于师生间的情感交融。这就是爱的力量。

许老师提出，在与学生交往的过程中，教师应该让学生时刻感受到教师对自己的体贴入微、关怀备至。在学生的成长过程中，教师适当的指点会让迷途中的学生感受到亲人一样的爱。许老师说：“只有把雨露均衡地洒向大地，才能使每一棵树苗都能得到充分的滋养和灌溉。”

实践让许老师懂得，教师一句激励的话语、一个赞美的手势、一个关爱的眼神……往往能带来意想不到的收获。教师对学生小小的成功、点滴的优点给予赞美，可以强化其获得成功的情绪体验，满足其成就感，进而激发学生的学习动力，培养其自信心，促进他们良好心理品质的形成和发展，有助于建立和谐的师生关系，营造一个奋发向上的班集体氛围。

案例中，许老师采取赏识的方法教育小元，对小元以后的学习产生了重大影响。许老师为小元创造获得激励和认可的机会，不断增强他的学习积极性和主动性，提高他的学习兴趣，增加他的学习动力，让小元逐渐变得乖巧听话，学习成绩也有了很大进步。

苏霍姆林斯基说：“每个人都有一颗成为好人的心。”教师应坚信世上没有不成钢的铁，关键是看教师怎样点拨学生。

心理学家认为，人总是有一种成功的欲望，小学生更是如此。让学生在学习中获得成功，享受成功的喜悦，可以激发学生的学习积极性。所以，在教学中教师应该抓住学生的这一特点，给予激励、表扬，充分调动学生向上的积极性，让学生获得不同程度的成功感。

美国总统林肯曾说："关键的一句话有时会影响人的一生。"教师的言行举止会对学生的成长产生相当重要的影响。为此，教师应当坚持以赏识为主，在班级里随时表扬、激励做得好的学生，发挥其榜样和示范的作用；对顽皮、容易犯错或成绩差的学生要尽力挖掘他们的闪光点，哪怕是小小的进步也要及时给予肯定，让他们享受被赏识的喜悦，以便他们进一步在思想上、学习上、生活上取得进步。

（三）用赏识树立学生的信心

杨颖是广东省广州市海珠区瑞宝小学的优秀教师，在她的班上也出现过在学习上自卑的学生，杨老师便是用赏识来帮助学生打消自卑情绪，重拾信心的。

小敏是杨老师班上一个性格内向又很腼腆的小女生，平时不愿意跟同学们打交道，也不爱说话，上课也从不主动举手发言，老师提问时她也总是低着头回答，声音小得像蚊子声一样。到底是什么原因使她成了这个样子呢？

原来，她在学习上有自卑情绪。由于学习成绩不好，每次考试小敏都很紧张，并且一次比一次害怕，结果一次比一次考得差。这样，挫折多了，失败多了，她便产生了严重的自卑感。而过重的心理负担又使她不能正确地评价自己的能力，一直怀疑自己是否有优点。她总是觉得自己这也不行，那也不如别人，缺乏竞争的勇气和承受的能力，从而导致了自信心的缺失。慢慢地，上课时她也不认真听讲了，课后的预习、复习、作业也不能正常有序地进行了，课外作业也不能及时、认真地完成了。就这样恶性循环下去，小敏的成绩越来越差。

为了帮小敏克服学习上的自卑心理，杨老师在课余时经常有意无意地找她谈话，还让她帮着送作业本和发作业本；在上课的时候从不公开点名批评她；当发现她有所进步时又及时地予以表扬，并经常对她说："小敏，你要相信自己一定能够把这道题做出来！""小敏，你能行！"

通过这样的赏识激励，小敏的自信心有了一定好转，也变得爱说话了。

后来，杨老师找到她并和她谈起考试的问题。杨老师说："有时考试考不好是很正常的事情，主要看你的心理承受能力。只要你树立起学习的自信心，端正自己的学习态度，做好考前复习，就一定能考出好成绩。如果你有不懂的地方可以及时问老师或者同学，老师和同学一定会帮你解决学习中所遇到的困难。你要时刻记住：'我能行！'不要被自卑打倒，要克服它，树立坚定的信心，从而提高自己的学习成绩。"小敏听后，自信心似乎增强了不少，学习的兴趣和自觉性也明显增强，学习成绩也在不断提高。

杨老师除了在学习上给小敏鼓励外，还在平时的生活中帮助她树立自信心，从侧面帮助她克服学习上的自卑，增强学习的自信心。

案例中，杨老师通过赏识激励的作用和集体的力量帮助小敏摆脱了学习上的自卑心理，让她重新找回了自信，从而激发了她的学习热情。

一句"我能行！"对于信心不足的小敏来说可能就是一针强心剂，让她对自己充满信心，不再感到自卑。杨老师给予小敏赏识，使她从内心感到自己能行，自己是最棒的。当她重新树立了自信心后，其学习成绩也一定会有所提高。

在针对类似小敏这样缺乏自信的学生时，教师要循循善诱，不可操之过急，不要把注意力集中在他们的不良表现上，而要更多地关注他们的优点和特长，使他们在赏识中一步步放开自己的心绪，正确评价自己，进而帮助他们消除自卑、树立自信。

（四）以赏识为杠杆，带动课堂互动，高潮迭起

全国优秀特级教师、国家级骨干教师孙建峰是一个善于用赏识带动课堂互动的高手。在一堂公开课上，孙老师用他谦虚、礼貌、幽默、赏识激励的语言引领学生参与课堂教学，使得课堂教学不再是教师的"一言堂"，而是师生共同创造、互动的舞台。

孙老师的开场白是："同学们，今天是周六，你们和在座的老师一样放弃了休息日，来到这里与我见面。我非常感谢你们！"说着，他真诚地向台下来听课的学生和老师深深地鞠了一躬，然后笑着说，"你们想不想认识我啊？"

"想。"学生们异口同声地回答，甚至还有一位女生高举着手站起来说。

看到女生这个样子，孙老师很高兴，就邀请她："请你到前面来。听说盐城一小的同学字写得很棒。你愿不愿意给我们现场展示一下啊？"

那位女生走到讲台，虽然有点紧张，但还是很自信地说：“当然可以!”

“好！那请你先写一个‘孙悟空’的‘孙’字，再写一个‘建设’的‘建’字，然后写一个‘雷锋’的‘锋’字。”

女生不假思索地一挥而就，黑板上立刻出现了“孙建锋”三个字。其他同学很好奇地看着黑板，因为他们不知道孙老师让这个女生写这三个字做什么。

“呵呵！你写下的就是我的名字。”看着学生们疑惑不解的样子，孙老师揭开了谜底。

女生一听，下意识地吐了吐舌头，而她的小鼻尖上也渗出了几粒细小的汗珠。

“请勇敢地喊一声，好吗?”孙老师微笑着鼓励她。

“孙建锋!”女生鼓起勇气，清晰而响亮地喊了一声。

“好样的！其他的同学也尽情地喊一声!”

“孙——建——锋。”学生们果然喊得“震天动地”。

“呵呵！你当着一位老师的面，既写他的名字，又喊他的名字，有什么感受啊?”孙老师问这个女生。

“不礼貌。”她很不好意思地说。

“其他同学有没有不同的感受?”

这时，一个胖乎乎的男生“噌”地站了起来，说：“老师，我认为你是在进行‘师生互动’。”

听到这里，台下听课的老师们热烈地鼓起掌来，为这个男生的聪明、机灵喝彩，也为孙老师别开生面的教学导入方式喝彩!

“哟！你还真不简单！小小的年纪，竟然知道如此深刻而又前卫的教学专业术语。孙老师很佩服你!”说着，孙老师双手同时向他竖起了大拇指。

“第一次来到物华天宝、人杰地灵的盐城，听说这里不仅有著名的丹顶鹤自然保护区，还有历史景观‘新马泰’。（说到这里，学生们不由自主地笑了起来）同学们，请为我介绍一下‘新马泰’，好吗?”

“‘新’是新四军纪念馆，‘马’是铜马广场，‘泰’是原新四军指挥部所在地泰山庙。”有几个学生争先恐后地回答。

“谢谢‘导游们’清晰的讲解。接下来，孙老师也带你们去旅游，不过这是一次精神之旅。我们将要到一座精神殿堂，与两千多年前的古希腊哲学大师苏格拉底展开一场对话，去聆听他的声音、触摸他的智慧、汲取他的营养。现在就让我们一起走进——《最大的麦穗》（与此同时，孙老师在黑板上写下了课题）。这篇课文共490个字，只有两个生字。我相信通过认真练习，你们一定能把课文读得非常正确、流畅！好，给大家一段时间读读课文。”

估计学生差不多读完了课文，孙老师问：“同学们，谁有问题，现在请自由发问！”

“老师，‘麦垄’是什么啊？”

“这个问题提得好！请大家看我写‘垄’字。这是课文中的一个生字。大家先认真地描红，然后再临写一遍。‘麦垄’是什么呢？有问题我们应该先问谁呢？”

“问自己。”

“有道理。如果自己解决不了呢？”

“问老师、问同学、查字典。”

“大家解决问题的途径可真多！孙老师愿意和大家合作来解决这个问题。你们有没有见过麦地？”

（学生们都摇了摇头）

“转过身去，看一看后面坐着的老师。如果说这就是一大块麦地，这样（孙老师用手一行一行地比划着）坐着的老师就像是‘麦垄’。”

学生们豁然开朗，大声喊道：“哇！我知道了！‘麦垄’就是麦地里那一行一行的麦苗！”学生们非常惊喜，就好像是哥伦布发现了新大陆。

“呵呵！孙老师也和你们一样高兴，因为咱们的合作是成功的！”

（学生们笑得更开心了）

“孙老师想倾听一下你们美妙的读书声，有谁愿意展示一下自己吗？”

（一名学生自告奋勇站起来朗读了课文的前两个自然段）

“这位同学读得很正确、很流利，但是我认为你还可以发挥得更好，不是吗？如果你是苏格拉底，给学生提要求，既要让他们听得清又要让他们记得住的话，该怎样读呢？大家都练一练，准备挑战这位同学。”

学生初次表现不够好，孙老师没有予以批评，而是委婉地告诉学生“你可以做得更好”，让学生对刚才和未来的表现都有一个清醒的认识，并为他的下次努力打下良好的心理基础。

（学生们立刻有声有色地练习起来）

“我相信，你一定能比上一次读得更棒！”孙老师对刚才读课文的那个学生说。

（于是那个学生又站起来读了一遍，这次，他把“最大的”“只许进不许

退”强调得很清楚，也很自然）

“老师真为你高兴，你读得一遍比一遍好！”

（一位学生自愿站起来朗读课文的第三、四、五段，他的声音十分响亮）

“现在让我们大家注视着他，再次聆听他朗读的声音，欣赏他朗读的表情，分享他朗读的愉悦！”

（学生们热烈地鼓起掌来）

“大家的掌声是对你的认可和鼓励！”

“谢谢大家！”那位学生听了孙老师的评价，礼貌地给同学们鞠了一躬。

……

“当苏格拉底看到弟子们两手空空、一无所获地走到麦地尽头时，他是怎样开导他们的呢？请朗读课文的第六段。”

（一个男生站起来很认真地读了一遍）

“看来你是严肃派的苏格拉底！”孙老师的话引起了学生们的一片笑声。“这一节谁再来读一遍？”

（一位女生站起来柔声细语地读了一遍）

“你的朗读如春雨，润‘心’细无声。看来，你是温柔派的苏格拉底。”

（同学们一听，笑得更厉害了）

“现在还剩下最后一段，愿意朗读的同学请站起来！”

（同学们争先恐后地站起来，顿时，教室里一阵琅琅的读书声）

“短短的十几分钟，你们就把课文读得这么正确、流畅，甚至有的同学还能读得声情并茂，真是好样的！接下去，如果你们能够潜心地默读课文，与苏格拉底对‘话’，就一定会有更多的收获！”

（学生们仔细地默读课文，边读书边圈画，有的学生还动笔写批注；孙老师则不时地参与进去，和同学们一起读书、讨论）

等大家读完后，孙老师说：“请你们交流一下各自的阅读感受，让大家共同分享你收获的快乐！”

学生：“苏格拉底要求其弟子去摘一个最大的麦穗，并且要求学生‘只许进不许退’。从表面上看他是在提出一个要求，实际上是在告诉弟子们：‘时间不能倒流，生命不能重复！’有句话说得好：‘花有重开日，人无再少年。’人生路上，我们要把握住每一次机会，不要错失良机。因为‘机不可失，时不再来’啊！”

听了这个学生的回答，孙老师充满激情地说：“你理解得相当透彻，语言也很精当，而且表达流畅、自信满满。孙老师非常欣赏你，咱们握握手！”

学生："苏格拉底是一位好老师，因为他教导弟子，不是在教室，而是在麦地；不是用课本，而是用麦穗；不是直接告诉他们一个道理，而是让他们亲自实践，自己悟出道理。"

"你不是在批评我吧？（学生们都笑了）的确，'纸上得来终觉浅，绝知此事要躬行。'我应该向苏格拉底学习，同时也应该向你学习，因为你会读书，能够读出文字背后的声音。"

学生："我认为苏格拉底的弟子们很笨，他们太听老师的话了，只知道去摘那个'最大的'麦穗，结果两手空空。他们为什么就不知道留下一个麦穗呢？因为一大于零呀！"

"好一个'一大于零'！"孙老师称赞道，说着从课本里拿出一片银杏叶，走到这名学生面前，"知道这是什么吗？"

"银杏叶！"

"没错！但是，这可不是一片普通的银杏叶！它是我从家乡百年的银杏树上采下来的叶子。我一直把它珍藏在书本中，心想如果有一天哪位学生的语言触动了我的思维、震撼了我的心灵，我就将这片叶子赠送给他。"说完，孙老师将这片银杏叶双手递给了这名学生。

（学生激动地双手捧着这片叶子，深深地向孙老师鞠了一躬，表示感谢）

学生："课文最后一句话'追求应该是最大的，但把眼前的一穗拿在手中，这才是实实在在的'，让我懂得人应该有远大的理想，但也应该注重现实。比如，我的理想是考上北大，但如果南大录取了我，我应该先去南大上学，因为以后我还可以再考北大的研究生呀！"

"这样，你就既读了南大又读了北大。如此的大学经历，是美妙的，也是双赢的！"说着，孙老师从书中取出一片竹叶，"这是我去年从清华校园摘的，我想赠给你。看到这片竹叶，你想到了什么？"

"我想由考北大改为考清华！"

（全体师生都大笑起来）

"好的！我希望六年后，能读到一封来自清华园的信，而这封信正是你写的。"

"一定会的！"学生激动地从孙老师手中接过那片竹叶，信誓旦旦地说。

"我期待着那一天！"说完，孙老师主动和他拥抱了一下。

台下的师生被孙老师和学生的对话以及孙老师的举动感动了，立即报以热烈而长久的掌声。

要想让学生愿意和教师互动，并且也能互动得起来、互动得有内容，教师首先就应让学生产生和教师互动的兴趣，让学生跟得上教师的思路，或者说要让学生明白教师的意图。如果学生对教师的话丈二和尚摸不着头脑，就不知道怎么互动、互动什么了。

互动时，让学生享有“话语权”固然重要，但让学生真正“有话可说”才是关键，否则学生缺乏“谈资”，又怎么可能和教师进行高质量的互动呢？因此，教师必须借助评语为与学生互动做好“牵线搭桥”的准备。

案例中，孙老师上课时没有开门见山地告诉学生本节课要讲的内容，而是先从自己的名字说起。让学生“放肆”地喊自己的名字，以调动学生与教师互动的情绪。尤其是当有学生点破他的意图，说他是在进行“师生互动”时，他更是用了赏识性评价，夸奖道：“你还真不简单！小小的年纪，竟然知道如此深刻而又前卫的教学专业术语。孙老师很佩服你！”

面对这样一个愿意夸奖学生的、真诚的教师，学生怎么可能没有兴趣与教师互动呢？

《语文课程标准》指出：“对学生语文学习的日常表现，应以表扬、鼓励等积极的评价为主，采用激励性的评语，从正面加以引导。”而学生受到激励、鼓舞后，往往乐于交流、动脑，从而使思维大大开启，与教师互动的积极性大幅提高。所以，在教学中，教师要竭力睁大眼睛寻找学生提问、回答、讨论等所有课堂表现中的闪光点，并予以积极的评价。

这样可以让每一个学生意识到教师在时时关注着他的细微进步，让学生产生一种被重视感，从而以更积极主动的态度参与课堂教学、课堂活动。

教学中，调动学生互动热情的方法有很多。比如，设计好的互动形式、互动内容，及时对学生的课堂表现作出赏识性的评价。尤其是后者，能及时让学生了解自身的学习情况，随时进行调整或自我激发。

教学中，教师要注意结合学生的实际情况，结合教学内容、教学进度等，对学生的表现及时进行积极的评价，让学生及时体验到努力学习所带来的快乐与成就感。

学习是一种快乐的体验，教师要用赏识促进学生在“学中乐，乐中学”，使课堂成为真正的互动的课堂，成为师生共同参与、教学相长的快乐课堂。

三、如何做“会赏识”的教师

赏识不是单向的施舍，而是智慧对于智慧作出的主动碰撞；赏识不是别有用心的廉价恭维，而是对一种相对价值的公正认可；赏识不是厥词满口的鄙俗奉承，而是对事物固有魅力的真诚接纳。学会赏识，教师的胸襟才会显得更加博大，灵魂才更趋于崇高；有了赏识，学生便会获得求真、求美、求善的不竭动力。

（一）正确对待学生

教师要做到正确地对待学生。首先，要正确地认识学生，这样才能真正做到一切以学生为主体、以学生的需要为出发点，才能遵循学生的成长规律，因材施教。教师应用一种积极的、乐观的态度来估计学生的天性，善意地评估学生的天性和行为表现，多关注学生身上所具有的那种自我提高和完善的内在需要和倾向。对每位学生，教师都要诚心去赏识，使他在赏识中健康成长。

其次，对待学生要有耐心。小学生的可塑性很强，他们正处于一个性格逐渐完善、心理障碍易发的时期。他们有主见但又缺乏能力，急躁又幼稚，渴望得到他人认可，害怕被轻视。对于这样一个群体，教师要宽容、耐心地对待他们的缺点，适时地赏识他们的优点，循序渐进地帮助他们，相信他们会在赏识中健康成长。

再次，要充分信任学生。无论学生表现出优点时还是不尽如人意时，都要一样地相信学生，而后者更为可贵。要教育一个人，先决条件是看得起他，也就是在人格上尊重他。所以，赏识学生就应该充分信任学生，这种信任，可以使学生在挫伤面前镇静下来，得到精神鼓励，产生自信心。

教师如能在信任的基础上尊重和接纳学生存在的问题，鼓励和赏识学生的优良表现，不但可以帮助学生树立自信心、发展健全的人格，还能激发其创意使他们变得更聪明。

（二）对学生的需求了如指掌

学生在想什么、希望做什么、喜欢做什么……教师都要心中有数。一个班级几十名学生，他们的内心需求是不一样的。作为教师，无论在教学中还是在班级管理中，很有必要进行思考，站在学生的角度上思考：学生怎样看待教师的所作所为？学生怎样认识教师对自己的评价？这样“感觉学生”的目的，是为了认识学生、了解学生、理解学生、更好地教育和管理学生。要想真正“感觉”好学生，就要真正喜欢他们、赏识他们，让他们感到教师是可亲、可信、可靠的，这样，学生才能对教师敞开心扉，使教师真正了解他们的喜怒哀乐和内在需求。

有些教师总是把他们眼中所谓的“差生”挂在嘴上，把“严”字写在脸上，甚至还有过激的行为，认为这都是为学生好。“严师出高徒”“学生好比一棵树，不修不剪不成材”“错误不批，改不了”……好像学生只能在批评指责声中才能长大成材，批评指责成了教育学生的常规武器。应当承认，教师的这些举动确实是为学生好，然而遗憾的是，教师没有做到真正“感觉学生”，不知道学生的内心需求，也就谈不上赏识了。

（三）赏识激励，激发学生的内在能力

赏识激励要做好两方面工作：一方面要努力找出学生可赏识、可激励之处，采用多种方式进行赏识激励；另一方面，要对学生的缺点和失误尽可能地给予正确的教育。

学生性格不同，脾气不同，内在需求不同，所以赏识激励要有不同的针对性。教师对学生的评价要力求扬长避短，赞扬学生的优势，促进学生个性特色形成；要在学生的失误、挫折之中寻找正确、有利的因素，增强学生的自信，开发学生的内在潜力。

（四）充分发挥评价的赏识功能

学生希望了解到通过自己的努力学习成绩到底是进步了还是退步了。学生在改变自己的学习方式后，总希望及时获得反馈信息。所以，在每次作业和单元考试中，教师不能简单地把作业发到学生手上，也不能只是把考试的卷子发还给学生，而必须要认真对待作业和考试，充分发挥评价的赏识功能。对于考得理想的学生及时给予表扬，对于考得不理想的学生也要帮助其分析原因，并肯定学生在学习中值得表扬和激励的地方。

在课堂上，对于学生的表现教师也要及时给予公平、真实的赏识评价。

（五）不要忘记赏识后进生

教师对优秀学生的赏识可能顺理成章，但对后进生的赏识却并非轻而易

举，而一旦做到了，则可产生非凡的影响力。当后进生有了过失时，教师要做到不愠不火，循循善诱；当他们思想上有了疙瘩时，教师要不厌其烦，耐心为其排解；当他们学习上遇到困难时，教师要及时点拨，诲人不倦。

如某教师所教的班中有一名女生，自入学以来，经常迟到、旷课，且语言粗鲁、桀骜不驯，学习成绩一塌糊涂。教师找她谈过几次，她都漠然视之，令该教师无所适从，好久找不到工作的切入点。后来，该教师发现她的字写得很好，于是便在她的作业批语中写道："写一手如此漂亮的字的女孩一定聪明、伶俐、善解人意。我非常喜欢你男儿般的豪爽，真希望你能以你的才能为班级增光！"

后来，她果然有所改变。该教师又及时与她进行了一次长谈，进一步肯定了她的优点，并用远大的目标激励她，终于使她有了学习的自信心，找到了前进的动力。

陶行知先生说过："你的教鞭下有瓦特，你的冷眼里有牛顿，你的讥笑中有爱迪生。"批评不能伤害学生的自尊，而赏识可以培养学生的自信。赏识教育不仅是一种操作的艺术，更是一种教育的智慧。赏识教育说到底是一种爱的教育，是一个教师最起码的职业道德素养。

也许我们都只是一名普普通通的教育者，但一句赏识的话，一个赏识的行为，却可成为学生期盼已久的希望，成为他们人生征途中的启明星。为了学生，为了教育事业，努力学会赏识学生吧！对于学生来说，他们的耳朵里缺的不是音乐，他们的口袋中缺的不是金钱，而是赞美和肯定的语言！

习惯10 会反思

——长善救失，用理性思考促进专业化发展

教学反思一直以来是教师提高个人业务水平的一种有效手段。教师应通过对自己的教学行为进行不断探究、质疑，找到自身的问题，审慎地考虑教学实践并不断矫正错误，使反思真正成为推动教学发展、促进自身专业发展的重要力量。

一、“会反思”概述

教学反思是教师以自己的课堂教学实践为思考对象，对自己所做出的行为、决策以及由此产生的结果进行审视和分析的过程，是一种通过提高参与者的自我觉察水平来促进能力发展的途径。

教师通过对自己教学行为的不断探究、质疑，找到自身的问题，审慎地考虑教学实践并不断矫正错误，合理地进行自我评价，追求教学实践合理性，以指导未来的教学行动，可以使自己尽快从自我经验型教师发展成为学者型教师。

教学反思，之所以能引起理论界和一线教师的普遍关注，就是因为它带来了一种不同于常规的教学新理念，体现出教师自主进行思考和批判分析的态度与方法。

教学是一门遗憾的艺术，而科学、有效的反思可以帮助教师减少遗憾，以写促思、以思促教。那么，要想真正养成教学反思习惯，教师需要了解哪些基本知识呢？

（一）教学反思的特征

1. 追求教学实践的合理性

反思不是一般性地回顾教学过程，而是在教学中不断发现问题，并针对这些问题设计、调整教学方案，使教学向着更合理的方向努力、前进。

2. 具有较强的教研色彩

从本质上讲，教学反思中的“反思”，就是一个教师贯穿始终地对教学活动中的各种现象进行检查、分析、反馈、调节，从而使整个教学活动、教学行为日趋优化的过程。这无疑会促进教师关注自己的教学行为，深入开展教学研究活动。

但它有别于纯理论的教育学研究，而是一种针对教师在教学过程中出现的各种情境性、具体性、个别性的问题展开的研究。其研究成果不仅仅表现为研究文本的撰写，还表现为研究过程的体验、教学实际问题的解决、个人实践知识的增长等。比如，教师上课常用讲授法，唱独角戏，会出现课堂气氛沉闷、教学效果差的情况，针对这种情况，教师可以多学习一些案例教学的实践经验，然后再结合教学内容、自身经验和学生的实际情况，做出自己的教学设计。

3. 贯穿于教学活动的各个环节和层面

教学反思的作用是对教学活动的监察、评价和调控，可以在教学活动的前、中、后进行。

课前反思主要是在备课阶段进行，有助于发展教师的技能。

在备课时，教师可以先对过去的教学经验进行反思，将新的教学设计建立在对以往经验与教训进行思考的基础上。

教学实践活动中的反思则直接指向课堂教学，主要解决课堂教学活动中出现的问题。

而课后反思则主要是教师在课后对整个课堂教学行为过程进行思考性回忆，包括对自己的教学观念、教学行为、学生表现和教学成败进行理性的分析、思考、总结等。

（二）教学反思的内容

教学反思绝不应仅仅是对教学活动一般性的回顾或重复，而应是教师置身于整体的教育情境中，从更宽广的社会、伦理及教育层面激发自我意识的觉醒，更重要的是指向未来的教学活动。

1. 反思教学观念

教学观念是教师教学行为的理论支点，对教学有着举足轻重的影响。一直以来，教师的教学新观念往往是被动形成的，没有教师主体的自我实践与反思意识和能力的增强，其效果是很不理想的。因此，教师应积极对自身的教学观进行反思，在较深层次上促进自身教育观念的更新与转变，并以此指导自身的教学实践。

2. 反思教学设计

在实践教学时，教师有时会发现教学过程与预期的设计有较大差异，因为在设计教学过程时难免会忽视对教学设计的实践反思，因而也就难以使教学设计在实际应用时发挥出预想的作用。因此，教师应积极反思教学设计与教学实践是否合适，及时看到实践过程中出现的误差，不断探求教学目的、教学工具、教学方法、教学手段、教学评价等各个方面的问题，积极反省，积极改进，从而优化教学，有效促进学生的学习。

3. 反思教学过程

教学过程中的反思具有调控性，能使教学优质而高效地进行，并有助于提高教师的教学调控能力和应变能力。

课堂教学的内核在于发展学生的主体性，如果学生在课堂上无动于衷，教师讲得再精彩也只是“自我陶醉”。所以，教师应根据教学过程中学生的实际情况及突发事件，捕捉教学中的灵感，及时调整教学节奏和教学行为，优化教学方法、教学语言，促进师生间的和谐统一，营造良好的课堂环境，提高课堂教学效率。这就要求教师要做到以下几点：

（1）反思课堂氛围。

课堂教学的理想目标是“活而不乱”。这就要求教师一方面应充分关注学生需求，避免“满堂灌”，在课堂气氛比较沉闷时，应尝试给学生自由支配的时间和空间，使学生最大限度地处于积极主动的学习状态，让课堂成为充分展示学生独特个性的舞台；另一方面，即便课堂气氛异常活跃，也要注意自己是否忽视了对学生课堂参与的分析，是否区分了学生的参与是主动的还是被动的、是实质性的还是形式上的，是否确实是学生将知识内化后参与的一种真实表现。

（2）反思难点突破方式。

教学难点隐藏着丰富但曲折的认知探究过程，是对学生进行思维训练的良机，是培养学生独特体验的素材。但很多时候，教师铺垫性的化难为易的突破难点的教学方式，并不一定真正让学生克服了难点、提高了能力，甚至还在一定程度上违背了尊重学生个性的教学理念。所以，教师不妨尝试着放手让学生自主探究、大胆质疑，让不同层面的学生从不同角度去思考问题，在争论中丰富、提升认知，之后再由教师高屋建瓴地加以分析，排解学生存在的疑问。这样，不仅让学生突破了难点，也使教师掌握了大量有关学生思维习惯、认知水平的第一手资料，对教学大有裨益。

（3）反思学生反馈。

通常，学生是带着自己的思考、灵感、认知习惯参与课堂活动的，因此在课堂教学过程中可能会爆发出许多意想不到的闪光点或错误。对于学生提出的疑问，教师要善于倾听并顺着学生的思维方向、根源及时作出解答，鼓励其积极思考；对于学生，尤其是基础较弱的学生的出色回答，教师要善于用口头语言或肢体语言加以肯定与赞赏，激发其学习热情；对于学生回答或黑板演示中的错误，教师应抓住机会积极利用，引导学生参与分析、评价、反思，为课堂教学服务。

4. 反思课后教学反馈

教学中，教师不仅要注意观察课堂上学生的学习行为，还要通过学生的课堂作业或家庭作业获取教学反馈信息，从信息反馈中对学生知识的掌握、能力的发展、学习中的情感体验等进行一个全方位、多角度的体察。

教学实践中，经常会出现这种情况：教师在课堂上讲解过多次的教学内容和习题，学生考试时还是会经常出错。其中一个很重要的原因在于知识不是教师教会的而是学生自己学会的，即教给学生学习方法比教给学生知识本身更重要。因此在讲解练习时，教师不能仅仅要求学生讲出答案，而应要求学生把他的具体思维过程讲出来。

（三）教学反思的方式

1. 研究型反思

即通过教学研究来进行反思，以研究的态度从事教学，以研究的视角反思教学，以反思的成果改进教学。

2. 学习型反思

即通过理论学习或通过与理论对照进行反思。

3. 内省型反思

即通过自我反省的方式来进行反思，可通过反思日记、课后备课、成长自传等方式完成。

4. 交流型反思

即通过与他人交流来进行反思，可用观摩交流、学生反馈、专家会诊和微格教学等方法。

观摩交流，即教师之间听课、观摩，根据交流、观摩的实际情况进行分析，提出问题，共同研究解决问题的方案。

学生反馈，即教师通过从学生那里了解到的自己教学效果的情况，分析、提出改进措施，使之达到学生期望的效果。

专家会诊，即教育专家、学校领导、同行教师定期对教师的教学行为进行会诊，从中发现教师教学工作中的不足，并通过共同研究来解决问题。

微格教学，即以少数学生、教师或专家为对象，在较短的时间内尝试做小型的课堂教学，并把教学过程制成录像，课后反复观看、交流，积极听取他人的意见和建议。

（四）教学反思对教师专业发展的作用

1. 有助于教师提升教学的合理性

教师的教学实践是否合乎教育理论、教育规律，是否科学有效，既需要别人的评价，也需要教师的自我评价以及不断的自我反思。

教师应通过对各种教育现象进行反思，通过实践与理论的契合，通过教育目标的对比，努力追求其实践的合理性。教师应尽可能地从冲动的或例行的行为中解放出来，以审慎的方式行动，不断解决教学问题，更好地完成教学任务。教学反思可以看作教师在其职权范围内改进自己的教学实践，从而使自己的工作变得更好、更有效率。

2. 有助于教师获得专业自主性

教学反思可以使教师更具有课程与教学的相对自主权，在课程设计、教学过程、学习动机、学生管理、学生评价等方面更具有自主性；教学反思可以提高教师的问题意识和教研能力，使教师能独立解决教学实践中遇到的各种问题，进而提高专业自主性。

3. 有助于教师将经验升华为理论

教学反思可以帮助教师挖掘或梳理出教学经验中蕴含的原理、规律，使经验升华为理论，这样教师就可以做到不仅知其然更知其所以然了。此外，教学反思还可以帮助教师构建一套属于自己的理论体系，形成独具个性的专业理念，而这些又是指导教师今后从事教育教学工作的理论基础。

4. 有助于教师形成良好的职业道德

教师形成反思意识、养成反思习惯，本身就是对教育事业、对学生、对自己有责任感的一种体现，非常有助于教师形成爱岗敬业、虚心好学、自我否定、追求完美等良好的职业道德。

教师职业的特征决定了教师本身应是研究者、反思者，“教师越能反思，在某种意义上越是好的教师。”因此教师要更加深入地进行教学反思的研究。

教师只有提高反思能力，把自我的发展看成是必须和必要的，才会努力地去发展自我、建构自我，从而不断促进自我学习，不断促进自己提高教学生学习的能力，最终促使自身获得全面发展。所以，教师不仅要反思，还要会反思，并将反思发展成为一种教学习惯，让反思成为课堂教学的基本环节。

二、名师经典案例

（一）寻找优点的反思，让教学更精彩

执教“锐角和钝角”一课时，黑龙江省宁安市实验小学刘春帆教师，带领学生复习了角和直角的知识后，说：“今天老师再向同学们介绍两位新朋友——锐角和钝角。你们看老师手里拿的纸是什么形状的？”

“长方形的。”

“它的四个角都是什么角？想一想如果剪掉一个角，剩下几个角？”

“3 个。”

“4 个。”

“5 个。”

“能说一说是怎样剪的吗？”学生说的同时，刘老师拿出课前准备好的长方形图片进行操作，剪得的结果如图 1、图 2、图 3，然后贴在黑板上。

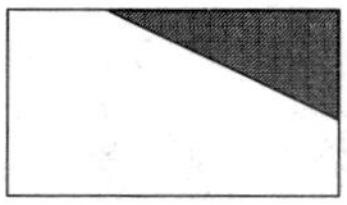
图 1

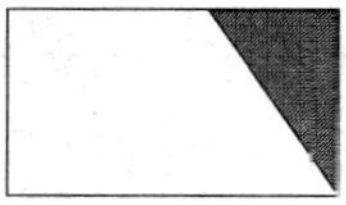
图 2

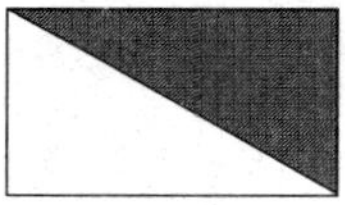
图 3

“观察第三幅图，图中有几个直角？其余的角是什么角？我们把这样的角叫做锐角。这两个角有什么特点？”刘老师用三角板上的直角比一比，引导学生发现：锐角比直角小。

（刘老师又用同样的方法观察第一幅图，引导学生认识了钝角）

“仔细数一数，第二幅图中有几个直角、几个锐角、几个钝角？”

“两个直角、一个锐角、一个钝角。”

“像这样的锐角和钝角，我们用眼睛看就能区分开。可是有些锐角和钝角的大小很接近，请同学们看大屏幕，你们有什么好办法能准确地区分这三个角各是什么角？”（图略）

“可以用三角板上的直角比一比。比直角大就是钝角，比直角小就是锐角。”一位学生回答。

“他的办法怎么样呢？请同学们打开书桌上的纸，像他说的那样去试一试。”

学生比划了好久，最后得出结论："当锐角和钝角的大小很接近时，可以用三角板上的直角去比一比。"

"现在我们已经学会了利用三角板上的直角去判断一个角是锐角还是钝角，那么你们能画出锐角和钝角吗?"刘老师请两名学生到前面板演，其他学生在练习本上画一画。

（巡查的过程中，刘老师用三角板上的直角检查了两位学生画的角是否正确，并引导学生用这种方法帮同桌检查）

"你们太了不起了！这么快就和锐角、钝角成了好朋友。下面它们想考一考同学们。请同学们打开你们桌上的信封，用里面的角拼出一个锐角、一个钝角。"

（学生拼，刘老师巡视）

拼角活动结束之后，刘老师又带领学生寻找教室里的角。结果学生发现教室里只有直角，没有锐角和钝角，就问老师为什么会这样。

刘老师微微一笑，又给学生提供了交通标志和少先队队旗、队标，让学生再从中找角……

回到办公室，刘老师对教学进行了反思，并总结了以下几点：

1. 提供充满挑战的学习材料，让学生主动发现问题

《数学课程标准》指出，学生的数学学习内容应当是现实的、有意义的、富有挑战性的，这些内容应有利于学生主动地进行观察、实验、猜测、验证、推理和交流。有意义的学习必须建立在学生的主观愿望和知识经验的基础上，才能调动学生学习的积极性和主动性。因此，在引入环节中我创设了"猜一猜"的问题情境，使学生产生了迫切的学习愿望。当学生通过尝试知道了剪掉长方形的一个角剩下的角的个数后，第二个需求随即产生了，即剩下的角都是什么角。这样学生在具体的学习材料中就感受到了角的产生和变化。

而且，这节课的学习材料、研究材料都来自于活动的结果，具有一定的开放性和智力开发的价值。这样的学习内容对学生来说是有意义的、富有挑战性的。

2. 利用生活素材建立数学与生活的联系，激发学生的学习兴趣和参与的积极性

数学来源于生活，我们的日常生活就是数学学习的大课堂，是探索问题的广阔天地。把所学的数学知识运用到生活实践中是数学学习的最终目的。课堂中，让学生找教室中的角引出了认知冲突，因为学生找到了很多直角，

却很难找到锐角和钝角，于是我又为学生提供了交通标志和少先队队旗、队标，让学生在自主的探究中获得快乐。

一堂课下来，每位教师都会在某些方面获得成功。如果教师能及时、详细地把这些成功之处记录下来，为以后的教学作参考，一定会使课堂更加精彩，同时也更为学生所喜欢。而且在反思中．教师看到自己的创意性教学所起到的积极作用，也会大大增强教学信心，鼓励自己再接再厉，做一个更优秀的教师。

刘老师在反思中认为自己的成功之处在于为学生提供了充满挑战的学习材料，激发了学生主动发现问题的欲望；利用生活素材建立了数学与生活的联系，激发了学生的兴趣和参与的积极性。这两点对于帮助学生将注意力更多地集中在学习上以及对所学知识加以实践应用，都具有重要作用。如果教师能在以后的教学中依然如此或者将经验更好地加以利用，就为课堂教学真正成为学生大爱的教学活动提供了有力的保障。

（二）通过反思发现不足，及时改进

在教学《松鼠和松果》一课时，发生了这样一幕：

叶小兰老师：“那么，松鼠的愿望有没有实现呢？请读课文第五自然段。”

“松鼠的愿望实现了，那里长出了好多松树。”

“没错，松鼠的愿望实现了。因为，‘春天，几场蒙蒙细雨过后，在松鼠埋松果的地方，长出了一棵（漏一字：棵）挺拔（错读为pa）的小松树。’”

（学生都听出来了，纷纷把小手举得高高的）

“你把‘挺拔’的‘拔’字读错了。”

“挺拔的小松树。”

“你漏读了一个‘棵’字，应该是‘一棵棵’。”

“一棵棵挺拔的小松树。”

“中间这两组的同学，如果你就是一棵小松树，能不能用你的姿势告诉我，一棵棵挺拔的小松树是怎样的？”叶老师问。

（学生们个个挺直了腰板，挺起了胸脯，笔直地站在那里，瞪大了眼睛望着叶老师，有的还伸出手臂做茂密的枝叶状）

叶老师不由地赞叹：“真是一片挺拔的松树林啊！可是如果光摘松果，不栽松树，结果会怎么样呢？”

学生有的“唰”地一下坐回到座位上，有的把伸直的手臂慢慢地垂下来，还有的皱着眉头说：“那会到处都光秃秃的，森林就不见了！”

“是啊，幸好松鼠想出了这个好主意！一棵棵挺拔的小松树伴着蒙蒙的春雨长出来了！那么将来会怎么样呢？”老师用期待的目光含笑望着学生。

一些学生大声地说：“这里会变成一片更茂密的松树林。”

这时，角落里有一个学生“噌”地一下站了起来。“真是一棵聪明的小松树！”老师称赞道。

（他周围的学生相互望了望，陆续恍然大悟般地站起来）

“是的，又一棵、一棵、又一棵！将来，这里会是一片——”

“更茂密的松树林！”学生齐声回答。

课上到这里，学生很开心。因为他们不仅读懂了这些词句的意思，感受了表演的乐趣，而且还体验到智慧带来的快乐，感受到集体的力量。

此时，叶老师和他们一样快乐！

在教学反思中，叶老师这样写道：

这是在我的教学设计之外的一幕。它源于一个学生朗读时的错误，学生们相互纠错时的表现引发了我的灵感——对啊，“光秃秃”“一棵棵”“挺拔”“更茂密”，这些关键的，值得品味、积累的词语，不是可以串成一条线吗？就让学生们在体验中去理解、感悟吧！那么，是否能再做一些改进呢？思考以后，我觉得：

1. 如果能及时地板书“将来光秃秃——好主意——一棵棵挺拔——更茂密”，便能让学生对这些词加深印象，对这些变化之间的关系有一条更清晰的线索。

2. 对三个词语的理解，还可以更深、更准确些。

如对“光秃秃”的理解，可以请学生想想还可以用什么词来形容（光溜溜），增加学生ABB式词语的积累。

理解“挺拔”时，可以联系《邓小平爷爷植树》中学过的词句（像战士一样笔直地站在那里），让学生说说“什么样的树是挺拔的树”。

理解“更茂密”的时候，应该要求学生用更准确的肢体语言来表现。

“学然后知不足，教然后知困。”学生的个体差异和认知方式的不同，给课堂教学带来了复杂性和不可预料性，加之一些教师对其估计不足，一堂课下来难免有疏漏、失误之处。对于这些不足之处，教师不能仅仅让其成为遗憾或感慨，而应把它们看作成长的催化剂，抽出一定的时间，对失误之处进行系统地回顾、梳理，并对其作深刻的反思、探究和剖析，为今后的教学积累经验。

纵观《松鼠和松果》的教学片段，学生掌握了要学的词句，并且还学得有滋有味，貌似没有什么疏漏，可是，细心的叶老师却在其中发现了一系列的问题，而这些无一不是为促进学生学得更好所需要注意的问题。

当这些问题在以后的教学中一一得以改进时，叶老师教学的课堂气氛就会更加和谐，学生的学习兴趣就会进一步得到激发，而课堂效果也会更明显。所以，即便是一堂非常成功的课，教师也不应骄傲自满，而应反思、反思、再反思，不放过每一个纰漏之处，从而使教学效果更上一层楼。

（三）反思促使教师把学习自主权还给学生

“这节课我们继续学习《春雨》。”老师一边板书课题一边说，“大家齐读课题。”

（学生有感情地齐读课题）

“春雨给你留下了什么印象？”读毕，老师问。

学生说：“我觉得春雨很有趣儿，那细细的雨丝，一根一根的，有趣极了。”

学生说：“我也觉得春雨挺有趣儿的。春雨过后，大地像洒了一层油一样，空气新鲜了，树也绿了。”

学生说：“春雨过后，万物复苏，大地更精神了，而且农民伯伯也下地干活了。”

老师点评道：“同学们说得真好。那么，这节课你想学会什么呢？先看看书，想一想。”

（学生打开书，同桌间开始小声交流）

片刻后，有学生站起来说：“我想学会流利、有感情地朗读课文。”

“我想巩固这篇课文的生字和词语。”

“我想知道这篇课文告诉我们一个什么道理。”

“我想背诵这篇课文。”

“好，还有补充吗？”

“我想知道，课文的哪些句子是写春雨的？”

“问得好。”

“我想知道，哪些句子写雨中的物？”

“我想知道，哪些句子写雨中的人？”

“好。同学们提的问题真全面，那就让我们带着这些问题小声读课文，然后讨论交流。”

进行教学反思后，老师这样写道：

《语文课程标准》指出：“学生是学习的主体。语文课程必须根据学生身心发展和语文学习的特点，爱护学生的好奇心、求知欲，鼓励自主阅读、自由表述，充分激发他们的问题意识和进取精神。”在本课的教学中，我一改以往由教师规定学习目标的教学方式，主张学习内容、学习方法、评价方式等由学生自主选择，这样充分发挥了学生学习的积极性、主动性和创造性。

课堂教学要由教师构建转变为学生自主构建、教师参与指导的过程。教师要放下权威，平等对待学生，以相信和尊重学生为前提。学生是具有生命的个体，有认知、思考、构建的能力，那么，作为教师，应该如何把主动权和选择权交给学生呢？虽然学生对问题的认识不够全面和深刻，但毕竟是有自我感知，可以自己提出问题的。自己提问题然后靠自己解决，这才算是回归了教学的主体。

语文是综合性学科，具有很强的人文性，教师应尊重学生对语文的理解、感悟、体验等的主体意识。这节课，经过我的简单引导，学生提出了那么多问题，可见学生是有自我挖掘潜能的，而且，他们提出的问题不也正是我们想要他们解决的问题吗？所以，我们不要再把自己的意识强加给学生了，这样才能让学生真正学到知识，形成解决问题的能力。

学生有强烈的主体意识，所以不可能做任何事情都由教师支配。学习是自我实践的过程，教师是不能代替的，这就像婴儿学走路，不是父母教会的，而是自己经过无数次的摔倒、体验学会的。课堂上，教师的教是必要的，但却永远不能代替学生的学。所以，最好的教学方式应该是变“教学”为“学教”，即学生的自我尝试在前，教师的指导、传授在后。

案例中的老师，一开始上课，就有意识地把学习的权利还给学生，让学生打开思维，自己去解决问题；当解决完老师提出的问题后，又引导学生自己提出问题，并且未直接帮学生解答，而是让学生自己先讨论，当学生解决不了时，教师才会伸出援手。

在其后的教学反思中，该教师认识到了这一点，并加以理论化，将其升华。那么在以后的教学中，想到自己此节课的教学成果，教师一定会更加注意让学生真正成为课堂的主人。所以教师在日常的课堂教学中要分外注意，看看何种教学方式才能更好地激发学生的学习积极性、主动性和创造性，何种教学方式才能让学生更主动地参与教学，而不是仅仅做一个课堂的旁听生。

（四）共同反思教学机智，让教学充满智慧

河北省秦皇岛市海港区数学教师唐爱华，在上公开课“轴对称图形”即将下课时，打开大屏幕让学生欣赏他找到的轴对称图形的幻灯片。

五彩斑斓的蝴蝶、青翠欲滴的树叶、高大宏伟的建筑等，先后呈现在大屏幕上。

学生都情不自禁地赞叹：“好漂亮的蝴蝶啊！”“这些图形真是很对称！”

听到学生的一致赞叹，唐老师很高兴，以为一堂课就可以这样完美地结束了，于是提出了最后一个问题：“同学们，这节课我们一起认识了轴对称图形。现在，请大家想一想，轴对称图形给你留下了怎样的印象呢？”

“我觉得在我们的生活中轴对称图形特别特别多。”

“轴对称图形太美了！我非常喜欢。”

“轴对称图形非常美，非常神奇。它美化了我们的生活，甚至可以说，我们的生活离不开它。”

没想到，学生不仅认识了轴对称图形，还受到了情的感染和美的熏陶。听着学生的发言，唐老师不住地轻轻点头，心想只要再有一个学生说出轴对称图形的美，这节课就大功告成了！

谁知道，意外出现了。

一个高个子男生很着急地摇着胳膊，想发言。

看到他迫切的样子，唐老师急忙请他发言。

“我觉得轴对称图形不太好看，有点死板。”他居然说了一句让唐老师尴尬不已的话。

唐老师一听轴对称图形居然给他留下了如此不堪的印象，不禁哑在那里不说话了：怎么会这样？他怎么会没赞叹轴对称图形的美甚至还否定了它呢？让学生获得充分的美感体验，可是这节课的教学目标啊！这可怎么办？这不是给我出难题吗？

唐老师抬头看了看其他学生，大家和他一样被这个男生的回答震住了，议论纷纷。

唐老师没想到学生会有这样的想法，但是毕竟有过多次上公开课的经验。于是，他用手向下压了一下，示意大家安静，同时决定给这个持不同意见的男生一颗智慧星。因为他毕竟说出了自己的想法，而且道理确实是这样。虽然轴对称图形很美，但也不能到处都是轴对称图形啊！

唐老师说："这位同学说得非常好！谢谢你！我奖励你一颗智慧星。你们知道我为什么要奖励他、谢谢他吗？"

"因为他不随声附和。尽管大家都说轴对称图形很美，但他却说轴对称图形死板、不好看。这说明他有自己的观点和想法，并敢于发表不同意见。"

"老师，我觉得他很勇敢。自己怎么想的就怎么说，不怕说错了。"

"其实，我们应该向他学习，也应该什么事情都多动脑筋，要有自己的观点。"

"没错！大家说得非常好。有自己的个性、自己的想法，敢说、敢做、敢创新，这才是好样的。"

（大家受了鼓励似的，很多同学举起了手，想发表自己的意见，唐老师指了一位学生发言）

"老师，我也认为轴对称图形有点死板，不太好看。其实，我们衣服上的图案大多数都不是轴对称图形。"

（此言一出，学生都不由自主地低头看自己的衣服，之后一阵窃窃私语）

"老师，刚才有人说'人'是轴对称图形是不对的。因为通常情况下，人的两只脚大小不一样！"

（教室沸腾了，学生的议论声更大了）

"没错！有的轴对称图形确实挺好看的。但是，如果我们的生活中到处都是轴对称图形的话，那该多单调、多没意思啊！"

（此时，下课铃响了）

压堂是公开课的大忌，唐老师只好做了个小结："其实，说人是轴对称图形指的是主要结构。同学们观察得很仔细，希望大家继续观察、思考，相信你们会有更大的收获！"

关于这堂课是否是一堂好的公开课，很多听课教师都表达了自己的想法。

看一堂公开课上得好不好，除了看教师和学生的表现与配合，还要看有没有达到教师预设的教学目标。

从表面上看，唐老师预设的教学目标没有达到，但是，听课的教师们却并不这样认为。按照预设，唐老师确实一心一意地想建造一座精美的殿堂，让学生感受轴对称图形的美妙和神奇。然而，高个子男生却发出了一个不"和谐"的声音。他的一句话把美好的课堂氛围打破了，甚至给教师和其他同学带来了一丝尴尬。此时，唐老师何去何从，真是个难题。如果顺着这个男生的思路走，学生肯定就感受不到轴对称图形的美了，原来的课堂预设就永远不可能达到；但这个学生提出的问题可能代表着某些学生的想法，而且这也是事实存在的情况，如果按照原来的思路把学生思维拉回去的话，那就说明老师避重就轻，不让学生去追求真理，那不管教师的课讲得多好，都是一堂失败的课，因为他只教了书，没有育好人。

换句话说，学生的美感体验固然重要，但是与他们真实的思想、大胆的质疑相比，后者的意义更为重要。后者对学生的终身发展、对教师今后的课堂教学都有着更为深远的影响，而且学生对美感的体验也应该建立在真实情感的基础之上。

因此，大家认为唐老师对持异议的学生的表扬与肯定，不仅仅在于认可了该生的观点，更显示了唐老师对课堂上不同声音的真诚呼唤，是对学生实事求是精神的真正赞扬。

所以，大家一致认为，唐老师这堂课上所表现出来的教学机智值得他们深思。很多老师都把对唐老师这堂课的反思记录下来，留待以后认真揣摩、学习。

课堂教学中，随着教学内容的展开，师生间的思维情感不断发生碰撞，师生思维的活跃性往往因此得到激发，产生一些瞬间灵感。而这些灵感有时能很好地解决教学中出现的一些问题，完善教学设计，但是有些灵感会给课堂教学的正常进行带来障碍，打破教师预先做好的完美设计，使得教学反向发展。

此时，一些教师也会随着学生突发出来的意外灵感生发出处理这意外灵感的智慧火花，将意外悄无声息地化解掉。

这些智慧火花对教师处理教育教学危机有着很大帮助，起到了很好的案例示范作用。但是，这些智慧火花常常是不由自主、突然而至的，同时也会因时间的流逝而烟消云散，所以教师应及时利用课后反思加以捕捉、记录，并对其进行深刻剖析，捕捉动态生成资源中的有意义成分，寻找隐含在背后的理论依据，加以推敲总结，使之上升到一定高度，从而获得规律性认识。

唐老师的这堂公开课中蕴含的教育智慧被听课的教师们当作典范深入研究、学习了，从中他们势必会得到有益于日后教学的营养。

（五）课型反思，选择最佳的上课方式

在教学小学数学“十几减6”一课的课前探习环节中，老师说：“看一看课本中的内容，这节课要学习的是什么？根据前面学习的知识，尝试口头解

答这些题目。看书之后如果有不明白的地方，大家可以提出来。”

在课中研习环节，老师说：“同学们，通过课前探习，黑板上这些题目你们会做吗？”（老师课前板书了例1、例2）

学生齐答：“会！”

“既然你们都会了，那今天我来当学生，你们来当一回小老师教大家学数学，好吗？”

学生欢呼雀跃地表示：“好！”

学习例1第1题“11－6”，小老师1问：“这道题谁会做？”

学生回答：“11－6＝5。”

小老师1问：“你是怎么想的？”

“因为6加5等于11，所以11减6等于5。”

小老师1继续问：“其他学生呢？”

学生回答：“10－6＝4，4＋1＝5，所以11－6＝5。”

接着，小老师2指着“14－6”问：“这道题谁会做？”

学生：“14－6＝8。”

小老师2问：“你是怎样计算的？”

学生回答：“因为10－6＝4，4＋4＝8，所以14－6＝8。”他回答得既流利又响亮。

小老师2高兴地称赞：“你回答得真棒！”说着还竖起了大拇指，其余学生也不约而同地鼓起掌来。

此时又有学生回答：“因为14－4＝10，10－2＝8，所以14－6＝8。”

学生齐声回答：“对！”

……

在第三个学生当完小老师后，老师问：“谁来给我们这堂课起个名字？”

学生回答：“十几减6。”

另一学生则大声地说：“我当小老师。”

（其他学生哈哈大笑）

“你们更喜欢哪个题目？”

学生高呼：“我当小老师！”可是还有学生表示了抗议：“我没做过小老师。”

“好！接下来，先请同学们完成课本上‘想想算算’第1、2、3题，然后同桌相互批改，人人当回小老师，好吗？”

（学生练习，相互批改，教师巡视指导）

在课后练习环节，老师说："今天，我们人人都当了一回小老师，掌握了'十几减6'的计算方法。到今天为止，我们已经学习了十几减9、十几减8、十几减7、十几减6，那么，这些题目你们会做吗？课后试试看！"说着，老师出示十几减5、4、3、2的退位减法题。

撰写教学日记时，老师写道：

这节课我采用了"三习"课型。这种课型的主要优势在于其符合团体动力原理，旨在变"静态的集体"为"动态的集体"，为学生提供充分表现自我的机会。具体讲，主要体现在以下两点：

1. 强化了主体意识

"三习"课型变教师提问为学生提问，变教师先教为学生先学，变教师总结归纳为学生反思建构，这充分体现了以学定教、教为学服务的主体教学思想，极大地调动了学生的学习积极性，让学生品尝到自己发现问题、解决问题的乐趣。

学生不仅学得轻松、有趣，还体验到了作为学习主人的成就感，自然会更积极地参与教师所设计、安排的一切教学活动。

2. 开放了思维空间

传统的课堂教学是教师问、学生答，教师根据教学目标提出问题，学生根据教师要求机械地、被动地寻找答案，这束缚了学生的思维，扼杀了学生的创新潜能。而今天我采用的"三习"课型，则让教学走出了教师满堂讲、学生满堂听或教师满堂问、学生满堂答的误区，开创了学生满堂问、师生满堂议或满堂辩的新课型。

而且这种课堂所营造的良好的学习环境，也为培养学生思维的开放性创造了适宜的"土壤"。

以何种形式上课，将对教学质量产生直接影响。比如，传统的课堂教学以教师的教为主、学生的学为辅，这种教学所依托的外在形式主要侧重于教师的教，即教师把知识传递给学生即可，很少去注意学生是否学会了，是否真正能够将知识学以致用。这种教更不会去理会学生是否学得愉快、学得有兴致。

新教育理念倡导教学要以学生为主，"一切为了学生"，所以新的教学形式表现为让学生学得有劲头，同时能够帮助学生学到真知，并能学以致用，通过学习获得成就感。

上面的案例就是"三习"课型。这种教学在课前要求学生进行有效的预习，有了这一教学环节学生就不会打"无准备之仗"，而是通过预习先于老师的教提前学到知识。

这种教学方法不仅会让学生学得轻松，甚至还让学生有足够的资本做小老师，有利于激发学生的学习兴趣和信心、调动学生的学习积极性。

纵观“三习”课型之所以成功，首先是因为其有课前探习环节，学生预先学习书本，在一定程度上发挥了教材的示范作用，培养了学生的自习能力；其次，学生本身具有一定的自学能力。所以，要想让课型为学生所喜欢，并真正有效地提高教学质量，教师就应在平时做好各种准备。比如，培养学生的自学能力，引导学生不受教材束缚，选择不会给学生带来学习负担、心理压力的教学形式。

（六）反思教学手段，提高教学效率

执教《我是什么》这篇科普短文的第一自然段时，某教师先让学生读课文。

读完课文，老师问：“在这一段中‘我’变成了什么？谁来说？又是怎么变的？”

“‘我’变成了云。‘太阳一晒，我就变成了汽，升到天空，我又变成了无数极小极小的点儿，连成一片，在空中漂浮。’”

“谁还变成了‘云’？”

（很多学生都表示喜欢变成“云”）

“我也喜欢变成‘云’。”说着，老师自己读了一遍课文，“现在我们都变成了‘云’，我们穿什么样的衣服来打扮自己？”

“有时候我穿着白衣服，有时候我穿着黑衣服，早晨和傍晚我又把红袍披在身上。”

“请大家一起来看看我们的漂亮衣服吧！”说着，老师出示课件。课件中，小水珠在太阳的照射下，变成了汽，升到空中，接着又变成了无数极小极小的点儿，连成一片在空中飘浮。这就是云。在早上和中午，云是白色的；下雨前和晚上，云又变成了黑色的；而在出现朝霞和晚霞时，云又变成了红色。

“同学们，喜欢自己这些漂亮的衣服吗？”看有学生点头，老师问，“谁能读出这种喜欢呢？”

（学生们争相读起来）

一个学生读的声音比较平淡，老师点评道：“你的喜欢比较一般。谁再来试一试？”

（又一个学生站起来读，这次读得非常好）

老师点评道：“看来他是非常喜欢。瞧他穿上漂亮衣服后那得意的样子，谁来挑战他？”

（在老师的引导下，学生读得越来越好）

……

在学习第四自然段时，老师讲道：“我们有着多样的变化和丰富的生活，那我们的性格怎样呢？”

（学生读课文）

“谁来给大家介绍一下自己？”读毕，老师问。

“有时候我很温和，有时候我很暴躁……”

老师板书“温和、暴躁”。

“谁知道什么是‘温和’，什么是‘暴躁’？”

“温和就是很和气，很温柔。暴躁就是爱发脾气，很厉害。”

“那么‘温和’的时候我们会做什么？‘暴躁’时呢？”看学生没有回答，老师继续说，“看，人们还把我们做的事给记录下来。”说着，出示课件：

水“温和”时，为人们做好事：灌溉田地、饲养小金鱼、发动机器，帮助人们工作；“暴躁”时，给人们带来灾难：淹没庄稼、冲毁房屋，给人们交通带来不便，危害人们生活。

“刚才大家分别看到‘我’温和和暴躁时的样子，能读出‘我’不同表现时的样子吗？”

（老师指一名女生读“温和”的部分，一名男生读“暴躁”的部分）

“人们为了让‘我’多做好事，少做坏事，想出了种种办法，你们知道有哪些好办法吗？”问题提出后，学生开始小组讨论。

片刻后，学生回答：“可以植树造林。”

“建三峡大坝来发电、防洪。”

“是啊！三峡大坝不仅可以发电、防洪，还可以航运。”

“我们北方特别缺水，可以把南方的水输送到北方。”

“你可真聪明，这其实就是我们的‘南水北调’工程。课文学到这，我们知道了水不仅会变，而且还可以帮助人们做好事。勤劳智慧的人们想出了各种办法来治理水，使我们能很好地利用、保护它。让我们一起和水交个朋友吧！”

撰写教学笔记时，老师这样写道：

今天的课堂上，我使用了多媒体课件。这种新型的教学手段在教学中发挥了很大作用，不仅帮助学生理解了很多较抽象的知识，而且通过画面投映突出了教学重点。教学第一段时，我首先抓住中心句“我会变”引导学生看课件“云”的变化，让学生直观地看到云是怎样随着时间的变化出现黑、白、红三色的。学生明白了云的变化过程后，我再引导学生读、想，给学生营造发挥自主性、能动性的环境和条件，引导他们进行从语言到思维到图像再到语言的思维训练，让他们真正成为学习的主人。

此外，在教学第四自然段时，我通过视频中画面的对比，帮助学生加深了对水“温和”与“暴躁”这两种不同情况的理解。视频中的画面进一步扩大了课堂教学的信息量，引起学生共鸣。我还引导学生讨论：“人类想出哪些办法管住‘我’，‘让我光做好事，不做坏事’?”从而使课堂更加丰满。同时，也完成了让学生了解水既能给人们带来好处，也能给人们带来灾害的教学目标。

通过回忆今天的课，我看到了多媒体课件这种新型教学手段给课堂带来的革新与帮助。日后我要努力结合教学实际多加运用，让它成为提高教学效率的有力武器。

在教学中，自然要选择学生喜欢的、能够训练学生思维的、让他们学到更多真知的教学手段。否则，多绚丽的教学手段都只是摆设、幌子，而无实际意义。

与传统教学手段相比，多媒体课件形象、生动、感染力强、使用便捷，将其引入课堂，是教学直观性原则的一种体现。而从学生感受角度来说，它激发了学生的学习兴趣，有助于提高学生的观察能力、形象思维能力，促进学生对知识的理解和巩固。

一个小小的课件就能让课堂图文并茂，使教学生动、灵活、有趣，让教师教得轻松、学生学得愉快。教师有必要在课堂上积极采用这种新型的教学手段。更何况，由于小学生自身知识和经验的不足，对教材内容缺乏感性认识，许多内容只凭教师的口头讲解是难以理解和掌握的，而多媒体课件能在一定程度上弥补这些缺憾，化解这一教学难题。

纵观此次教学能够如此顺利进行，也是因为有多媒体课件的辅助。而执教者也在反思中发现了这一问题。

司马迁说过：“善战者因其势而利导之。”既然多媒体课件有积极作用，教师就应“善用者因其势而利导之”，在教学实践中积极反思怎样使用多媒体课件这种新型的教学手段以及哪些新型的教学手段既能激发学生的学习兴趣又能让学生学到更多真知。

（七）全面反思，让教师进步更快

江西省南昌市桃花一村小学教师宋兰在执教《妈妈的爱》一课时，先给学生创设了一个情境："欢迎小天使们今天来到我们的爱心乐园。爱心乐园给大家准备了一份特殊的礼物，这个嘴巴代表了妈妈温馨而甜蜜的吻。妈妈最喜欢懂事的孩子了，哪个同学做得好，老师就送给他一个妈妈温馨而甜蜜的吻。"

接着，宋老师给学生讲故事——《妈妈的爱》，并配以音乐，对学生进行情感熏陶："这是一个感天动地的故事，充分表现了妈妈对孩子最无私、最伟大的爱。"

故事讲述完毕后，宋老师问："听完这个故事你有什么感受？"

"想哭。"

"妈妈真伟大！"

"妈妈真可爱。"

"妈妈真可怜。"

……

"我知道大家此时此刻有许多感受是无法用语言来表达的，让我们一起唱《世上只有妈妈好》这首歌，来表达一下自己心中的感受吧！"说着宋老师带领学生有感情地演唱。

演唱完毕，宋老师转入正题："下面，让我们一起来学习《妈妈的爱》这首儿歌，了解一下妈妈在平时是怎样爱我们的。"

……

"同学们，儿歌中的妈妈很爱自己的孩子，你的妈妈爱你吗？"

"爱。"大多数学生声音都很高。

"你从哪里感受到了妈妈的爱？"

（学生踊跃发言）

"当我回家时，妈妈就会问：'你肚子饿不饿？想吃什么我给你煮。'这就是妈妈的爱。"

"谁还有新发现呢？"

"夏天，我热得睡不着觉，妈妈就在旁边给我扇扇子。"

"你能从小事中发现妈妈的爱，很细心。"

“我没学习用品时，妈妈就会马上带我去超市买。”

“冬天我怕冷，妈妈就会把我搂在怀里，可暖和了。”

此时，宋老师发现学生小帅一声不响，就问：“小帅，能说一下妈妈是怎样爱你的吗?”

小帅迟疑了一下，站起来轻声说：“妈妈不爱我，一直骂我。”

（其他学生露出惊讶的表情）

“那你能告诉老师妈妈为什么骂你吗?”宋老师有点不相信地问。

“我考试考得不好或者晚点回家，她就骂我。”小帅撅着嘴说。

（还没等宋老师说话，就有学生抢着为小帅的妈妈辩解了）

“老师，他妈妈是因为担心他才骂他的。”

“你妈妈骂你，是想提醒你读书要认真，路上别太贪玩，要早点回家。”

“你妈妈怕你学不好才骂你的，其实妈妈是为了你好，她是爱你的。”

“小帅，老师知道你妈妈平时很忙、很累，可是她还经常来学校询问你的学习，嘱托老师要多关心你。其实你的妈妈很爱你，她再忙再累也没忘了你。”

（老师和同学的一席话让小帅释怀了，他不再撅着嘴，脸上露出一丝内疚）

宋老师进一步说：“同学们，母爱是伟大的，尽管有时妈妈爱的方式是错的，可那也是爱的另一种表达。我们先要想想是不是自己哪些地方做得不好。”

“我们要努力做得更好，不让妈妈担心。”

“那现在让我们深情地朗诵这首儿歌《妈妈的爱》吧!”学生满怀深情地朗读起儿歌，在朗朗读书声中，大家都感受到了妈妈那无私的爱。

在课后反思中，宋老师写道：

在本节课教学中，我努力体现了以下几点：

1. 创设良好的师生关系，营造和谐的课堂氛围

对于低年级学生来说，良好的师生关系是激发学生学习兴趣、促进他们积极参与的重要前提和保证。所以在课堂教学中，教师就要以儿童化的语言、商量的语气、平等的身份和学生共同学习，创造民主、科学、宽松、和谐的课堂氛围。

2. 联系学生的生活实际加深体验

现代教育观提倡语文学习与生活实际相结合，将语文学习外延到生活实际。在课堂教学中，我创设了一个问题情境，使学生从生活经验和客观事实出发，在研究现实问题的过程中学习语文。这一过程贯穿于课前、课中、课

后，使学生联系生活实际体会出妈妈无私的爱，并且通过一些生活细节去发现妈妈的爱，让学生体会并意识到自己时刻生活在深深的母爱当中。

虽然这节课上得还算顺利，但是我觉得也有很多不足之处。比如，教学过程中我没能让学生在课前充分收集资料，导致学生在课堂上仅停留在听、想、说的表层，这在一定程度上限制了学生的发散性思维，使得他们的思维内容过于集中。

人贵有自知之明。这个自知是指能看清楚自己的长处和短处各是什么，对自己的一切都了如指掌。

要想赢得一场战争，知己是前提。只有对自己的一切都明了了，才有最基本的底气去打仗。教学也一样，如果对自己授课的长处、短处没有一个全面的了解，教师就很容易产生片面理解，不是自卑就是自负。而事实上，只有不卑不亢、全面了解自己的人才知道如何扬长避短，发挥自己最大的优势。

所以，在教学反思中教师既要反思自己的成功之处，又要反思自己的不足之处，及时将好的经验记录并保持，将不好的一面改掉，从而成为一步一步坚实地走路的人。

三、如何做"会反思"的教师

心理学者林崇德先生提出，优秀教师＝教学过程＋反思。在教师一生的工作中，如果他从不进行教学反思，那么他也许只是一年工作的N次重复。而如此重复，尤其不利于学生的学习，会对学生造成重大伤害。所以，教师必须反思，必须养成反思的好习惯，必须通过反思推动自己不断发展、完善，进而推动学生的发展与完善。

那么，小学教师如何才能让自己真正成为一个会反思的人呢？

（一）掌握反思方法

只有全面掌握反思方法，教师才能更好地进行教学反思，形成良好的反思习惯。

1. 自我提问法

自我提问法指教师对自己的教学进行自我观察、自我监控、自我调节、自我评价后提出一系列的问题，以促进自身反思能力提高的方法。这种方法适用于教学全过程。比如，设计教学方案时，教师可以问自己："学生已经有了哪些生活经验和知识储备?""怎样依据有关理论和学生实际设计出易于学生理解的教学方案?""学生在接受新知识时会出现哪些情况?""出现这些情况后如何处理?"

尽管教师会在备课时预备好各种不同的教学方案，但在实际教学中，还是会遇到一些意想不到的问题，如学生不能在计划时间内回答完问题，师生之间、生生之间出现理解分歧等。此时教师可以根据学生的反馈信息自我提问"为什么会出现这样的问题?""如何调整教学计划?""怎样的策略与措施更有效?"从而顺着学生的思路组织教学，确保教学过程沿着最佳的轨道运行。

教学结束后，教师可以这样问自己："我的教学是有效的吗?""教学中是否出现了令人惊喜的亮点环节？这个亮点环节产生的原因是什么?""哪些方面还可以做得更好?""上完这节课，我学会了什么?"

2. 行动研究法

行动研究是提高教师教学能力的有效途径，比如，开展"合作讨论"。然而，在实际教学中一些教师却经常会不自觉地进行"形式化"讨论。

"如何使讨论有序又有效地展开"是教师应着力研究的问题。问题确定以后，教师便可以广泛地收集有关资料，并在此基础上提出假设，制订出一系列解决的方案，展开研究活动，再根据研究的实际需要对研究方案作出必要的调整，最后撰写研究报告。这样，通过一系列的行动研究，教师的教学能力和教学水平才有可能获得很大提高。

3. 教学诊断法

基于各种因素，课堂教学出现遗憾、纰漏、不足是在所难免的。但是，教师不能坐视不管，或找借口为自己推卸责任，而应通过科学、有效的教学诊断减少遗憾。

教师不妨从教学问题的研究入手，挖掘隐藏在其背后的教学理念方面的种种问题。如可先通过自我反省法或小组"头脑风暴"法，收集各种教学"病历"，然后找出典型"病历"进行分析，重点讨论影响教学有效性的各种教学观念、教学问题，最后再提出各种行之有效的解决问题的对策、方案。

4. 交流对话法

教师间充分的对话交流，无论对群体的发展还是对个体的成长都大有益处。比如，集体备课时，教师可以向同事提出自己在教材解读、教材处理、教学策略、学生学习等方面遇到的疑点与困惑，请大家帮忙分析、诊断、反思，集思广益提出解决办法。这样的合作反思可以起到相互启发、资源共享、共同成长的作用。

5. 案例研究法

在课堂教学案例研究中，教师先要了解当前教学的大背景，在此基础上，通过阅读、课堂观察、调查和访谈等形式，收集典型的教学案例，然后对案例进行多角度、全方位的解读。期间，教师既可以对课堂教学行为作出技术分析，也可以围绕案例中体现的教学策略、教学理念进行研讨，还可以就其中涉及的教学理论问题进行阐释。

6. 观摩分析法

“他山之石，可以攻玉。”教师非常有必要多多观摩其他教师尤其是名师名家的课，并与之进行对话交流。在观摩中，教师要注意分析其他教师是怎样组织课堂教学的，他们为什么这样组织课堂教学，如果换成自己，会如何组织课堂教学；他们的课堂教学环节和教学效果与自己相比，有何异同；从他们的教学中，可以受到哪些启发；如果自己以后教授这一课时，会如何处理……通过不断地反思，尽可能地从他人的教学中得到启发和提高。

7. 总结记录法

一节课结束或一天的教学任务完成后，教师有必要冷静下来，好好想想：这节课呈现的教学内容是否符合学生的年龄特征和认识规律，教学环节的安排是否合理，教学方法的运用是否得当，教学手段的运用是否充分，难、重点是否突出，学生思维能力与动手能力是否得到了有效锻炼。今天我有哪些行为是正确的，哪些做得还不够好，哪些地方需要调整、改进。学生的积极性是否调动起来了，学生学得是否愉快，我教得是否愉快，其原因何在，还有什么困惑。把这些想清楚，并一一记录下来，为今后的教学提供借鉴。

8. 撰写教学日记

教学日记是教师对自己教学活动中具有教育价值的各种经验以及在此基础上所进行的创造性的理解和认识，予以真实的书面记录和描写。

具体操作时，教师可以按照自己喜欢的方式对感兴趣的内容予以记录，自由地选择自己的撰写风格和特色。比较常见的形式有：点评式、提纲式、专项式、随笔式等。内容通常包括：教学中的成功或不足，教学中的灵感与闪光点，教学中学生的感受，教学中的改革创新，等等。

9. 利用教学录像进行反思

现代教育技术如教学录像等，可以很好地帮助教师进行教学反思。教师也可以观看自己或其他教师的教学录像带，在播放中找出一些自己觉得很特别的画面将其静止，思考反省为何当时会如此教，是否妥当，下次应如何改进；如果是好的方面，以后应如何发扬光大甚至形成自己的独特风格等。

教师还可以在观看全部的课堂结构和教学流程后，思考“我如果重新设计这一课”或“假如我上这节课将如何设计”等问题。

教师还可以找同事一起观看教学录像带，共同进行教学交流和探讨，对教学现象或问题进行更为深入的分析和思考。

（二）了解教学反思应注意的问题

1. 反思教学行为是否达到教学目标

在制订每节课的教学目标时，教师要特别注意培养学生的科学素养，即“三个维度”——知识、能力、情感态度与价值观。在教学反思时，教师也应注意这一目标是否达到。如果没有达到，要思考还有哪些欠缺和不足以及如何改进才能做得更好。

2. 反思教学过程是否适应学生的个性差异

成功的教育者，必须根据学生的个性、特长、禀赋和优点因材施教，因人施教，因类施教，以求充分发挥学生的个性特长，让每个学生都有施展才能的天地与机会。

成功的课堂教学，是尽可能让基础好的学生“吃得饱，跑得快”，让中等生“吃得好，跑得动”，让学困生“吃得了，不掉队”。在具体操作时，无论是情境的创设还是内容的呈现，无论是问题的设置还是释疑解惑，都是围绕“为了一切学生”这一教育理念，多层次、多维度、多渠道地开展教育活动。所以在进行教学反思时，教师也应注意自己的教学过程是否适应学生的个体差异，如果注意了，是如何做到的；如果没注意，应如何加以改进，尽可能地做到。

3. 反思教学活动是否有沟通合作

叶澜教授提出：“人类的教育活动起源于交往，教育是人类一种特殊的交往活动。”教学活动是教育活动的一部分，所以没有沟通就没有教学，失去了沟通的教学肯定是不成功的。对此，教师应该明白：成功的教学过程应该形成多种多样、多层面、多维度的沟通情境和沟通关系；教学就是一个师生彼此敞开心扉，相互理解、相互接纳的对话过程。在成功的教学过程中，师生应形成一个“学习共同体”，双方作为平等的一员参与学习，并进行心灵的沟通与精神的交融。

在教学反思时，教师必须将如何与学生进行沟通合作当成重要内容加以反思。

4. 反思教学过程是否存在“伪探究”

教学实践中，一些教师实施的探究性学习表现为只要教师抛出一个问题，几个学生就会立即围成一团分组讨论，而不会去理会小组成员的组合是否合理、问题是否有讨论的必要。几分钟后，教师一声令下，学生的讨论便立刻停止。之后由小组中的好学生发言答题，至于其他学生，尤其是学困生，在讨论时是否真正心到神到，是否真正掌握了应该学会的方法、技能、知识，就无从得知了。

这种“神散形未散”的探究，就是“伪探究”。因为它掩盖了学生个体之间的差异，甚至直接剥夺了部分学生独立思考、质疑、发言的权利。所以在进行教学反思时，教师要密切注意自己的教学过程是否也存在着类似的问题，如果存在，应如何避免。

5. 反思教学过程是否迸发出智慧的火花

在教学过程中，学生常常会于不经意间产生“奇思妙想”，生发出创新的火花。对此，教师不仅要及时捕捉这些细微之处所流露出来的信息，加以重组整合，并借机引发学生开展讨论，给课堂带来一份精彩，更应利用课后反思去提炼，使之既为教研积累第一手素材，又拓宽自己的教学思路，提高自己的教学水平。所以，对于教学中学生出现的任何火花以及处理方式，教师在教学反思中都要着重记录下来，并进行多角度的分析、设想。

6. 反思教学过程中是否创造性地使用了教材

教材历来是课程之本，但是教材的首要功能只是教与学的一种重要资源，而不是唯一资源。它是完成教学活动的纲领性权威文本，是一种参考提示，是给学生展示多样的学习方式和丰富多彩的学习内容的参考资料。在教学过程中，教师不仅在使用教材，也在创造教材。

在教学反思时，教师必须明确这一点。在创造性使用教材的同时，将创造性的材料在教学反思中作为专题内容加以记录，这样既积累了经验，又为教材的使用提供了建设性意见。

思之则活，思活则深，思深则透，思透则新，思新则进。教学反思的过程就是教师夯实业务基础、积累教研素材、形成独特教学风格的专业化成长过程。

事实上，有也只有通过有效的教学反思，逐渐养成对每一堂课、每一个教学环节进行教学反思的良好习惯，教师才能不断地重新审视自我、发现自我，使自己的有效经验得以升华，缺点和不足得以修正，教学能力和教学效率才会不断地提升。

不管是年轻教师还是有经验的老教师、名师，都应将教学反思提到每日必修课的重要位置，主动而深入地进行自我反思，对同事或优秀教师的课进行有交流有讨论的共同反思，让反思真正成为推动教学发展、促进自身专业化发展的重要力量。

参考文献

［1］张祖忻，朱纯，胡颂华. 教学设计——基本原理与方法［M］. 上海：外语教育出版社，1992.

［2］中华人民共和国国家教育委员会电化教育司编译. 教学媒体与教学设计［M］. 北京：高等教育出版社，1990.

［3］乌美娜. 教学设计［M］. 北京：高等教育出版社，1994.

［4］孙可平. 现代教学设计纲要［M］. 西安：陕西人民教育出版社，1998.

［5］麦曦主编. 教学设计的理论和方法［M］. 广州：新世纪出版社，1996.

［6］李学农，丁彦青，温玲. 多媒体教学优化设计［M］. 广州：广东高等教育出版社，1996.

［7］李克东，谢幼如. 多媒体组合教学设计［M］. 北京：科学出版社，1994.

［8］盛群力，李志强. 现代教学设计论［M］. 杭州：浙江教育出版社，1998.

［9］皮连生主编. 教学设计——心理学的理论与技术［M］. 北京：高等教育出版社，2000.

［10］李龙编著. 教学过程设计［M］. 呼和浩特：内蒙古人民出版社，2000.

［11］埃德加·莫兰著，陈一壮译. 复杂性理论与教育问题［M］. 北京：北京大学出版社，2004.

［12］董远骞. 教学的艺术［M］. 北京：人民教育出版社，1993.

［13］方展画. 罗杰斯“学生为中心”教学理论述评［M］. 北京：教育科学出版社，1990.

［14］高长梅. 教育方法与艺术全书［M］. 北京：中国物资出版社，1998.

［15］郭华. 课堂沟通论［M］. 北京：北京师范大学出版社，2001.

［16］郭启明. 教师语言艺术［M］. 北京：语文出版社，1992.

［17］窦桂梅. 听窦桂梅老师讲课［M］. 上海：华东师范大学出版社，2006.

［18］于永正，詹明道. 名师课堂经典细节：小学语文卷［M］. 南京：江苏人民出版社，2007.

［19］王晓艳. 浅谈数学教学中的预习［J］. 青年科学，2010，（01）.

［20］陈红梅. 在课程整合中有效学习——浅谈语文学科与信息技术的整合

[J]. 吉林教育，2010，(02) .

[21] 王现丽. 浅谈增强学生学习兴趣、提高教学效果的几点建议[J]. 中国科教创新导刊，2010，(05) .

[22] 柴西琴. 浅谈对探究教学的认识与思考 [J]. 学科教育 (*Journal of Subject Education*)，2001，(10) .

[23] 严久. 着眼于学生学习方式的转变——关于研究性学习的若干问题[J]. 全球教育展望，2001，(2) .

[24] 马坚. 自主探究教学必须注重的“六性” [J]. 语文报·教师版，2008，(128) .

[25] 吴中强. 论语文教学中有效的留白艺术 [J]. 中小学教学研究，2006，(5) .

[26] 于漪. 于漪教案选 [M]. 上海：上海教育出版社，1984.

[27] 卢梭. 爱弥儿 [M]. 北京：商务印书馆，1987.

[28] 席勒. 美育书简 [M]. 北京：中国文联出版公司，1984.

[29] 程甫等主编. 心理学基础教程之如何激发学生的学习兴趣 [M]. 北京：人民教育出版社，2007.

[30] 李吉林. 李吉林文集 (卷四)　美·智·趣的教学情境 [M]. 北京：人民教育出版社，2006.

[31] 李晓东. 小学生心理学 [M]. 北京：人民教育出版社，2003.

[32] 彭聃龄. 普通心理学 [M]. 北京：北京师范大学出版社，2007.

[33] 郭方玲，李莉. 赏识教学 [M]. 青岛：青岛出版社，2006.

[34] 李明和. 尊重·赏识·责任 [J]. 吉林教育，2006，(4) .

[35] 阿怀库. 新课程理念下的赏识教育 [J]. 青海教育，2010，(7) .